Diálogos sem fronteira

CORRESPONDÊNCIA
Mario Arregui & Sergio Faraco

Diálogos sem fronteira

Tradução e notas de SERGIO FARACO

Título original: *Mario Arregui & Sergio Faraco: Correspondencia* (Editorial Monte Sexto, Montevideo, 1990)

Capa: Marco Cena
Revisão: Simone Borges

CIP-Brasil. Catalogação-na-Fonte
Sindicato Nacional dos Editores de Livros, RJ

A799d

Arregui, Mario, 1917-1985
    Diálogos sem fronteira / Mario Arregui e Sergio Faraco; tradução e notas de Sergio Faraco. – Porto Alegre, RS: L&PM, 2009.
    248p.

    Apêndice
    ISBN 978-85-254-1941-5

    1. Arregui, Mario, 1917-1985 - Correspondência. 2. Faraco, Sergio, 1940- - Correspondência. 3. Escritores uruguaios - Correspondência. 4. Escritores brasileiros - Correspondência. I. Título.

09-4048.   CDD: 868.993956
                        CDU: 821.134.3(899)-6

Todos os direitos desta edição reservados a L&PM Editores
Rua Comendador Coruja 314, loja 9 – Floresta – 90220-180
Porto Alegre – RS – Brasil / Fone: 51.3225.5777 – Fax: 51.3221-5380

Pedidos & Depto. comercial: vendas@lpm.com.br
Fale conosco: info@lpm.com.br
www.lpm.com.br

Impresso no Brasil
Primavera de 2009

Sumário

Nota do autor / 9

Introdução / 11

Introdução à edição uruguaia / 17

Cavalos do amanhecer: 1981-82 / 21

A cidade silenciosa: 1982-85 / 115

Sobre Mario Arregui / 241

Sobre Sergio Faraco / 243

Para Martín, in memoriam.

NOTA DO AUTOR

Em 1988, três anos após a morte de Mario Arregui, fui a Montevidéu para a apresentação de meu livro *Noche de matar un hombre*, traduzido pelo saudoso Julián Murguía e publicado pelo Editorial Monte Sexto.* Em nobre gesto de amizade, acompanhou-me o escritor Aldyr Garcia Schlee** – eu convalescia de enfermidade que me acamara durante um mês e estava, dir-se-ia, reaprendendo a caminhar. Depois da apresentação, o editor Álvaro Barros Lémez nos levou a um restaurante. Compartilhava nossa mesa o artista plástico Martín Arregui e ele comentou que, durante quatro anos – período em que trabalhei na tradução dos livros de Mario Arregui, *Cavalos do amanhecer* e *A cidade silenciosa* –, eu me correspondera com seu pai. Barros Lémez, inteirando-se de que as cartas tinham sido preservadas, tanto as de Arregui como as minhas em cópia, propôs-se a editá-las. Esquivei-me, não pretendia expor algo tão íntimo como cartas pessoais.

De volta a Porto Alegre, passei a receber telefonemas de Martín, instando-me a autorizar a publicação. Sua perseverança me inquietou ao ponto de eu me perguntar se tinha o direito de negar. A conselho de amigos, entre eles o escritor Luiz Antonio de Assis Brasil***, compenetrei-me de que podia e talvez até devesse facultar aos leitores do Uruguai a intimidade de um escritor que eles tanto estimavam.

Publicado o livro, já não havia razão, a meu ver, para que as cópias de minhas cartas, bem menos expressivas do que as de meu correspondente, fossem conservadas, e as destruí, com exceção de umas quantas que, por acaso, encontravam-se em lugar menos à mão. Não imaginava que um dia precisaria delas em português e no Brasil.

---

* Segunda edição. Montevidéu: Ediciones de la Banda Oriental, 1992.
** Autor, entre outras obras, de *Contos de verdades*.
*** Autor, entre outras obras, da trilogia *Um castelo no pampa*.

Conservei, por certo, as que recebi e um dia haverão de retornar ao país de onde vieram. Para minha surpresa, nos últimos anos muitas pessoas têm procurado o livro uruguaio. Em regra, são alunos dos cursos de tradução e mestrandos e doutorandos que trabalham com a ficção de Arregui ou com a minha ou, como já ocorreu, com ambas ao mesmo tempo. Tenho certeza de que minhas cartas não justificam tal interesse, mas se o que procuram os estudiosos é discernir o modo de escrever e de pensar de Mario Arregui, não só o interesse pelas cartas aqui se justifica, também sua circulação em páginas impressas.

No preparo da edição defrontei-me com insólita circunstância: tive de traduzir um sem-número de minhas próprias cartas, exceto aquelas cujas cópias não remeti para Montevidéu nem destruí. É factível que apresentem superficiais diferenças em relação às originais, mas, para compensar, a versão portuguesa me permitiu acrescentar as cartas que faltavam. Outro ponto a favor são as notas de rodapé: aclaram passagens que o leitor não compreenderia e identificam pessoas que, em nosso país, são menos notórias.

As que seguem de Porto Alegre para Trinidad são, em regra, cartas de trabalho. O tradutor faz perguntas sobre o que ignora e propõe alterações que se efetivam com o aval do autor, evidência da modéstia incomparável de Mario Arregui e sua compreensão de que, acima do brio autoral, sempre estava a literatura.

Algumas questões políticas se alternam ao longo da correspondência e deixam entrever paradoxal aspecto da índole de Arregui: de um lado, a rígida fidelidade ao PC, que não lhe permite uma só palavra contra a URSS, e de outro, seu gênio conciliante, sobremodo acessível a juízos adversos. O tradutor também descerra suas contradições. Reprova a imprensa internacional por atribuir à URSS toda a responsabilidade em trágico incidente internacional e logo vai manifestar seu desencanto com as fraturas do regime soviético – algo que, laboriosamente, vinha tentando absorver desde sua temporada em Moscou, nos anos 60.

Este livro é, sobretudo, a história de uma grande amizade, que brota e se nutre na literatura. O quanto ela pode! Ele foi o meu maior e mais querido amigo. E eu o vi apenas uma vez.

Sergio Faraco
Porto Alegre, março de 2008

Introdução

Pablo Rocca*

Como sempre, o princípio foi o acaso. Em meados dos anos 70, Sergio Faraco se encontrava na pequena cidade uruguaia de Bella Unión. Entrando num humilde bazar, topou com dois corpos estranhos àquelas prateleiras, dois livros de um autor uruguaio que não conhecia e, pouco depois, mudariam sua vida e a do autor descoberto. O encontro vincula-se às incomunicações de duas fronteiras que se atraem e rejeitam, até que um golpe de sorte as entrevera. Não em vão, inexistem coleções de cartas trocadas entre um escritor hispano-americano e outro brasileiro: nenhum correspondente ativo e conseqüente de Machado de Assis, ou de Rubén Darío desde a outra América, apenas um ligeiro intercâmbio, ainda inédito, do febril escritor de cartas que era Mário de Andrade com o peruano Enrique Bustamante y Ballivián, o uruguaio Ildefonso Pereda Valdés e outros poucos artistas de vanguarda.** Entre as que foram divulgadas, a correspondência Arregui & Faraco, iniciada alguns anos após o fortuito achado, é a mais orgânica, compacta e reveladora entre dois escritores das duas grandes zonas lingüísticas da América Latina.

Entre os raros intelectuais uruguaios que não se exilaram ao instalar-se a ditadura no Uruguai, estava Mario Arregui. Sua notória militância comunista não lhe abria cômodo espaço numa sociedade ferida pela censura e pela repressão, e ele teve de suportar a quase total

---

* Departamento de Literaturas Uruguaya y Latinoamericana/ Sección de Archivo y Documentación del Instituto de Letras, FHCE, Universidad de la República (Montevidéu, Uruguai).

** Cartas depositadas no acervo de Mário de Andrade, no Instituto de Estudos Brasileiros (IEB), da Universidade de São Paulo, onde pude consultá-las no verão de 2005, mercê da generosidade dos professores Telê Porto Ancona López e Marcos Antônio de Moraes. (PR)

eliminação dos meios em que se expressava. Mais moço 23 anos do que Arregui, o advogado e proprietário rural Sergio Faraco publicava livros desde 1970, mas só começaria a ser reconhecido através de *Hombre**, no qual aflorou uma nova narrativa, capaz de reler criticamente a tradição gaúcha, ao mesmo tempo em que assumia o universo da literatura como patrimônio singular.

Sabemos do episódio no remoto bazar fronteiriço pela primeira carta, na qual Faraco informa ter lido *Tres libros de cuentos* e *El narrador*. De obra austera e em extremo rigorosa, gozava Arregui de grande respeito entre leitores e críticos uruguaios desde fins da década de 40, quando começou a publicar contos e ensaios nos órgãos da "geração de 45", a sua, em especial no semanário *Marcha*. Pouco depois do achado no bazar, e apesar de ter sido preso e torturado durante vários meses em 1977, Arregui publicaria *La escoba de la bruja*. Com mais este livro, Faraco, em 1981, estava em condições de conhecer sua obra completa, que não alcançava 40 contos.

Os destinos se cruzaram. A literatura de Arregui estimulou Faraco na aventura de traduzir, algo que, para ele, ainda era larvário. Nessa série textual, Faraco se reafirmava num caminho estético e, além disso, lançava-se à conquista de uma língua próxima, ainda que "enganosa", como dirá numa das cartas. Envolver-se no fazer literário do uruguaio lhe propiciava uma reflexão sobre seus projetos pessoais, a consolidar-se na medida que avançava na tradução. Arregui foi, para Faraco, a deflagração de longa e ininterrupta atividade como tradutor, principalmente de narradores hispano-americanos, trabalho que, entre os escritores brasileiros, só encontra paralelo no de Eric Nepomuceno.**

Se para o gaúcho os textos de Arregui significaram uma espécie de agnição estética e vital, para Arregui a descoberta do tradutor abriu um horizonte de diálogo então restrito a um grupo de intelectuais encurralados pela estreiteza daqueles anos. Como Faraco, Arregui era um proprietário rural (e atormentado pelas dívidas). Como Faraco, era um homem solitário, introvertido, de uma sinceridade que não media

---

* Rio de Janeiro: Civilização Brasileira, 1978. Contos. (PR)

** Inclusive se poderia especular que o constante estímulo de Arregui para que traduzisse Horacio Quiroga, Juan Carlos Onetti e outros hispano-americanos funcionou como propósito e antologia do futuro trabalho de Faraco como tradutor. (PR)

conseqüências.* E era comunista, enquanto Faraco, se já não o era, ao menos se identificava com as bandeiras da esquerda. Essa soma de sintonias estendeu o trato profissional para uma ampla zona de acordos que, em poucos anos, desembocou numa plena comunhão. As cartas provam que o diálogo com Sergio Faraco deu um impulso decisivo aos planos literários de Arregui. Ele pôde encontrar um rumo mais seguro na experiência de ler-se em outro idioma, que ignorava por completo – como não se cansa de frisar –, mas que lhe permitiu pensar sua literatura de uma perspectiva alheia e disseminada. De fato, em quatro ocasiões, entre 1982 e 1984, ele se solta na reflexão do conto como forma, ensaiando definições e apontamentos que acabará por recolher, decantados, num artigo sobre o gênero no livro *Ramos generales*. Estimulado pelo tradutor, no qual lentamente vai reconhecendo um colega na arte de escrever contos, Arregui não se cansa de revelar os argumentos de suas histórias, de fazer observações, solicitar opiniões, aceitando, sem contestação, as propostas de mudanças de títulos ou ajustes de várias passagens. Mais austero, tão-só dois anos depois do início da correspondência, Faraco se anima a comentar o enredo de seu extraordinário conto "Guapear com frangos", do qual nem sequer menciona o título: um conto que, como os de *Noite de matar um homem***, ao qual pertence, tem muito de arreguiano, no tema (a luta do homem com seu destino e com a natureza, o desafio da morte e a solidão, a crua violência de viver) e na forma (o conto como coisa amarrada, como insiste Arregui). No resto do tempo, Faraco trata de aspectos sobretudo exteriores, como se preferisse um discreto segundo plano para dar destaque ao interlocutor. O bálsamo do reconhecimento em dois territórios próximos, mas ao mesmo tempo desconhecidos (o português, o Brasil), parece ter fertilizado a criatividade de Arregui nos últimos anos até a morte, que o assaltou em renovada plenitude, antes de completar 70 anos.

---

* Com Mario Arregui, conversei uma única vez, talvez por menos de uma hora, em dezembro de 1983, no Café Sorocabana em Montevidéu. Conheço Faraco desde 1993. Posso dar fé de seu retraimento, ou melhor, de sua rudeza fraterna e sua solidariedade à toda prova. Da idêntica natureza de Mario Arregui existem muitos testemunhos concordantes (María Inés Silva, Martín Arregui). Outros, obtive ao longo dos anos de alguns de seus amigos, muitos deles mencionados nas cartas, e que depois também se tornaram meus amigos: Ida Vitale, Alberto Oreggioni (1939-2001), Carlos Maggi, Juan Fló, Wilfredo Penco. (PR)

** Porto Alegre: Mercado Aberto, 1986. Contos. Segunda edição: L&PM, 2008. (PR)

A amizade superou as expectativas profissionais, mas a magia da escrita transforma e ultrapassa essa experiência intransferível. Alfonso Reyes adverte que a carta adota a modalidade de uma "conversação à distância [que] caminha do íntimo para o público e vai-se tornando, cada vez mais, um objeto literário".* A ida e volta da comunicação representa algo como a continuidade da conversação, o braço estendido da oralidade ou, no caso, o laborioso simulacro entre os que não se conheciam quando passaram a se escrever. Texto híbrido que rejeita qualquer classificação rígida, a carta flutua entre três categorias: o arquivo, o documento, o testemunho.**

Lendo as que trocaram por mais de três anos os dois escritores, poder-se-ia pensar também num fragmentado relato de vida que sempre regressa aos mecanismos de produção do relato às secas. Trata-se de um processo natural, mas às vezes há como um esmero em relação ao que se poderia chamar "projeção de futuro": se, em princípio, os criadores dessas comunicações podem prescindir do fantasma de um terceiro incluído – o leitor que recebe as cartas como "literatura", sujeito presente, por exemplo, em *Carta ao pai*, de Franz Kafka –, ao organizar-se tudo o que foi escrito o terceiro membro recupera seu poder, emerge como uma possibilidade à espreita e ainda inconsciente no circuito que os vincula. E isto acontece porque as peças foram conservadas pelos sujeitos do diálogo, e porque, quando Arregui morre, o outro as reúne, classifica-as primorosamente e autoriza sua divulgação.***

Pouco depois de se iniciar o intercâmbio, nota-se que as necessárias apresentações vão muito além da mera informação, que facilmente poderia ser obtida através de terceiros: resenhas, notas, críticas. Ainda que tal material não seja desprezível, sempre parece insuficiente no impulso de cada um para conhecer o outro. Ambos arriscam auto-retratos, e isto não só aprofunda a pulsão de um leitor futuro, como também evidencia uma extraordinária identificação na forma de conceber a vida, com uma honestidade que beira a autoflagelação. Faraco não hesita em se apresentar como um escritor "sem talento algum", e Arregui, indu-

---

* REYES, Alfonso. Estudio preliminar. In: BAEZA, Ricardo; REYES, Alfonso. *Literatura epistolar*. México: Clásicos Jackson, 1963. v.IX. (PR)

** DIAZ, Brigitte. *L'epistolaire ou la pensée nomade*. Paris: Presses Universitaires de France, 2002. p.10. (PR)

*** Sobre a publicação original dessa correspondência, veja-se o prólogo de Martín Arregui, a seguir transcrito, e a introdução do editor Álvaro Barros-Lémez, em *Mario Arregui & Sergio Faraco: correspondencia*. Montevideo: Monte Sexto, 1990. (PR)

zido por seu admirador a definir-se, confessa-se sempre fiel aos seus ideais, mas admite sua incompletude por não ter lutado pela República Espanhola quando teve oportunidade, quando *devia* fazê-lo. As vicissitudes históricas cimentam o diálogo. Nenhuma discordância sobre a situação polonesa quando, para seu assombro e desagrado, avança irrefreável Lech Walesa. Também compartilham o repúdio ao nacionalismo e aos militares durante a Guerra das Malvinas, o entusiasmo pela abertura argentina e as primeiras medidas do governo Alfonsín, a aversão ao imperialismo norte-americano que intervém em Granada, a rechaço da ditadura uruguaia. Diferem tão-só raramente, como na interpretação da votação da esquerda uruguaia nas eleições de novembro de 1984, e um solitário comentário de Faraco sobre política brasileira, no qual se mostra cético pela desmobilização geral, não encontra eco em Arregui, que pouco tem a dizer a tal respeito. De pronto acodem as pequenas-grandes coisas com as quais vai-se construindo uma amizade: o pedido de fumo em corda (Faraco), a solicitação de intermediação na venda de vacas holandesas no Brasil (Arregui) e, depois da viagem de Arregui a Porto Alegre, as referências a parentes próximos, muitos já conhecidos diretamente.

A política e o futebol os empolgam, e sobre estes e outros assuntos falam com seriedade ou com humor às vezes cru e não distante de uma ostentação masculina – em especial o uruguaio –, que hoje alguém poderia chamar de machista. E sempre regressam à literatura. Há leituras comuns, como a admiração por García Márquez, embora Arregui se solte mais em suas referências, conselhos, obsessões: Borges, Onetti, Espínola, o poeta Líber Falco. Uma soterrada discordância se torna em extremo produtiva. Faraco acredita que, na obra de Arregui, sobretudo em *Cavalos do amanhecer*, avulta a narrativa de fronteira, uma comunidade de problemas que aproxima o *criollismo* uruguaio à literatura gaúcha. Arregui resiste à idéia, e não há dúvida de que a resposta maior ele reservará para seu ensaio "Literatura y bota de potro", incluído em *Ramos generales*, texto um tanto extemporâneo por sua violência e sua inquietude. Isto se não fosse mediado por essa interpretação-chave que se ajusta – também neste ponto – ao sentido mais cabal da palavra correspondência.

Montevidéu, outubro de 2009

Introdução à edição uruguaia

Martín Arregui*

É com um misto de alegria e desconcerto que insiro algumas linhas neste volume não planejado. Poucas coisas me parecem tão difíceis quanto prever o que pensará sobre este livro o leitor alheio à intimidade das cartas que o compõem. Nem eu lhes saberia o valor. Sei, sim, que me são muito próximas e nelas sobrepaira um mundo íntimo e um homem, meu pai, cuja morte lhe propiciou tão fresca memória que, a cinco anos de sua partida, ainda me embacia este espelho involuntário. Se lhes desconheço o valor objetivo, esta circunstância não me impediu de insistir na sua edição. Basta-me ter vivido de perto a diligente e prestimosa amizade que uniu meu pai a Sergio Faraco, nos últimos anos de sua vida, para saber que, se vier a chegar ao leitor parte do amor que ambos cultivaram para se relacionar e trabalhar, parte do reflexo cotidiano, direto e testemunhal desse mundo que gira em torno da linguagem e do ato de narrar, sobram razões para a publicação.

Nenhum dos dois jamais imaginou que suas cartas escritas de tão espontâneo modo poderiam, um dia, ser editadas, e cheguei a pensar em usar como epígrafe do volume uma frase de Guimarães Rosa, essa catedral literária do Brasil: "A vida é isto, todos estes pormenores". De pormenores estão repletas estas páginas. Sem cuidado, sem afetação, como é a própria vida quando se vive em torno de uma paixão.

---

* Martín Arregui era artista plástico, de reconhecido talento e com o cartel de um sem-número de exitosas exposições. Nascido em 1949 do casamento de Mario Arregui com a escritora Gladys Castelvecchi, e com formação na Escuela Nacional de Bellas Artes, viveu algum tempo em Barcelona e outro tanto em São Paulo. De volta ao Uruguai, criou um estúdio e galeria de arte em Montevidéu, *Galopar*, de onde exportou batiques para diversos países. Em 1988, fundou em Trinidad a biblioteca que traz o nome de Mario Arregui. Muito ligado ao pai, jamais superou sua perda, e se suicidou em 1996, em 8 de fevereiro, no mesmo dia em que Mario Arregui faleceu em 1985.

Mario nunca releu as cartas que enviou nem lhes fez cópias. Tampouco rascunhos. Está longe delas, então, o narrador desvelado e paciente que polia e emassava cada palavra do que publicava. É outro Mario Arregui. É o Mario conversador, gracejador, de razão calma e tolerante e de pensamento seguro, ainda que proferindo ingenuidades.

Fiz-lhe companhia em seus últimos anos e muitas vezes escrevi sobre aquele quase eremita que morava num casarão de Trinidad e, já retirado das lidas campeiras, passava os dias lendo ou escrevendo, convertido num personagem absorto e pitoresco. Tivemos uma relação rica e respeitosa, vivendo geralmente sozinhos nesta casa enorme onde hoje vivo, cada um mergulhado em seu trabalho durante o dia e compartilhando jantares e amigos ao cair da noite. Houve muitas dessas noites, quase todas as que cabem em três ou quatro anos. Conversávamos sobre literatura, livros, pessoas que, dir-se-ia, eram quase comensais, como Neruda, Carpentier, o querido Cortázar, o onipresente Faulkner e tantos outros que, além de lidos, eram tão próximos que pareciam pertencer à nossa família.

Nesses anos, outra presença habitou nossas noites. O nome de um *brasilero* jovem, advogado, sem dúvida talentoso, que Mario começou a estimar rapidamente. As cartas já eram trocadas com uma freqüência e uma pontualidade "garciamarquianas" nos dias em que cheguei a Flores, para ficar uma semana que já dura quase oito anos. Essa correspondência foi construindo, carta a carta, como se fosse cada uma delas um sólido tijolo, a amizade entre meu pai e seu "caro Faraco", talvez a última amizade, a mais intensa daqueles anos e uma das mais curiosas de sua vida. Viram-se apenas uma vez, uns dias em Porto Alegre, por ocasião do lançamento do primeiro livro que o tradutor e o traduzido haviam criado. Já se haviam confessado em minúcias suas manias e caprichos, e declarado e descoberto pareceres e opiniões em literatura, estética, política e até em futebol, que pouco a pouco os tinham irmanado. Não voltariam a ver-se.

Dois anos depois daquele único encontro, e sem que tivesse havido interrupção daquele rio de cartas, pouco antes da publicação do segundo livro, tocou-me a amarga tarefa de telefonar a Faraco e dizer que Mario falecera. Recordo ainda hoje suas primeiras palavras: "Não é possível! Não é possível! Estou perdendo um pai!" Naquele dia, telefonou dez vezes, convencendo-se, de hora em hora e entre lágrimas, que sim, que era verdade.

Nos dias seguintes à morte de meu velho, organizei seus papéis, separei manuscritos, anotações, páginas inconclusas, cartas. Pendentes de um prego na parede, um sem-número de cartas que Faraco lhe enviara. Eu as li e as guardei numa pasta, compenetrando-me de que guardara ali o peregrino retrato de uma amizade exemplar. De um amor pela literatura, muito além do ofício, da técnica, que ia ao medular do que significa – e implica – estar diante de uma folha branca e criar. Duvido que isto só seja visível aos meus olhos habituados a ver chegar as cartas semanais e meu velho fechar-se no escritório para ler e respondê-las aplicadamente. Tenho uma quase segurança de que, mesmo sem o concurso daquelas cerimônias cotidianas, isto será palpável para quem as leia.

Esta amizade foi talvez a última e, por certo, uma das mais profundas que Mario teve naqueles anos finais. E, por certo, a única na vida dele que nasceu e cresceu estritamente a partir da literatura.

Em função de seu primeiro livro brasileiro, amorosamente traduzido, dirigido e promovido por Faraco, dois anos antes de morrer ele recebeu os primeiros pesos por ter escrito durante 40 anos. Algumas vezes contei, divertindo-me – e ele também achava graça –, que para receber seus direitos iniciais de autor, o equivalente a 130 dólares, tive de ir ao Rio de Janeiro e gastar uma quantia muito maior. Quando lhe entreguei o dinheiro, ficou muito feliz e gastou tudo em pouco mais de hora, num passeio com os netos em que sobejaram os presentes e as guloseimas. Ainda que este fato, hoje, seja apenas uma lembrança bem-humorada, em seu tempo foi muito importante. Jamais ele pensou em ganhar algo escrevendo, como nada se espera ganhar por fazer amor com a mulher amada. No entanto, aqueles escassos dólares que penosamente lhe chegaram, após 40 anos de amores, eram um pequeno símbolo, uma mensagem carinhosa que lhe garantia não ter amado em vão. Como em todos os símbolos do amor, sua relevância não tinha nada a ver com o montante recebido. Em seus cálculos, muitas outras coisas, outros amigos e respeitos, outras considerações e a consciência sempre redentora de ter feito algo útil enquanto morou no mundo, a par dessa amizade com Faraco, pagavam até com juros as infinitas noites que atravessara na máquina de escrever.

Três anos após seu falecimento, Faraco esteve em Montevidéu e, em conversa com Álvaro Barros-Lémez, falou-se na possibilidade de selecionar, ordenar e editar essa correspondência. Inicialmente, Faraco espantou-se. Aquilo significava trazer à luz algo tão íntimo, tão estranho ao propósito de divulgação, que ele negou enfaticamente qualquer possibilidade de anuir. Era óbvio que, tão-só com seu consentimento, poder-se-ia pensar no livro agora publicado. Também era certo que, já então, tínhamos lido as cartas dele que Mario conservara e estávamos convictos de que se tratava de material incomum e valioso.

Semanas depois, chegou-nos de Porto Alegre um volume com todas as cartas, fotocopiadas e ordenadas com implacável esmero. Junto, a autorização para que levássemos adiante o projeto.

Tem essa correspondência, além do que eu já disse – e de outras coisas que talvez possuam e serão percebidas por outros menos comprometidos afetivamente do que eu –, um último valor: é o único testemunho escrito que restou de Mario Arregui, à margem do que ele mesmo produziu com intuito literário. Ele nunca escreveu ou falou publicamente sobre si mesmo, e poucos, contados reflexos de sua personalidade aparecem em seus contos. De resto, o retrato involuntário que surge neste volume tem todo o calor e a textura que se poderia captar daquele vasco austero, despojado, que viveu a maior parte de sua vida em Flores e foi o mais sóbrio e o menos esnobe de todos os homens. Sem dúvida, a imagem que este espelho epistolar reflete tem todos os defeitos e todas as virtudes que ele tinha.

Agradeço a Sergio Faraco, em meu nome, em nome de meus irmãos e daqueles que amaram Mario Arregui, ter permitido o privilégio deste reencontro. Faço-o com a consciência de que as cartas alcançam o destino final que mereciam: ser depostas como mais uma oferenda aos pés desse monumento anônimo, maravilhoso, em permanente construção, feito de ar, de trabalho, de nostalgia e de sonho, que é a amizade.

Trinidad (Flores), maio de 1990

Cavalos do amanhecer:
1981-82

03 jul. 1981*
Sergio Faraco:

Chegou às minhas mãos tua carta remetida ao Editorial Arca. Como qualquer escritor, considero importante ser lido e me alegram as traduções. Alegra-me, sobretudo, que alguém tenha pensado em me traduzir nesse país enorme e fascinante que é o teu.

Pergunto: o que sabes de mim, quais os meus livros que tens, o que estás traduzindo, o que pensas publicar, quem editará. Para o que chamas "questões editoriais", terás de te entender com meu grande amigo Alberto Oreggioni, *il capo* do Editorial Arca – que agora já não está na rua Colonia 1263, mas na Andes 1118, fone 900318. Nas questões literárias te entenderás comigo, que moro na rua Fondar 307 de Trinidad, pequena cidade que é a capital do departamento de Flores, no centro do Uruguai. Viajo quase mensalmente a Montevidéu e estou em contato com Oreggioni.

Estou curioso a respeito do que estás fazendo e do que pensas fazer com meus contos. Escreve-me.

Acrescento alguns dados.

Publiquei cinco livros de contos**: *Noche de San Juan*, 1956; *Hombres y caballos*, 1960; *La sed y el agua*, 1964 (estes três foram reeditados pelo Editorial Arca em 1969, num único volume, com o título de *Tres libros de cuentos*, e provavelmente é o que tens). Em 72, publiquei *El narrador*, nas edições de Marcha, e em 79, *La escoba de la bruja*, pelo Editorial Acali. Além disso, publiquei em 64 um livro sobre Líber Falco, que foi meu grande amigo e é o poeta uruguaio mais lido nos

---
* No original, todas as cartas de Arregui são manuscritas. As minhas, datilografadas.
** Os títulos de livros sempre aparecerão em itálico, os dos contos, entre aspas.

últimos 20 anos (morreu em 1955), e no ano passado fiz uma segunda edição ampliada. Estou preparando para Arca um novo livro, que se chamará *Pisapapeles*, de contos e ensaios. Haverá de sair em oito ou dez meses.

Em quase todos os meus contos há erros e outras coisas a corrigir, de modo que, se me escreveres, respondo indicando o que precisa ser feito.

Fico à espera da tua carta.

Muito cordialmente,
Mario Arregui

11 jul. 1981
Meu caro Mario Arregui:

Duplo contentamento me deu tua carta: fizemos o primeiro contato e te descobri, eu, que te imaginava fora do país ou no paraíso.[*] Obrigado por ela, tão gentil e veloz.

Conheço tua ficção há cinco anos. De quando em quando vou à fronteira, onde possuo uma fazendola, e ocasionalmente visito Rivera, Bella Unión, a passeio ou para fazer compras. Num bazar de Bella Unión comprei dois livros: *Tres libros de cuentos* e *El narrador*[**], e desde a primeira leitura me entusiasmei com os teus contos, a maioria ligada à terra e compondo o rosto do homem do campo. Traduzi dois, "O gato" e "A casa de pedras", publicando-os em suplementos literários de Porto Alegre, Rio de Janeiro e Belo Horizonte. Vou providenciar na remessa de fotocópias.

Planejo levar adiante um velho projeto: lançar um livro teu no Brasil, de contos selecionados dos volumes que possuo. Além daqueles dois, já traduzi "Um conto com um poço" e "Noite de São João" (também vou enviar cópias). Penso num livro de mais ou menos 150 páginas. Pretendo oferecê-lo ao meu editor no Rio de Janeiro, Ênio Silveira[***] (Editora Civilização Brasileira). Ainda não o fiz porque, antes,

---

[*] A leitura de um artigo sobre Arregui me levara a desconfiar de que ele já falecera.

[**] Em 1976, no dia em que eu estava em Bella Unión, comprando os livros de Arregui, chegavam de Montevidéu, em caixões lacrados, os corpos dos professores Dante Porta Moreira e Saul Facio Soto, mortos sob tortura pelos militares uruguaios.

[***] Ênio Silveira (1925-1996) foi um dos grandes nomes na história editorial do Brasil.

precisava te localizar e obter tua concordância. Depois de receber o material que anuncio, aprovarás ou não.

Sou um contista sem talento algum, autor de livros cuja edição deves creditar à bondade de raros editores. Em separado, te envio o último.* Tenho 40 anos, sou advogado e não advogo, e pessoalmente não sou nada simpático. Minha mulher, contudo, há de achar que tenho alguns encantos.

Abraço do
Sergio Faraco

15 jul. 1981**
Meu caro Arregui:

Segue o material prometido. Se estiveres de acordo com o prosseguimento, anota as observações que julgares pertinentes nas cópias datilografadas. Proximamente, eu te enviaria mais dois ou três contos, e os anotarias também. E assim por diante. Para diminuir despesas, me devolverias todos os textos ao final, de uma só vez.

Estou selecionando os contos que mostram o campo e traços peculiares do homem que o habita, seus costumes, usos, crendices. A tradução é cuidada, minuciosa, mas de vez em quando modifico uma frase ou outra, para buscar a exata correspondência em português. Em alguns casos, tenho eliminado certas imagens, por constatar que, em português, não conservam a mesma força do espanhol ou parecem gratuitas. Bem, creio que já tens elementos para uma resposta.

Abraço forte do
Faraco

18 jul. 1981
Faraco:

Linda a tua carta. Bem, agora entendo.
Sabia de traduções para o russo, tcheco, alemão, italiano (traduções não de livros, mas de contos, em antologias e revistas), mas não

---

* *Hombre*. Rio de Janeiro: Civilização Brasileira, 1978.
** Carta suprimida na edição uruguaia.

imaginava que "El gato" e "La casa de piedras" andassem pelo mundo do português. Em Cuba, lançaram um livro com o título de *Cuentos de Mario Arregui*, com doze contos selecionados por A. Benítez Rojo, excelente contista cubano. Foi editado na Coleção La Honda da Casa da Américas. Fui jurado do conto ali, em 1971.

Se tens *Tres libros de cuentos* e *El narrador*, só te faltaria *La escoba de la bruja* para ter todos os meus contos, exceto 4 ou 5 ainda inéditos, e *Liber Falco* para ter minha obra total. Os dois que faltam vou te enviar dentro de alguns dias, quando for a Montevidéu, pois não os tenho em Trinidad. *La escoba de la bruja* é o meu melhor livro, o que foi melhor recebido pelo público e pela crítica, levantando sensivelmente aquilo que eu chamaria de minha cotação. Nele repito cinco contos que estavam em *El narrador* (livro esgotado por uma boa venda e pelas apreensões que o exército fez nos depósitos da *Marcha**). Repito aqueles cinco (com muitas correções e variações), acrescento cinco inéditos e uma versão atualizada de "La casa de piedras" (atualizada quer dizer reescrita, depois da experiência de uma grave enfermidade).

O livro que organizas (e que imagino com muita alegria) seria meu melhor, pois feito com o melhor de todos os outros. O segredo é escolher bem. Vou dar minha opinião, referendada pelas opiniões que, ao longo dos anos, tenho recolhido de amigos e outras pessoas que importam (sempre fui receptivo aos juízos alheios). Nas 150 páginas que sugeres, caberiam quase exatamente 13 contos, que vou relacionar em ordem cronológica. Vê bem que se trata de uma opinião. Farás o que quiseres, sob teu exclusivo critério. Longe de mim a idéia de ditar instruções. A ordenação também fica à tua vontade. Sobre o título geral, falaremos adiante.

Seguem os 13 melhores contos, com 146 páginas de texto em espanhol. Podes eliminar um ou vários, trocar, embaralhar etc.

---

* Semanário e editorial fundado em 1939 por Carlos Quijano (1900-1984) e cujo primeiro secretário de redação foi Juan Carlos Onetti (1909-1994). Quijano era membro da ala mais progressista do Partido Nacional (*blanco*), mas seu projeto jornalístico tinha uma orientação independente, com amplos espaços destinados à cultura. Era uma publicação antifascista, antiimperialista, mas sem submissão ao PC. Contribuiu decisivamente para a união das esquerdas na formação da Frente Ampla, em 1970. Foi fechado pela ditadura militar uruguaia em 1974, após publicar sua edição nº 1.674.

"Noche de San Juan" – *Tres libros de cuentos*
"Diego Alonso" – *Tres libros de cuentos*
"La casa de piedras" – *La escoba de la bruja*
"Tres hombres" – *Tres libros de cuentos*
"<u>Los contrabandistas</u>" – *Tres libros de cuentos*
"El narrador" – *La escoba de la bruja*
"La mujer dormida" – *La escoba de la bruja*
"Los ladrones" – *Tres libros de cuentos*
"El regreso de Odiseu González" – *La escoba de la bruja*
"<u>Un cuento con un pozo</u>" – *Tres libros de cuentos*
"<u>Un cuento con insectos</u>" – *La escoba de la bruja*
"Un cuento de coraje" – *La escoba de la bruja*
"<u>La escoba de la bruja</u>" – *La escoba de la bruja*

Os sublinhados, acredito, são os melhores. Aquilo que está em *El narrador* é preciso buscar agora em *La escoba de la bruja*. Estes seriam os melhores frutos de uma atividade literária bastante intermitente. Recém agora estou dedicado quase *full-time* à literatura. O trabalho de ganhar a vida como estancieiro-agricultor-cabanheiro, as mulheres, as charlas com os amigos, ler o que escrevem os outros, o cinema, um tanto de futebol, outro tanto de política, um pouco dessa inatividade que aqui chamamos *pelotudismo* etc. me impediram de escrever mais. Agora estou preparando um livro no qual inclúo contos, pequenos ensaios, notas críticas etc. Creio que se chamará *Pisapapeles* e será editado pelo Editorial Arca, imagino que em oito ou dez meses.

Dizes que, "depois de ler o material... aprovarás ou não". Nada tenho a aprovar e aprovo *avant la lettre*. O que fizeres está bem-feito. Meu desconhecimento do português é total e seria um absurdo pensar em te corrigir. Sobre a seleção, repito, farás o que achares melhor. Também, e também repito, faz com a ordenação o que melhor convier segundo teu critério. Sobre o título geral nos entenderemos, ainda que, em princípio, venha a ser o de teu gosto.

Terei muito prazer em ler teu livro, mas não será fácil (sou uma negação para idiomas e, quase deliberadamente, esqueci o francês que sabia). Além disso, ler em português me confunde, pois se parece demais com o espanhol.

Deixemos a literatura para passar ao pessoal.

Tenho 23 anos mais do que tu. Acho que não sou muito simpático, exceto para os amigos – tenho muitos e alguns, ai de mim, já estão mortos. Minha mulher, como a tua, terá uma opinião favorável sobre mim.* Casei-me duas vezes. Acredito que a bigamia (ou melhor ainda, a trigamia) é o estado ideal. Razões de idade me constrangem à monogamia. Tenho três filhos, sete netos e uma enteada.** Carrego o grande pesar de um filho morto em acidente.*** Como tu, possuo terras, o que nunca me impediu de militar na esquerda. Essa militância, em 1977, custou-me quase 8 meses de prisão. Tu és advogado, eu fui estudante de Direito, mas, com mais sorte do que tu, abandonei em tempo essas porcarias codificadas. Quando mais moço, fui muito bom ginete. Como jogador de futebol, sempre fui ruim. A estância e a cabanha, hoje em dia, são administradas por um de meus filhos****, em meio à grande crise econômica que asfixia o país. Espera-se um desmoronamento dentro de alguns meses, como o argentino. Meu outro filho está na Espanha, é pintor.***** O outro, que é a outra, uma mulher, mora em Montevidéu. No último dia de 1978 tive um infarto e estive moribundo ou quase morto. Com um marca-passo, agora estou bem.

Se vens a Rivera ou Bella Unión, me telefona (o 707 de Trinidad). Não estaríamos tão distantes e poderíamos nos encontrar.

Com verdadeiro afeto em estado nascente,
Arregui

P.S. Vou te enviar exemplares corrigidos de *Tres libros de cuentos* e *La escoba de la bruja*.

Minutos atrás, dois dias depois de tua carta, chegou teu livro. Linda a edição. Dei uma olhada. Como previa, será difícil ler em português. Vai ser uma má leitura, uma semileitura adivinhatória. Há frases inteiras das quais não entendo uma só palavra.

---

* Dorita, a segunda esposa, certamente o amava, mas reclamava muito de seu monumental desleixo e costumava controlar seus movimentos domésticos. O cineasta Henrique de Freitas Lima o visitou em Trinidad, e o escritor o recebeu com um *puchero* feito sobre a mesa de seu escritório, num fogareiro Primus. Arregui era um homem tão culto quanto selvagem.

** Esta do primeiro casamento de Dorita.

*** O filho, Roman, ainda não tinha dezoito anos quando, em acidente caseiro, uma garrafa de álcool e uma vela acesa lhe tombaram no regaço. A labareda fechou-lhe os poros e Roman morreu intoxicado.

**** Alejandro Arregui.

***** Martín Arregui.

Sem data*
Caro Faraco:

Tua remessa se cruzou com longa carta minha, que decerto já estará em tuas mãos. Há pouco, dizia à minha mulher: "Esse senhor Faraco e eu estamos nos carteando como noivos".
Para mim, é fácil ler meus contos em português, assim como é muito difícil ler os teus. Mas já aprendi umas 5 palavras...
Em minha carta te dizia que, ignorando teu idioma, pretender te corrigir seria um total atrevimento. No entanto, lendo com cuidado "Un cuento con un pozo", encontro coisas para observar, ou melhor, perguntar. Envio a cópia *anotada*, como dizes. Peço desculpas pelo notório atrevimento. Conste que não corrijo e sim pergunto, e sinalizo dadas palavras. Vejo que há certas simplificações, que quase com segurança estão bem-feitas. Tudo soa lindo. É assim o trabalho que propões? Continuo assim? Em português não há o ponto-e-vírgula, este que tanto, entre nós, usam Borges, Onetti...?
Que achaste da lista de 13 contos? Por certo, ainda não conheces os que estão em *La escoba da la bruja*. Consegui em Trinidad um exemplar. Repito que a lista é apenas uma sugestão, nem mesmo é uma recomendação. Farás o que quiseres.
Tenho certa experiência como tradutor. Ainda estudante, traduzi uma peça de Romain Rolland, e também do francês dois romances soviéticos muito ruins. Depois, alguns poemas de Supervielle, que nunca foram publicados e um dia queimei. Sei que traduzir é difícil. Se em literatura, como queria Flaubert, não há sinônimos... Sinceramente, acredito que teu trabalho é um bom trabalho.

Um forte abraço.
Arregui

P.S. Não contesto teus comentários sobre o que é peculiar no homem do campo, mas te direi que ando um tanto agastado com *criollismos*, nativismos, telurismos ou o que sejam. Ainda conversaremos sobre isto.

---

* Carta suprimida na edição uruguaia.

Sem data*
Caro Faraco:

Suponho que terás recebido os livros que enviei e igualmente os comentários (antes perguntas) talvez um pouco tolos e outro pouco inúteis que anotei à margem das traduções. Meu desconhecimento do português me induz a estranhar palavras (por sua semelhança com as espanholas) aparentemente duvidosas, mas que, afinal, devem estar certas. Para piorar, não conheço ninguém que saiba português de verdade.

Acontece que leio tuas cartas e tuas traduções com facilidade e então acredito que já estou dominando o português. Retomo teu livro e parece que apagam a luz. Que merda!

Fraternalmente,
Arregui

23 jul. 1981
Meu caro Arregui:

Recebo a tua de 18 do corrente, com tantas e boas notícias.

Desde a primeira leitura de teus livros, naquela noite em Bella Unión, pensei em te traduzir. O Uruguai e o Rio Grande se parecem. O Rio Grande padece a influência deletéria do imperialismo cultural do centro do país e é nessa medida que teus contos recobram a índole do homem do campo – inclusive o rio-grandense – e, exagerando, sua "nacionalidade".

Pela carta, e também pelo que já observara através da leitura, vejo que tens o "mau costume" de refazer textos antigos, em busca da melhor forma de dizer. É algo mais a me identificar com teu trabalho. Para publicar *Hombre*, também refiz contos publicados em outros livros. Sou um insatisfeito, e sempre me parece que um dia a mais na vida me alimenta para pensar melhor um conto. Essas traduções que te enviei, por exemplo: antes de entregar ao editor, vou retrabalhá-las.

Procurarei seguir tuas sugestões sempre que possível. Tuas idéias são bem-vindas. Tenho meu gosto, mas tentarei harmonizá-lo com teu desejo. O trabalho será longo e teremos chances de discutir todos os pormenores. Foi uma ótima idéia o projeto de 13 contos, com

---

* Recebida em 28 de julho de 1981. Carta suprimida na edição uruguaia.

146 páginas em espanhol. Vou tomá-lo como base. Por enquanto, te envio "O vento do sul", que eu já traduzira antes de receber tua carta. Depois veremos da conveniência de incluí-lo. Nos próximos dias, traduzo mais um ou dois contos.

É bom que leias o material que envio, apesar de tuas dificuldades com o português. Terás muitas dúvidas e poderei esclarecê-las, justificar tal ou qual procedimento ou, sendo o caso, refazer o texto. No decorrer da correspondência, encontraremos soluções para o ordenamento e o título geral. Alguns dos contos dão bons títulos de livros, como "Noite de São João", mas é apenas uma idéia e certamente teremos outras até o livro ficar pronto.

As informações pessoais, já as adivinhava quase todas, outras já sabia. Idade, atividades extraliterárias etc. Idem para a política, e tua história é parecida com a minha. Excelente notícia é a da saúde. Com marca-passo ou não, importante é que estejas bem. Com alguns cuidados, evitando excessos e com uma vida mais regrada, haverás de escrever muito mais.

Tuas idéias sobre o casamento me divertiram. De minha parte, sou mais ortodoxo, mais conservador, até porque minha mulher costuma ler as cartas que escrevo...

Ultimamente, tenho ido à fronteira uma vez ao ano. Se puder ir a Rivera, te aviso, e quem sabe nos encontramos em algum lugar para tomar um trago e contar umas mentiras.

Estou traduzindo também um poeta venezuelano, Eugenio Montejo, e trabalhando em dois livros novos, um de contos e outro sobre um episódio da História do Brasil*.

Abraço forte do
Faraco

P.S. Meu editor no Rio está lendo uns originais que lhe enviei, pertencentes a um advogado amigo. O autor relata sua experiência como defensor de um casal uruguaio. Penso que saibas do que se trata.**

---

* Eu já iniciara minhas pesquisas sobre a Conjuração Mineira (ver *Histórias dentro da História*. Porto Alegre: L&PM, 2005). O livro de contos só apareceria três anos depois.

** Referência ao livro *Seqüestro no Cone Sul*, do advogado Omar Ferri, que tratava do seqüestro, pelo DOPS, dos uruguaios Lilian Celiberti e Universindo Díaz. Os termos eram velados para não comprometê-lo, no caso de ser aberta a carta pelos policiais da ditadura uruguaia, então em plena vigência.

28 jul. 1981*
Meu caro Arregui:

A desordem da correspondência até que é saudável, no fim dá certo. Recebo tua última, sem data, e também os livros, que agradeço, sobretudo *La escoba de la bruja*, tão importante para a edição brasileira. A cópia anotada de "Um conto com um poço" me satisfez plenamente, era o que desejava que fizesses. Confio em que tenhas paciência para fazer o mesmo com os demais contos. Corrigirei todos os contos juntos, ao final, mas isto não impede que discutamos tuas dúvidas. É até melhor discuti-las logo, para que ambos estejamos tranqüilos:

Cachorro: em português é cão pequeno e novo, mas ao menos no Rio Grande é qualquer cão, grande ou pequeno. É como *perro*.

Cusco: qualquer cão, com certa conotação depreciativa, e não vigora em nossa campanha a acepção dicionarizada, no sentido de que deva ser, necessariamente, um cão pequeno.

Luxuoso: serve como tradução de "rumboso".

Apalpavam a noite (os arroios): mudei para atender ao ritmo da frase, mas houve, realmente, um desvio de sentido, com certo prejuízo para a idéia de correnteza selvagem. Vou refazer.

Criaturas dormidas: eliminei o adjetivo porque em seguida vem a expressão "pelo sono".

Carne quase própria: de fato, houve um lapso. Vou acrescentar.

Pense em coisas boas: escandaloso equívoco do tradutor, onde ele estava com a cabeça? O correto é "faça o favor".

Bruxaria: não há necessidade de acrescentar "sentido de".

Alguma coisa ruim: no caso, dá para significar o *aciago* espanhol. Disse, por exemplo: "Pressinto que vão me acontecer coisas ruins", isto é, *cosas malas*. A tradução literal é "aziago", de uso restrito.

Sereno encanto: mais próprio àqueles momentos de intimidade de Martiniano, estando só e ao mesmo tempo sentindo-se na companhia de alguém. Vou manter.

Sol: tens razão, mais um tropeço do tradutor.

Sono provisório: *duermevela* por "sono provisório" pode não ser a tradução exata, mas não é má e responde à exigência da frase, enquanto

---
* Um longo trecho desta carta foi suprimido na edição uruguaia.

significa um estado de alerta latente. Ela, a água, pode ser despertada de repente, pela queda de um balde, pelas emanações subterrâneas etc.

Olhos menos exigidos, mas atentos: considerei que o fato de Martiniano acostumar a vista não significa diminuição de seu interesse ou sua atenção.

Pensou em sua mulher e seu filho: a omissão posterior é proposital. A menção à angústia é repetitiva e enfraquece o relato. No original espanhol, empregas três vezes essa palavra no mesmo parágrafo, que começa em *pero de pronto* e termina em *indefinible*. A angústia já se revela na própria narrativa.

Dia outonal, como satisfeito: a "satisfação" está errada, vou refazer.

Revólver: no lugar de "trabuco", a considerar. Optei por "revólver" porque, aqui no Sul ou ao menos na fronteira, trabuco tem um sentido abrangente, é qualquer revólver, inclusive aquele de fabricação artesanal.

Matéria decomposta: eu poderia ter traduzido *olor a podredumbre* por "cheiro de podridão", mas aqui não se costuma dizer que "aquilo ali está com cheiro de podridão" e sim que "aquilo está cheirando a podre" ou "com cheiro de coisa podre", do que deriva, curiosamente, que cheiro e podridão, no caso, sejam quase redundantes. Reconheço, no entanto, que "matéria decomposta", se foi uma solução para a frase, não o foi para o conto. Vou tentar outra fórmula.

Na seqüência, estou a braços com "Os contrabandistas", e desde logo tive algumas dificuldades: *grasa entibiada de riñonada*. A título provisório, traduzi por "graxa quente de rim", mas gostaria de saber como é o costume de engraxar o couro cru: algo me diz que a tradução está equivocada ou incompleta. Outra: *se esta puta no fuera como se viera de noche*. É uma alusão à cegueira da mula, sim, mas uma tradução que preservasse a integridade da idéia precisaria ser mais explicativa do que o original e acabaria desmerecendo a espontaneidade do comentário. Concordarias, por exemplo, se eu traduzisse por "se esta puta ao menos enxergasse", isto é, "se ao menos visse o lugar onde está pisando"?

Sobre tuas dúvidas em relação ao *criollismo*, bem, também as tenho. Mas, como te disse, o amassamento cultural costuma ser violento. Em Porto Rico, já quase não se fala o espanhol (foi a grande luta de René Marqués*). Tenho desconfiado de que o *criollismo* (com todos os

---

* Escritor porto-riquenho (1919-1979) que defendia a independência de Porto Rico.

seus radicalismos), sob qualquer nome que se lhe dê, não deixa de ser um núcleo de resistência de nossa identidade.

Recuerdos do Faraco

Sem data*
Meu caro Faraco:

Eu pensava (e de certo modo continuo pensando) que corrigir ou fazer observações sobre tuas traduções, a partir de um português adivinhado e com base em semelhanças *externas* com o espanhol, era um atrevimento. Tua última carta me tranqüiliza. Se é precisamente o que queres, alguma eficácia tem. Afinal de contas, não podemos fazer outra coisa. É claro que terei paciência para continuarmos.

Como não tenho à vista a tradução de "Un cuento con un pozo", vou trabalhar em cima de tua carta.**

Sentidos de brujería: a idéia é a de que o cachorro, além da visão, da audição etc., tem ou pode ter sentidos ocultos ou misteriosos.

Encanto: em espanhol é outra coisa, por exemplo, os encantadores sorrisos ou as tetas das mulheres. Se em *brasilero* soa de outro modo, deixa como achares melhor.

Duermevela: em espanhol não dá idéia de provisório, antes de dormir e não dormir.

Codiciosos: atentos, querendo ver bem.

Caballos del amanecer: mais do que uma imagem, é uma indicação de que cavalos se tratam.

Sobre "Los contrabandistas":

Grasa entibiada de riñonada: por ser a do rim uma graxa fina, costuma-se esquentá-la e logo esfregá-la em botas de couro cru, em malas de couro etc., para impermeabilizar.

---

* Carta suprimida na edição uruguaia.
** Provavelmente a perdera. Arregui costumava pendurar minhas versões de seus contos e também as cartas num prego que cravara na parede do escritório-cozinha. Se o papel se rompia, não mais o encontrava. Era por isso que eu guardava cópias a carbono de minha correspondência, para saber ao menos o que lhe perguntara anteriormente.

<u>Si esta puta no fuera como se viera de noche</u>: se esta puta não se movesse de noite como se movem de dia os animais que enxergam... É sabido que os animais cegos (como os homens cegos) parecem desenvolver outros sentidos além dos normais e que a escuridão da noite os afeta menos.

Acho que os contos de mais difícil tradução são "La casa de piedras" e "Un cuento con un pozo". Haverá outros que serão mais fáceis, como "Tres hombres", "Diego Alonso"...

Na carta anterior, falas do livro de teu amigo, *Seqüestro no Cone Sul*. O mundo é pequeno: não só conheço (embora não muito bem) o episódio, como também conheci (tampouco muito bem) o casal. Em seu primeiro casamento, ela foi mulher de um grande amigo meu.*

O *criollismo* é um tema sobre o qual precisaríamos conversar mais longamente. Em meu próximo livro (que haverá de demorar uns quantos meses ou um ano), incluirei um ensaio, "Literatura y bota de potro", no qual ataco a literatura *criollista*. Confesso que esse ensaio, em certas passagens mal-humorado, foi escrito um pouco como reação política contra o governo que padecemos há oito anos, governo que fomentou o nacionalismo, a "orientalidade" e outras tolices. Digo ali que a gauchofilia nostálgica é reacionária, derivada da direita oligárquica que, depois de exterminar ou domesticar o anárquico gaúcho, passou a destacá-lo como emblema de coisas que nunca foi etc. Quando puder, faço cópia e te envio, a título de curiosidade.

Com muito afeto,
Arregui

P.S. Releio tua carta. Propões: "se esta puta ao menos *enxergasse*". Não sei o que significa esta palavra, que esclareces com a frase "se ao menos visse o lugar onde está pisando". Não é assim. A idéia precisa de Pedro Correa é: eu degolaria esta mula se não fosse tão útil, por sua faculdade de orientar-se e mover-se à noite. Lembro que meu pai tinha um cavalo colorado que era cego (por doença, não por ter sido maltratado), no qual às vezes andava de dia, e então era ele, meu pai, que via pelos dois. No entanto, ele o preferia quando tinha de juntar ovelhas recém-esquiladas em noites escuras, e dizia: "El colorado es como se viera de noche".

Na p.82 de "La escoba de la bruja", o conto, vais encontrar duas palavras em itálico que talvez te intriguem. São dois modismos de nosso

---

* Como verá o leitor adiante, Arregui se equivoca. O seqüestro de Lilian Celiberti e Universindo Díaz em Porto Alegre não foi noticiado na vigiada imprensa uruguaia.

campo. *Costeados* quer dizer *acostumbrados, adiestrados, familiarizados*. É comum que um domador diga de um cavalo que falta andar um pouco mais nele para melhor acostumá-lo: "O cavalo está manso, o que lhe falta é o *costeo*"*. *Desgraciado*: curiosamente, não é o morto no duelo *criollo*, mas o que teve a desgraça de matar. Também se usa (ou se usava) dizer *se desgració* daquele que, sem querer, cagou-se nas calças.

Na p.115 de *Tres libros de cuentos* ("Los contrabandistas") encontrarás *policianos* em vez de *policías*. É modismo pouco usado, ligeiramente hostil ou depreciativo. Realmente depreciativo é *milicos*, palavra que também se usa para referir generais, coronéis etc., ao invés de militares.

Leste "Un cuento con insectos" e "La escoba de la bruja?" Que achaste? Será que me engano ao dizer que são verdadeiramente bons?

05 ago. 1981
Meu caro Arregui:

Antes de mais nada, obrigado pelo volume *El gato*, um trabalho belíssimo, ilustrado com muita criatividade. E acabei me entristecendo um pouco. Ao ver um artista fazer um trabalho como esse, um livro com um único conto, não posso deixar de pensar no tempo em que as pessoas liam mais livros... e gostavam deles. Hoje, publicar não é difícil. Difícil é encontrar quem leia.

Remeto a página de um jornal de Bagé, que no dia 2 publicou um conto teu. A tradução é a mesma que conheces (ainda não melhorada). As publicações avulsas podem fazer futuros leitores.

Tenho notado que te aborreces por desconhecer o português e isto te atrapalha um pouco ao analisar minhas versões. Não te preocupa (e menos ainda com meu livro). Para me auxiliar, é melhor que saibas pouco: tuas dúvidas serão muitas e, ao discuti-las, esclareceremos muitas coisas.

Na carta anterior fiz perguntas sobre "Os contrabandistas". Aguardo as respostas e continuo trabalhando neste conto, que é muito bom (e engraçado, com aqueles Correa...). Como é longo, vou demorar um pouco. Estou me dividindo em várias frentes.

---

* No vocabulário regional do RS o sentido é mais ou menos o mesmo, embora mais aplicado ao gado.

Recebi "A casa de pedras" e "O vento do sul", anotados, mas os discutiremos, se concordas, após a tradução integral de "Os contrabandistas". "O vento do sul" é um belo conto, e não concordo que seu mérito se cinja à sonoridade em espanhol, como anotaste. Mas não vou incluí-lo no volume, pretendo seguir a lista que fizeste. Enviei a tradução porque estava pronta. Vou publicá-la na imprensa.

Na próxima carta, usa minha nova caixa postal (C.P. 8544 Agência Tristeza). Tudo o que já enviaste para a outra está seguro, ela também me pertence. O problema é que fica no Centro, a quase 20km de Ipanema, o bairro onde moro.

Recuerdos do
Faraco

19 ago. 1981*
Meu caro Arregui:

O episódio de que falamos, relacionado com o livro de meu amigo, foi um escândalo no Brasil. Se soubesses os pormenores... O livro sairá em fins de outubro, não mais no Rio de Janeiro, mas aqui em Porto Alegre.**
Recebo a tua última.
Vou aproveitar tuas anotações em "Um conto com um poço". Não as comento agora, tampouco as que fizeste em "Noite de São João", porque sigo trabalhando com "Os contrabandistas" e não quero ficar saltando de um conto para outro. Mas não deixa de te manifestar, sempre que tiveres alguma dúvida. Guardo tuas cartas junto com as traduções e sempre as consulto.
Meu trabalho, momentaneamente, pouco progride, mas não é por falta de vontade. Neste mês estou com muitas atividades, inclusive uma viagem a São Paulo, inesperada, como verás no recorte que te envio. A notícia te surpreenderá, por certo. Explico: embora minha especialidade seja a ficção, gosto muito de História (Antiga e do Brasil), e gosto tanto que já escrevi dois livros. O primeiro é este que o jornal

---
* Carta suprimida na edição uruguaia.
** O mencionado *Seqüestro no Cone Sul*, de Omar Ferri, já em produção da Editora Mercado Aberto.

comenta.* O segundo, publicado no Rio no ano passado, causou certa polêmica: é sobre Tiradentes, patrono cívico da nação**.

Ainda não li "La escoba de la bruja", o conto, mas sim "Um conto com insetos", e posso te dizer, com toda segurança, que é estupendo. E te digo que é estupendo com a mesma sinceridade que te digo que pouco gostei de "O narrador". Mas este, esclareço, li há mais de três anos.

Abraço do
Faraco

Sem data
Caro Faraco:

Venho de Montevidéu, onde fui ver filhas, netos, amigos, e encontro tua carta. Vejo que recebeste a minha anterior. Como o correio está se portando bem conosco! A cartas que eu deveria receber de Buenos Aires e do México se extraviam... Razões políticas?

Em Montevidéu, contei para minha filha e para os amigos do Editorial Arca em que empresa tradutora nos metemos. Minha filha é professora de Literatura e tem um amigo e colega que, além de ter feito, como ela, cursos de língua e literatura espanholas, fez também cursos de português e literatura brasileira. Ela falou com o homem, que na verdade não conheço, e ele aceitou dar uma olhada final na tua tradução. Penso que não podemos perder essa oportunidade, no sentido de que quatro olhos vêem mais do que dois. Não sei que medida intelectual possui o tipo, mas, segundo minha filha, é alguém muito capaz. Quando tiveres algo já corrigido, me envias e eu o envio à minha filha, que passa para o colega. De acordo?

Eu estava enganado a respeito do casal seqüestrado no Cone Sul: não são as pessoas que eu imaginava. Gostaria de ler esse livro, se é que lhe compreenderei o português. Suponho que será menos literário, ou mais jornalístico do que o teu.

Outro dia te envio, com minhas notas, as páginas de "Os contrabandistas". Por enquanto, direi algo sobre a frase final, que tive de

---

* *Urartu*. Porto Alegre: Editora da UFRGS & Instituto Estadual do Livro, 1978.

** *Tiradentes: alguma verdade, ainda que tardia*. Rio de Janeiro: Editora Civilização Brasileira, 1980. É obra bem-informada, mas ressentida, que reescrevi mais tarde. ver nota na página 29.

pensar muito ao escrever. Essa frase diz: *Hacete cargo de que si no lo tranquilizo...* É uma frase explicativa, claro. A dificuldade pode estar em *Hacete cargo*, que é uma fórmula não muito usual a significar *compreendé, entendé, fijate que, notá* ou *aceptá que,* e que seria fácil traduzir para o inglês, usando, como os ingleses, o verbo realizar no sentido de tornar real.

Eu sabia, por uma fotocópia que me enviaste, que andavas tratando com a História e tinhas um livro sobre o *sacamuelas* que vocês chamam Tiradentes. O que não sabia é que fosses entendido em assuntos armênios e que o tal Tiradentes merecesse uma desmitificação. Há tanta coisa para desmitificar em nossos países e suas histórias burguesas! Nós mesmos teríamos de desmitificar a própria origem de nosso país (um tal Lorde Ponsonby) para ter um *pie a terre* na costa atlântica da América do Sul.

Em breve seguirá uma fita cassete com "Literatura y bota de potro". Dividirei esta carta em capítulos.

Sobre "El narrador", o conto:

Disseste que pouco gostaste dele. De acordo: é só uma historieta, mais um pouco de outra coisa. É pequeno, fraco etc. Em sua última versão, ganha um pouco com duas ou três pequenas variantes. No prólogo de *El narrador* (o livro), digo dele: "'El narrador' é pouco mais do que uma historieta. Eu o incluo como peça inicial e uso seu título para denominar o conjunto porque vejo ou quero ver nele, além do pouco que é em si, uma espécie de declaração de certas e vagas posições estéticas que sou incapaz de formular de outra maneira".

Isto é verdade, mas pouco importa. Pode ter certo valor numa conversa sobre recursos literários e questões técnicas, nada mais – ou um pouco mais. Incluí este continho na relação dos 13 justamente por isto. Se achares conveniente, elimina, ou então troca por "Unos versos que no dijo", que é muito melhor.

Releio "El narrador". Sim: pode ter algum valor como "manifesto estético". O narrador como "macaco de Deus" me agrada, no advinhado ou presumível sentido heraclíteo da fórmula: "Os homens são os macacos de Deus", diz um dos fragmentos de Heráclito. Bem, a coisa fica ao teu gosto.

Sobre "Un cuento con insectos":

Coincido contigo, parece-me um conto realmente bom. Não guardo cópia de minhas cartas e por isso corro o risco de dizer duas ou três vezes a mesma coisa, mas lembro de ter dito que ele, "Los contrabandistas", "Un cuento con un pozo" e "La escoba de la bruja" são os quatro melhores. A opinião geral é a de que "Un cuento con un pozo" é o melhor de todos. Quase sempre discordo e digo que "Un cuento con insectos" é superior, por não fazer demagogia com um fato terrível como a castração de um menino. Esse tipo de demagogia, comum no imenso Faulkner, me causa certa rejeição, mesmo num escritor tão grande como ele (já Balzac aconselhava: quando o relato começa a cair, a solução é matar uma criança). Em "Un cuento con insectos" (o conto do louva-a-deus, como o batizou minha mulher), o possível horror do assassinato é menos horror, menos cru, nada demagógico, não é? O objetável é que poderia ser considerado longo demais, relato demais (como "Los contrabandistas"), se entendemos que relato é uma coisa e conto é outra. Mal pude ler teu livro, antes o adivinhei, mas me parece que tu (e isto outro dia eu comentava lá na Arca) conseguiste o conto-conto, o conto-foto junto ao fogo, coisa que poucas vezes consigo. Não me animo a dizer que meu melhor conto seja "La escoba de la bruja", mas te digo, sim, que é o que mais se aproxima de meu ideal de conto, o arquétipo platônico do conto que fiz para mim, ou que se veio fazendo em mim.

Sobre vacas:
Minha situação econômica é fodida e preciso vender vacas a preços que não são obtidos no Uruguai. Tenho um excelente plantel de vacas holandesas, puras de pedigree, inscritas. Entre vacas e terneiras, umas 150. Eu venderia grande parte. Têm controle leiteiro, mas não alcançam as cifras exigidas pelo governo brasileiro – não por serem incapazes, mas porque aqui é antieconômico alimentá-las além de certo limite, entendes? Para um compatriota teu seria um bom negócio comprá-las como puras ou por cruza de origem, e para mim também seria bom vendê-las por um preço um pouco melhor do que aquele que se consegue aqui pelas puras por cruza. Com o governo uruguaio não há problema: acaba de autorizar a livre exportação de gado em pé. Acaso conheces alguém no Brasil que possa se interessar pelo negócio? Eu te agradeceria muito qualquer contato. Sendo conveniente, vou a Porto Alegre com todos os papéis da cabanha, e aproveitaríamos para falar de literatura, que é algo mais interessante do que vacas.

Arregui

02 set. 1981
Meu caro Arregui:

Tua última carta é fantástica: primeiro, propões um fiscal uruguaio para revisar minhas traduções, depois me promoves a teu representante bovino no Brasil. Se eu não tivesse um acentuado senso de humor, por certo te daria umas guampadas...*

Aceito uma das propostas, a bovina. Vou perguntar ao meu irmão Nelson, que é estancieiro em Alegrete, se ele se interessa ou pode indicar alguém. Sabendo de algo, te aviso. Já o teu fiscal, não mesmo. Não creio que precise de auxílio na revisão final. É apenas literária, e sendo uma revisão literária em português, posso te garantir que a faço melhor do que todos os uruguaios juntos. Não te preocupa, Mario, e *hacete cargo* de que, com paciência, *despacito*, faremos um bom trabalho.

Terminei a tradução de "Os contrabandistas", mas, como escrevo à mão, falta datilografar. Também fiz a versão final de "Um conto com um poço". Está excelente. Sobre "El narrador" falaremos mais tarde e veremos se convém trocá-lo por "Unos versos que no dijo". É uma idéia.

Já sabia que, geralmente, consideram que teu melhor conto é "Um conto com um poço". De fato, é muito bom, mas, entre os que li ("La escoba de la bruja" ainda não), o que mais me impressionou foi "Noite de São João".

O livro que te falei, sobre Lilian**, está sendo composto. Há de sair em fins de outubro.

Importante: quero um *regalo*. Imagino que em Trinidad ainda se possa encontrar um bom fumo para cigarro de palha (*paja?*). Gostaria que me conseguisses um pedaço pequeno, para prova, e também alguma palha, as que se vendem aqui são muito grossas e, geralmente, ainda verdes.

Recuerdos do
Faraco

---

* Brincadeira pesada, mas a proposta dele de dar minhas traduções a um uruguaio para uma revisão final me incomodou. Era só o que faltava...
** Lilian Celiberti, eu persistia em meu cuidado para não comprometê-lo.

Sem data
Caro Faraco:

Minha carta, afinal, não era tão fantástica, se considerarmos que o Brasil é um país comprador de vacas e que eu não estava propondo um "fiscal", como disseste. Fiscal, em espanhol, é uma palavra fodida, quer dizer inspetor + acusador. Longe de mim tal idéia. Minha filha me ofereceu um bilíngüe que poderia me ajudar em minhas vertigens com o português, algo que não me pareceu errado. E em nenhum momento me ocorreu que podia significar alguma dúvida sobre tua capacidade de escrever em português melhor do que qualquer uruguaio. Estamos entendidos? Lamento que tenhas lido "fiscal" onde deverias ter lido "secretário bilíngüe".*

A questão das vacas também é simples: por que não poderias conhecer alguém interessado num negócio que, para mim, seria bom, e para ele mais do que bom? Eu ignorava que tinhas um irmão estancieiro, pergunta-lhe o que pensa sobre o assunto. Por certo, o negócio seria mais conveniente para um cabanheiro ou um tambeiro (ou um revendedor) do que para um estancieiro.

Dias depois da carta te enviei a fita cassete. Recebeste?

Tenho em minha mesa as sete páginas anotadas de "Os contrabandistas". Espero o resto e depois devolvo tudo.

Tenho também, ainda sem ler, o *Correio das Artes***, onde aparece "Noite de São João". Segues publicando "adiantamentos". Quando sair o livro já não serei um completo desconhecido.

Se preferes, esquece "El narrador", assim como um possível substituto. Não é necessário que o livro tenha 13 contos, poderiam ser 12, 11, 10...

Não entendo qual o fumo que queres. Se é fumo em corda ou naco (como deduzo de "um pedaço pequeno"), por aqui não há. Só se consegue ou se conseguia no norte, perto da fronteira. Tampouco sei o que significa "cigarro de palha". Aqui dizemos *cigarro de chala*. É a mesma coisa? *Chala* é aquilo que envolve as espigas de milho, usam-se as folhas mais finas, mais internas, para enrolar o fumo. Isto sim posso

---

* Não era preciso, mas ele tenta consertar. No original de sua carta anterior, lê-se: [...] *y el hombre, a quien en realidad no conozco, acepto pegarle una revisada final a la traducción.*

** Suplemento cultural de *A União*, de João Pessoa (PB).

te enviar. E também vou te enviar, se te agrada, um pacote de Rio Novo Criollo, que é o nosso melhor fumo negro.

Com todo afeto,
Arregui

10 set. 1981
Meu caro Arregui:

    Recebo hoje tua última. Recebi também a fita gravada. Ainda não pude ouvir. Tenho um gravador, mas há muito deixou de funcionar. Pedi um emprestado, que ainda não trouxeram. Te agradeço por essa gentileza. Tão logo possa ouvir, comento.
    Seguem mais duas páginas de "Os contrabandistas" – está lento este trabalho, não é? – e ficam faltando as duas últimas, que estão manuscritas e logo vou enviar. Chamo tua atenção para dada passagem: "desentendidos passinhos matemáticos" (da mula). Fiz a tradução literal, mas não compreendi este "desentendidos". Suspeito de que queres dizer que os passos seriam iguais, alheios aos problemas de Juan, mas me confirma. E espera o final da tradução para me devolver o conto anotado.
    Remeto também "Um conto com um poço", já revisado e pronto para o livro. Fica contigo, para teus arquivos. Se quiseres mostrá-lo ao secretário bilíngue, por favor, não te constranja.
    Ah, não te aborrece com a carta anterior: nas "guampadas" o tom era de *broma*. Até já andei me informando sobre as vacas. Meu irmão chega amanhã de Alegrete e falarei com ele. Disseram-me que, na cidade de Taquara, funciona um importante tambo pertencente ao Instituto Adventista Cruzeiro do Sul. Tentarei entrar em contato com a direção.
    O cigarro de palha é o mesmo de *chala*, que indevidamente traduzi por *paja*.

Recuerdos do
Faraco

Sem data
Faraco:

    Te escrevo com pressa, dentro de meia hora parte um ônibus que preciso tomar. Recebeste o fumo? Gostaste? Não consegui a palha.

Com d*esentendidos pasitos matemáticos* eu quis dizer, sem dúvida, que a mula caminhava *au dessus de la melée*, alheia aos problemas de Juan, de Pedro, de Rulfo...

Outro dia te escrevo mais longamente. Escutaste a fita?

Abraço,
Arregui

28 set. 1981
Meu caro Arregui:

Remeto o último fragmento de "Os contrabandistas". Agora, quando puderes, me devolve o conto todo, anotado. Não deixa de levar em conta que esta versão não é a definitiva e sim uma tradução quase literal (e por isso, de baixa qualidade). Na volta, trabalharei sobre ela, tornando-a, por assim dizer, mais literária.

Tenho três contos prontos, já na versão final: "Um conto com um poço", "Noite de São João" e "A casa de pedras". Este último depende de tua aprovação, pois aproveitei apenas uns 20 por cento das modificações que ultimamente introduziste (em *La escoba de la bruja*). A maioria, *data venia*, dá ao conto uma conotação que ele não tem, isto é, uma vida, outra vida na morte, quando o belo era a quase morte do narrador.

Curiosa a tua observação de que "A casa de pedras" seria um conto dificílimo de ser traduzido. A mim me pareceu facílimo. Difícil (e como!) foi "Os contrabandistas", e difícil também me parece "Diego Alonso", que traduzirei a seguir.

Recuerdos do
Faraco

P.S. Obrigado pelo fumo e pelo papel. Me diverti bastante com essas fumaças uruguaias, soltando baforadas lá no meu trabalho – acho que já te disse que sou diretor de uma vara na Justiça do Trabalho. Ouvi a fita num gravador de lá. É um gravador velho, o som estava péssimo, de sorte que não entendi quase nada.

02 out. 1981
Caro Faraco:

Como o final de "Los contrabandistas" demorava, pensei que se perdera no caminho. Ontem, ao retornar de Montevidéu, encontrei tua carta. Em dois ou três dias seguirá o texto com as anotações que fiz e outras que vou fazer. Creio ter dito numa das minhas primeiras cartas que há uma aprovação *avant la lettre* para o que fizeres, de modo que tu mesmo resolverás se "La casa de piedras" deve ficar como preferiste.

Há na tua carta duas palavras que não pude entender: *data venia*.

Eu acreditava que as modificações introduzidas em "La casa de piedras" não mudavam o sentido, antes o completavam, digamos, ou melhor: podiam aprofundá-lo. Como digo no prólogo, são modificações nascidas depois de vários dias em que estive à beira da morte. És a primeira pessoa que compara as duas versões, e é possível que tenhas razão. Vou reler com cuidado e pensar. Minha idéia de que seria um conto de difícil tradução talvez provenha do fato de que me foi muito difícil escrevê-lo, e esta, sem dúvida, é uma dedução abusiva, equivocada.

Caralho, fala logo o que significa *data venia*!

Quando dizes "outra vida na morte", o que queres dizer?

Não pensava que "Los contrabandistas" fosse um texto difícil, mas se o dizes, há de ser. Acabo de reler "Diego Alonso" e me parece que não é muito complexo, mas tu dirás.

A última frase de "Tres hombres" talvez seja difícil de traduzir: *El zaino del finau es sin yel pa galopear*. *Yel* é *hiel*, ou seja, vesícula. Circula em nosso campo a idéia ou superstição de que a vesícula tem algo a ver com a fadiga, de modo que *sin yel* quer dizer *infatigable* ou *incansable*. Claro que *finau* é uma incorreção e que *galopear* tem um "e" a mais.

Se pretendes continuar "soltando baforadas" de fumaças uruguaias, me diz, que mando mais. Palha não se acha. Te enviei o papel que aqui chamamos "de alcatrão".

Acabo de ler, encantado, o último García Márquez, *Crónica de una muerte anunciada*. Também li em Montevidéu, em fotocópia de uma revista espanhola, o último conto dele, "Huellas de tu sangre en la nieve" ou algo assim: excelente.

Recuerdos do
Arregui

09 out. 1981*
Meu caro Arregui:

Comecei a traduzir "Diego Alonso" e envio a primeira página para que tenhas uma idéia das dificuldades. Teus contos diferem muito dos de outros autores que já traduzi, pois são freqüentes as imagens de extração local e uma adjetivação que, acompanhando o sujeito, não o qualifica e sim a ação em que ele está envolvido. Exemplo: aqueles desentendidos passos da mula, onde o adjetivo, criativamente, não remete aos passos, mas ao alheamento com que o animal se deslocava. Além disso, como não te limitas a desenvolver o enredo e há uma preocupação constante com a geografia, sobretudo com a atmosfera, a tradução não pode ser muito fiel: é preciso que o tradutor se socorra de outra estrutura frasal. Não basta contar a história em português, é preciso senti-la. E o trabalho se torna mais complexo.

Com "A casa de pedras", embora fosse de fácil tradução, tive um cuidado especial. Pedi à minha mulher que conferisse a versão que está em *La escoba de la bruja* enquanto eu lia a que consta em *Tres libros de cuentos*. Anotei todos os acréscimos para apreciá-los e, como te disse, aproveitei alguns. Segue cópia daquela que considero a versão final.

Com "outra vida na morte", circunstância da versão moderna de "A casa de pedras", eu quis dizer que, na versão anterior, o narrador sentia-se morrer e descrevia esta sensação de quase morte (voluntária), mas uma quase morte vista desde a vida, ao passo que, no texto alterado, muda a perspectiva do narrador, não há o "quase" e sim a descrição de uma morte verdadeira, ou por outra, de uma espécie de vida dentro desta morte. Ora, o encanto do conto reside justamente na vitória da vida sobre a morte seca, dura e irremediável, e não sobre uma vida paralela já entrevista pelo narrador. Não sei se pude me explicar. Enfim, de posse das duas versões podes fazer uma comparação e compreender melhor meu ponto de vista.

Data venia é latim, Dom Arregui. Quer dizer "com a devida vênia" ou "com a devida permissão".

Por certo, eu não entendera a frase final de "Três homens". Não atinava com o que significava *yel*. Agora está claro. Aliás, este conto lembra um pouco aquele "Biografia de Tadeo Isidoro Cruz", de Borges. Refiro-me à reação do sargento, aliando-se ao bandoleiro Velasco,

---
* Carta suprimida na edição uruguaia.

como Isidoro Cruz, num rompante, aliara-se a Martín Fierro. Os dois contos são admiráveis.

Agora terei mais tempo para me dedicar ao nosso projeto. Terminei o livro de contos, *A terra permanece*, e entro em férias da *minha* literatura. Vamos ver se, de agora em diante, acelero teu livro e o do venezuelano.

Recuerdos do amigo
Faraco

P.S. Obrigado pelo livro, a antologia, que infelizmente só poderei ler mais tarde. E obrigado também pelo fumo, que é saboroso. Na verdade, gosto mais de cigarro de *chala*, com o fumo próprio, aquele que deve ser cortado, picado. Ciente de que não há em Trinidad. Em Porto Alegre também não é fácil. Até esses velhos hábitos estão desaparecendo.

29 out. 1981*
Meu caro Arregui:

Estava aguardando carta antes de te enviar novo material. Como não chegou e também porque viajo amanhã, faço a remessa. Passarei três dias em Alegrete, retornando a Porto Alegre no dia 2.

Segue parte de "Diego Alonso", páginas dois a cinco. Perceberás que estou com alguns problemas, conforme previra. Ao mesmo tempo, dou os retoques finais em "Os contrabandistas", mas parei na quarta página com uma dúvida:

"A mula, de cabeça torcida para não pisar na corrente que arrastava, dava passinhos curtos e pastava com a tranqüilidade de uma solitária sobre a terra, possuidora de um tempo ilimitado".

Nas tuas anotações, eliminaste a vírgula entre "terra" e "possuidora". Ora, aí está uma vírgula cuja presença, ou não, define o texto. Coloquei a vírgula pensando que a frase "possuidora de um tempo ilimitado" referia-se à mula, mas, eliminando-a, fazes pensar que se refere à terra.

Enviei para o Rio de Janeiro o livro de contos, mas já me arrependi. Acho que não é um bom livro e que eu deveria ter esperado um pouco mais, retrabalhando alguns contos.

---
* Carta suprimida na edição uruguaia.

Resolvi interromper a tradução do venezuelano, ao menos até terminar a tua. Não dá para me dividir como achava que desse.

Em Alegrete verei se encontro alguém interessado em comprar teu gado. Em Porto Alegre é difícil. Escrevi ao Instituto Adventista Cruzeiro do Sul, de Taquara (aproximadamente a 120km de Porto Alegre), que possui um tambo, mas não recebi resposta.

Abraço do
Faraco

Sem data*
Caro Faraco:

Repito que minha ignorância do português é total e que só pelas semelhanças (que podem ser enganosas) etc... Bem: revisei as versões definitivas de "Noche de San Juan", "Un cuento con un pozo" e "La casa de piedras". Há simplificações que, sem dúvida, serão apropriadas, embora uma ou outra se me afigure um tanto inexplicável. E digo comigo: "Faraco há de saber o que faz".

Se me desse conta de que *data venia* é latim e não português, teria sido mais fácil perguntar ao padre daqui, que é amigo...

Sobre a versão de "Noche de San Juan", nada a comentar: deve ser incontestável e, provavelmente, muito boa.

Em "La casa de piedras" a coisa se complica. Continuo sem entender por completo as diferenças que vês entre os dois textos. Contudo, deixemos este assunto para outra carta. Meu filho (o que estava na Europa) veio passar o verão no Uruguai, virá me visitar nos próximos dias e pedirei que me ajude, ele é um tipo de grande perspicácia crítica. Hoje, quero falar contigo apenas sobre "Un cuento con un pozo".

A versão deste conto será também muito boa, mas... Há, penso eu, duas interpretações equivocadas, uma distração, uma duvidosa eliminação de uma frase e uma simplificação que reputo discutível.

Comecemos pelo mais simples, a distração. Na p.9, linha 19, lê-se "situações" onde o texto espanhol diz *sensaciones*. É uma distração ou um erro datilográfico?

Continuemos pelas interpretações, talvez equivocadas:

p.2, linha 18: Martiniano procurava o cheiro da mulher não como procurava o rastro de um animal perdido, mas como um animal perdido

---
* Carta suprimida na edição uruguaia.

procura seu rumo, sua orientação. Há ou não há uma interpretação errada?

p.5, linhas 17 e 18: não são rostos barbados de fotos amareladas pelo tempo, mas rostos barbados que, hoje, nós olhamos sem saber o que buscamos nessas fotos amareladas que nos restaram. Mesma pergunta.

Sigamos pela frase eliminada. O original diz: *la angustia, ahora como ocupándolo, lo atacó desde adentro*. Falta esta frase à p.10, linha 18, depois de *filho*. Talvez se trate de uma supressão deliberada e terás tuas razões. No entanto, faço o registro.

Simplificações há diversas, que me fizeram pensar. Repito que talvez tenhas razão, que uma coisa é o espírito do idioma e outra o idioma visível, que muitas vezes eu exagero em complexidades estilísticas etc., mas há uma simplificação que, parece-me, enfraquece a frase de um dos momentos-chaves do conto:

p.12, linha 15: a versão diz "muitos homens a tinham violado", ao passo que, no original, lê-se que *muchos hombres se habían turnado sobre ella*. O fato de se revezarem, esperando, como desfilando, um depois do outro etc., acrescenta tempo, ação no tempo, e é muito mais forte, mais violação do que uma notícia de violação. Explico-me? Pensa no caso.

E nada mais: se continuarmos assim, a tarefa será interminável.

Enviarei esta carta dentro de alguns dias, depois de discutir com meu filho a tua versão de "La casa de piedras".

Alegra-me que tenhas terminado o novo livro. Não é verdade que é uma satisfação e um alívio? E que curioso: o título, ou algo muito parecido, *Permanencia terrestre*, creio, foi um título que, há alguns anos, estive embalando, cismando, para um conto que talvez não tenha escrito... ou para algum livro. Alude ao *Eclesiastes*, não é? Espero que, oportunamente, me envies um exemplar, embora saiba que me acontecerá o que já me aconteceu com *Hombre* e eu vá bater o nariz contra o português.

Pedi a um amigo que é viajante comercial que me consiga fumo em corda e palha. Veremos se o homem cumpre.

Teríamos de ir pensando num título para nosso livro, no momento não me ocorre nenhum. Será o melhor de meus livros, porque um livro com os melhores contos de cinco livros tem de ser melhor do que qualquer dos cinco. Precisará de um prólogo, acho. E esse prólogo terá de ser escrito por ti, sem dúvida. Começa a pensar.

15 dias depois:

As páginas anteriores estavam escritas há uns 15 dias. Não postei antes porque esperava meu filho, mas até agora ele não apareceu, anda pelos balneários do Leste. Esta é a razão pela qual não recebeste a carta que esperavas. Ao receber tua última, decidi enviar esta. Quando meu filho chegar, revisaremos "La casa de piedras" e farei meus comentários.

Recebeste o livrinho que enviei? Em geral não é ruim, mas...

Tua consulta sobre "Los contrabandistas": não recordo como era, na tradução, a frase mencionada, e se havia uma vírgula que eliminei. No original, entre *tierra* e *poseedora*, há um *y* que não deixa dúvida de que o fato de sentir-se única habitante do planeta e possuidora de um tempo sem limite corresponde à mula, tal como interpretaste e que te levou a colocar a vírgula. Se eliminei ou assinalei a vírgula terá sido porque me pareceu melhor deixar o *y*, ou por não ter entendido o sentido português dessa vírgula. Esclarecido? Aproveito o passo para te dizer que *sola*, em espanhol, não é exatamente igual a *solitaria*: há um levíssimo matiz diferencial que talvez não se transfira a outro idioma. *Sola* é *solitaria*, mas antes *única*... ou solitária por ser única. O masculino *solo* é a mesma coisa, mas quando leva acento – *sólo* – deve ser entendido como *solamente*. A distinção entre *solo* sem acento e com acento é uma das armadilhas de nosso idioma.

As anotações sobre "Diego Alonso" irão quando o conto estiver completo, como queres.

Com todo afeto,
Arregui

04 nov. 1981
Arregui:

Carta rápida para te comunicar que recebi resposta do Instituto Adventista Cruzeiro do Sul, de Taquara, aquele que possui um tambo. Eles estão interessados no negócio das vacas holandesas, e penso até que muito interessados. Hoje à tarde o diretor do instituto me telefonou, querendo saber pormenores de teu plantel:

1. Produção (p/lactação)
2. Linhagem (cinco ou seis pais e mães)
3. Preço
4. Se fazes uma venda parcial, uma vez que, em princípio, 180 vacas é um plantel muito numeroso

5. Quantas vacas são, quantas terneiras etc.
Aguardo a resposta.

Recuerdos do
Faraco

P.S. Já saiu o livro aquele meu amigo. Depois me indica o que devo fazer para te enviar um exemplar.*

Sem data
Caro Faraco:

Recebi tua carta. Mando os dados que pedes. Lamento de verdade te dar trabalho, mas seria interessante que, além de bom tradutor, fosses um bom vendedor de vacas. Acho que te entenderás com os adventistas.

No Uruguai a exportação não teria problemas, penso, embora deva passar por uma série de trâmites legais. As dificuldades estariam nos requisitos brasileiros de importação. As vacas são puras de pedigree, mas não têm os controles exigidos pelo governo de vocês, de modo que precisariam entrar no Brasil como puras por cruza, ou puras de origem, ou de pedigree particular. Haveria impedimentos legais? É de pensar que não, mas terias de averiguar. De resto, suponho que os adventistas saibam como é o processo, provavelmente já terão sopesado os possíveis embaraços.

Se for conveniente, vou a Porto Alegre a qualquer momento, levando cópias de pedigree, fotografias, planilhas de alguns controles e demais dados. E aproveitaríamos para discutir *mano a mano* as traduções, coisa que me agradaria muito mais do que falar de vacas.

Espero a continuação de "Diego Alonso" para devolver o conto todo. Meu filho Martín está aqui comigo e amanhã começaremos a revisar papéis. Enviei carta há poucos dias. Recebeste?

Um abraço,
Arregui

Generalidades:
O plantel de fêmeas holandesas oveiro-negras, puras de pedigree, inscritas, é hoje de 140 exemplares, desde vacas adultas (em produção

---

* Não poderia ser via postal, por motivos óbvios.

ou secas) a vaquilhonas, com ou sem serviço, novilhas de sobreano e terneiras de meses e de dias. Foram descontadas vacas muito velhas e outras com os úberes em más condições. Há também, da mesma origem, um pequeno plantel de ventres oveiro-colorados. Estas são também, obviamente, puras de pedigree, mas não foram inscritas por causa do pêlo, de modo que são de pedigree particular ou puras de origem. Também há três touros (um tourinho e dois terneiros) com hierarquia de pais de cabanha. Vendo o que quiserem, a escolher. Podem ser muitas ou poucas, não importa o número.

Minha opinião é a de que conviria ao comprador levar gado jovem (vaquilhonas servidas ou sem serviço, novilhas, terneiras), por várias razões, sobretudo porque é no gado jovem que predominam filhas e netas de sêmen importado dos Estados Unidos (no Uruguai, começamos a empregar a inseminação artificial, com sêmen importado, em 1973). Também as oveiro-coloradas têm sido ultimamente trabalhadas com sêmen importado.

Há 60 exemplares filhos diretos de sêmen importado (a lista dos touros vai no final de uma folha de catálogo). Destas, 15 são também filhas de vacas filhas de sêmen importado, isto é, 75% do sangue é importado.

Desde muitos anos privilegiaram-se animais com a predominância do pêlo negro, de modo que o plantel, em geral, é mais ou menos aquilo que chamamos *negro tapado*, claro que com as partes brancas correspondentes. Repito que faço qualquer tipo de venda parcial, a escolher, sem criar impedimento de lotes nem de número.

Passo a responder às outras questões.

Produção:

Tenho à minha frente 44 controles de vacas, controladas em minha propriedade e em outros estabelecimentos, que podem ser tomados como índices da produtividade do plantel. São controles que, em regra, não chegam aos 365 dias, feitos sem alimentação especial, mas com o que se chama "trato comum de tambo". Desses 44, 10 passam dos 6.000kg (o máximo é 6.673) e os outros estão entre 5.000 e 6.000, exceto dois que, em primeira lactação, apenas ultrapassam 4.500. Trata-se de gado apto a produzir entre 5.000 e 6.000kg por lactância, dando cria anualmente, e podendo ultrapassar com folga tais cifras se alimentado como é necessário. É possível que, entre o gado jovem, haja animais que, bem alimentados, alcancem cifras entre 7.000 e 8.000kg. Mas isto, por certo, não posso garantir.

Linhagem:
Sendo animais de pedigree, pode-se fazer prontamente de qualquer deles um desenvolvimento de várias gerações, ou muitas, se for o caso – isto se houver interesse numa árvore genealógica mais completa.

Preço:
Os preços dependeriam de muitos fatores, pois nessa classe de animais, se muito afinado o critério eletivo, é preciso acertar valores individualizados. A idade, sem dúvida, é um fator importante. Outros são o tipo, os antecedentes genéticos etc. Portanto, não se pode falar em preço exato, sobretudo quando se trata de uma venda parcial, a escolher. No entanto, para que se tenha uma idéia, pode-se dizer que o preço médio é de 1.000 dólares por cabeça – valor que pode ser dobrado ou triplicado no caso de alguns animais especiais, ou diminuir pela metade ou mais do que a metade no caso de outros, como as terneiras muito novas. Enfim, o preço é algo a fixar com o animal à vista, mas adianto que será sensivelmente mais baixo do que vigorava no Uruguai antes que se aguçasse a crise atual.

Lista dos touros:
O segundo remate se realizou apenas parcialmente, pois o produzido no primeiro cobriu as necessidades monetárias do momento, e a cabanha continuou. Pouco depois, começou-se a inseminar com sêmen importado dos Estados Unidos. A lista dos touros usados na inseminação é a seguinte:
Numesdale Standing Ovation
Metcaf's Asteroide
Numesdale Originator
Numesdale Mark Performer
Pineghill Carnation Star
El Katrina Bell Ross
Carcnaron Dutchoe
Kanzabrook Matt Carlo
Stricher Bootmaker Blaze
Harborcrest Happy Crusader
Paclamar Astronaut
Paclamar Capsule
Doorco Elevation Prevue
Willow Farm Rockman Ivanhoe

Williard's Telstar Vicking
Glen Valley Star

Estes touros podem ser vistos em catálogos que estão circulando.

Atualmente, prossegue a inseminação, preferivelmente com o Williard's Telstar Vicking, e também se usa em monta um touro de menos de dois anos, nascido no estabelecimento, filho de Paclamar Astronaut em uma filha de Harborcrest Happy Crusader que foi, durante certo tempo, recorde nacional de preços em vaquilhonas. Este terneiro é um dos três ou quatro melhores filhos do Astronaut que existem no Uruguai. Também pode ser vendido.

09 nov. 1981
Meu caro Arregui:

 Continuo sem notícias tuas.

 Nosso trabalho prossegue num ritmo abaixo do desejado, mas debita a lentidão ao meu cansaço. No final do ano é sempre assim, sinto-me dessangrado e até algo infeliz.

 Falei sobre ti com outro editor do Rio de Janeiro. Também quer o livro, para incluí-lo numa coleção de autores latino-americanos (Cortázar, Sábato e outros). Portanto, problemas de edição não teremos.

Abraço,
Faraco

 P.S. Avisa se recebeste as cinco primeiras páginas de "Diego Alonso". A última remessa fiz de Alegrete, onde fui passar o Dia de Finados.

16 nov. 1981*
Meu caro Arregui:

 Uma informação tardia: o ponto-e-vírgula não é muito empregado em nossa literatura atual, é mais comum em nossos clássicos. Dá uma olhada em *Hombre*. Quase não há, só quando inevitável. Ou até não há.

 No mesmo dia em que te enviei a parte final de "Diego Alonso", recebi, finalmente, notícias tuas. Das tuas observações sobre "Um

---
* Carta suprimida na edição uruguaia.

conto com um poço" só deixei de aproveitar aquela em que sugeres não suprimir a frase *la angustia, ahora ocupándolo...* Eu já mencionara essa eliminação em carta anterior, de 28 de julho: é proposital, pois a menção é repetitiva. No original, empregas três vezes a palavra *angustia* no mesmo período.

O título para o livro que, no momento, mais me agrada, é "O regresso de Odisseu González". Penso também em "Noite de São João" e "A vassoura da bruxa". Parecem bons, com preferência para o primeiro, "O regresso". Este conto é muito interessante (e excelente), tem muito daquele fatalismo do gaúcho. E o final é glorioso.

Não é certo que eu faça a introdução. Minha idéia é encomendá-la a um amigo que é ensaísta, Tarso Genro, ele tem escrito muito (e bem) sobre literatura latino-americana. Conversei com ele a respeito.

O editor, a escolher. Temos três em perspectiva: Editora Civilização Brasileira, no Rio, Editora Francisco Alves, também no Rio (a mencionada em carta anterior, que possui uma coleção de autores latino-americanos – o diretor da coleção está interessado, leu "Noite de São João" no jornal da Paraíba e gostou muito*), e a Editora Mercado Aberto, de Porto Alegre (é a que prefiro: casa nova, de prestígio ascendente).

O título do meu livro foi tirado, sim, do Velho Testamento, já não lembro se do Eclesiastes. Há muito tempo eu o guardava para usar em algum conto ou livro. Agora se ajustou.

Recuerdos do
Faraco

Sem data
Caro Faraco:

Recebi tua última carta e mando "Diego Alonso" completo. Parece-me uma tradução ajustadíssima, excelente.

Dias passados foram duas cartas minhas. A primeira observava, entre outras coisas, duas frases de "Um conto com um poço". A segunda era sobre vacas, e anexava um catálogo e dados sobre touros empregados na inseminação etc. Suponho que já as recebeste.

Repito que é preciso averiguar se as disposições legais brasileiras permitem a importação. Se estas disposições (como acredito) proíbem

---

* O escritor Flávio Moreira da Costa.

a introdução de animais puros de pedigree que não alcançam certas cifras de produção, o plantel teria de ser qualificado (e continuado) como puro de origem, coisa que pouco altera, dado que o pedigree é mais importante nos machos, e estes, por causa da inseminação artificial, cada vez importam menos. As fêmeas, consideradas como boas vacas e boas produtoras, pouco necessitam de papéis nobiliários. Enfim, espero a resposta. Digo na carta e repito que, sendo conveniente, dou uma escapada até Porto Alegre.

Revisei com meu filho a tradução de "A casa de pedras". Meu filho concorda contigo e julga muito acertadas tuas supressões.

Não sei se o livro de teu amigo poderá ter problemas (ou criá-los) ao entrar no Uruguai. Em outra carta, te direi se pode haver algum inconveniente que o envies ao Editorial Arca.

Espero notícias.

Abraço,
Arregui

27 nov. 1981
Meu caro Arregui:

Recebidos os vários fragmentos de "Diego Alonso" anotados. Vou deixá-los de lado enquanto trabalho na versão final de "Os contrabandistas", que me tem ocupado bastante. Nos últimos dias, reescrevi a versão de "Um conto com um poço", atendendo às tuas recomendações. Aproveitei para retocar outras passagens.

Momentaneamente, vou mudar meu esquema de trabalho. Antes de retomar novas traduções, trabalharei nas versões daqueles contos já traduzidos, melhorando-as. Algumas já estão prontas, como sabes ("Noite de São João", "A casa de pedras", "Um conto com um poço"). Agora é a vez de "Os contrabandistas" e logo "Diego Alonso".

Não recebi resposta do Instituto Adventista de Taquara. Remeti fotocópia de tuas informações (que traduzi integralmente, em separado) e do catálogo, assim como uma carta em que comentava o que me parecia pertinente. Tão logo se manifeste o Instituto, te aviso. Dei teu endereço ao diretor. Pode ser que ele prefira o contato direto.

Ontem à tarde me telefonou um corretor da cidade de Bagé, querendo saber pormenores do negócio. Não sei de quem se trata, não o conheço. Ele soube do assunto por intermédio de terceira pessoa, um

escritor amigo meu, com quem eu comentara tua intenção de vender os animais.* Dei poucas informações, não me recordava de tudo. Me pediu teu endereço em Trinidad e imagino que te escreverá. Oportunamente, e depois de falar novamente com meu amigo, poderei te dar referências sobre o homem.
Por enquanto é só.

Abraço do
Faraco

Sem data
Caro Faraco:

Passo a responder tua carta de 16 de novembro. Depois da carta que dizes ter recebido, seguiram um catálogo e dados sobre vacas, um livrinho onde está um de meus últimos contos ("El canto de la sirenas", que agradou aos meus amigos montevideanos) e outra carta com "Diego Alonso" anotado. Espero que tudo tenha chegado. Recebi *Assim escrevem os gaúchos*** e estive uma noite tratando de mordê-lo. "Sesmarias do urutau mugidor" parece lindo. Que quer dizer "sesmarias"? Ao ver tua foto, minha mulher comentou que tens muito boa aparência e que te imaginava mais magro.

Não me lembrava de que te perguntara sobre a ausência do ponto-e-vírgula. Uso com freqüência, aprendi em Borges, Onetti etc. A mim me parece muito cômodo. Sempre trato de não empregar na mesma frase vírgulas com valores distintos (por isso tantos travessões, parênteses...), e o ponto-e-vírgula me socorre. Em português, estou vendo, a coisa não é assim. A propósito: quando li pela quarta ou quinta vez *Cien años de soledad* (na prisão), constatei que não tem nenhum ponto-e-vírgula, que G.M. costuma usar, ainda que pouco, em outros textos.

Não guardo cópias de minhas cartas nem das anotações que faço em tuas traduções, mas tenho tuas cartas penduradas num prego. Releio agora a de 28 de julho, que quase havia esquecido. De teus esclarecimentos deduzo quais foram minhas observações. Terás razão, aprovo a eliminação que fizeste. Os outros problemas, seguramente, estão bem resolvidos. No entanto, permito-me duas observações complementares,

---

* O escritor Aldyr Garcia Schlee.
** São Paulo: Alfa-Omega, 1976. Org. Janer Cristaldo.

que talvez até já tenham sido feitas na ocasião própria. A primeira e de pouca importância: p.1, linha 20: arroios que "atravessavam a noite às cegas" onde diz *como a tientas en la noche*. Em espanhol, é melhor *a tientas* do que *a ciegas*. *A tientas*, além da cegueira, implica mãos que vão tocando para poder avançar. Não é importante, mas... A segunda e mais importante: a última frase do conto.* Não pensei que o poço exalasse podridão, mas sim que no fundo dele, sem sair para o exterior, sem ser exalado, sobretudo sem um fantasmal nariz inalador, foi talvez crescendo esse cheiro de podridão sobre o persistente cheiro da pólvora. O verbo exalar e esse quase implícito nariz incomodam um pouco, não te parece? Sobretudo o nariz.

Lamento discordar sobre "O regresso de Odisseu González" como título geral. Gosto desse conto, mas não para tanto. Além disso, não é um título bonito ou, como dizia um amigo que morreu, "não é simpático". "A vassoura da bruxa", sim, é simpático, mas não sei se é o caso de usar em nosso livro, uma antologia, o título de um de meus livros. Enfim, temos tempo, veremos. Poderíamos pensar num título que não fosse de nenhum conto, mas... qual seria?

O livro precisa ter uma introdução que diga ao leitor brasileiro alguma coisa sobre esse tal de uruguaio M.A. É uma tarefa que não me corresponde. Teu amigo ensaísta pode fazê-la, por certo, mas na verdade o brasileiro que mais sabe de mim és tu.

A escolha do editor entre os três possíveis é algo em que, compreenderás, eu não me meto. É uma coisa tua, exclusivamente tua, e o que fizeres estará bem-feito.

Eclesiastes 1, 4: "Geração vai, e geração vem; e a terra sempre permanece". Penso lembrar que Hemingway usa esta frase no começo de *Fiesta*, título espanhol de *The sun also rises* (não tenho o livro à mão).

Não fui a Montevidéu e portanto ainda não posso te indicar o endereço para que mandes aquele livro que temos mencionado.

Estás traduzindo algum outro conto? Qual?

Lembranças e até a próxima.
Arregui

P.S. Anexo, um trecho de meu próximo livro.

---

* "Um conto com um poço".

04 dez. 1981
Caro Arregui:

Recebi tua última, assim como o material sobre as vacas e as duas antologias. Ainda não li o novo conto incluído em *Trece narradores...*, mas li os comentários dos Da Rosa a teu respeito, na outra antologia, e não gostei. Não te leram como deveriam.

De vacas falei em carta anterior. Acrescento que dei teu endereço ao diretor do Instituto Adventista. Ele te escreveu? Para mim não o fez, apesar do farto material que lhe enviei. Conta-me também se o corretor de Bagé te procurou.

Vejo que és um admirador de García Márquez. Eu também. *Cem anos de solidão* é um livro inesquecível, e inesquecível é tambem *Ninguém escreve ao coronel*. Dos livros mais antigos foram os únicos que li. Mais recentemente tentei ler, sem sucesso, *O outono do patriarca*, e agora li *Crônica de uma morte anunciada*, magnífico. Mas a tradução brasileira tem problemas. Pequenos, é verdade, mas o leitor nota. O espanhol, para nós, é uma língua enganadora. Como a tradução é feita com facilidade – as palavras se assemelham –, às vezes o tradutor se distrai e mantém a fraseologia espanhola. O resultado, às vezes, é quase incompreensível. Que tal experiência nos sirva de lição.

Impossível, ou ao menos não recomendável, traduzir *a tientas* pelo seu correspondente em português, que seria, digamos, "às apalpadelas" ou "apalpando". Não ficaria bem. Melhor dizer "às cegas".

O final de "Um conto com um poço" também não me satisfaz. Foi com dificuldade que cheguei àquela solução que em parte reprovas, isto porque tentei de todas as maneiras manter a palavra "podridão". A expressão *olor a podredumbre*, traduzida literalmente, torna-se uma construção forçada e quase redundante, por isso a dificuldade. Vamos deixar este tópico para mais adiante. Por enquanto, não me ocorre uma solução melhor.

Do título geral: sim, podemos pensar em algum que não seja de livro teu ou conto, talvez tirado do texto de algum conto. Continuaremos conversando sobre o assunto.

No momento não estou traduzindo nenhum conto novo. Comecei "Três homens", mas interrompi o trabalho para redigir a versão corrigida de "Os contrabandistas". Terminei agora. Por uma semana vou descansar um pouco, estou muito cansado e com dores lombares. Tempos atrás, eu atravessava distraídamente a rua, veio um automóvel e me jogou lá nas alturas. Fez um estrago em minha coluna.* Ando, caminho normalmente, até corro de vez em quando e passeio de bicicleta à beira do Rio Guaíba, que é meu vizinho, mas quando as dores chegam, preciso parar. Não é nada preocupante, logo passarão, como sempre têm passado, e retornarei a nosso livro.

Recuerdos do
Faraco

Sem data
Caro Faraco:

Acuso recebimento de tua carta de 4 de dezembro. Em nossa correspondência, até hoje, nada se perdeu, coisa que não deixa de ser um tanto surpreendente.

A antologia dos Da Rosa está bem-feita. Os comentários, sim, são ruins – todos! Da Rosa é um escritor medíocre e um crítico inexistente, além de péssimo teorizador da literatura. Uma boa pessoa, isto sim. O filho eu não conheço.

Não recebi carta do diretor do Instituto Adventista e tampouco do corretor de Bagé. Continuarei esperando.

García Márquez é verdadeiramente um grande escritor. *Cien años de soledad* é magistral. Mas atenção com *El otoño del patriarca*, que pode ser falho, cair em exageros quase oníricos, pesadelares – ou melhor, pirotécnicos –, mas ali encontrarás páginas admiráveis com bastante freqüência. E não esquecer os contos: em *Los funerales de Mamá Grande* há alguns excelentes, e em *La increíble y triste historia de la cándida Eréndira* há três ou quatro de qualidade excepcional. Trata de lê-los. Vou te mandar uma cópia de "Huellas de tu sangre en la nieva", o último conto, ainda não incluído em livro.

Deves ter toda a razão do mundo na questão *a ciegas* e *a tientas*. Não sei como soaria em português "às apalpadelas", mas a verdade é que, ao ouvido espanhol, soa muito mal. Sobre a frase final não opino, limito-me a repetir que pensei a coisa como um *mano a mano* entre os odores, sem o verbo exalar, sem um nariz de alguém que perceba... Enfim, o tradutor és tu, e te meteste nisso de *jaulero* – em nosso lunfardo, dizemos *jaulero* daquele que, por sua vontade, mete-se numa jaula, isto é, num problema.

* Acidente ocorrido em 1974, na Av. Osvaldo Aranha.

O título será outra dificuldade, seguiremos pensando. Os títulos precisam ser bonitos e, digo eu, ter certa ressonância. Os cubanos optaram pela lei do menor esforço e, numa edição da Casa das Américas, escolheram o título *Cuentos de Mario Arregui*. Não é uma boa solução. Ignorava que tiveste um *encontronazo* com um automóvel. Em teus invejáveis 40 anos (que idade!) te imaginava possuidor de um corpo – um "irmão asno", como diria São Francisco – que ainda não te desse nenhum incômodo. O meu, aos 64... Antes, eu entrava nas farmácias apenas para comprar camisinhas, agora saio delas com uma variada provisão de comprimidos. Bem, espero que melhores e as dores te abandonem.

Dois dias depois:

Esta noite estou amargurado, furioso, pelo que aconteceu na Polônia. Continuo me sentindo comunista, o mais ortodoxo possível, mas... que vergonha! Por certo, o governo teve demasiada paciência com Walesa e os seus. Mas que depois de tantos anos de socialismo seja necessário chegar a esse estado de coisas, é deprimente. A verdade é que ando com vontade de desabafar. Mas nem uma só palavra anticomunista, jamais.

Martín me convenceu de que tiveste razão em quase todas as eliminações feitas em "La casa de piedras", mas, enfim, uma ou outra dúvida me restou. Hoje reli tua versão. Dentro de uns dias irá uma carta sobre o tema.

Com todo afeto,
Arregui

22 dez. 1981
Meu caro Arregui:

Recebo tua última. E vamos às notícias. Uma semana atrás, de passagem para Gramado, estive em Taquara e visitei o Instituto Adventista Cruzeiro do Sul. É uma grande organização, com muitos edifícios, jardins cuidados e campos. Falei com o engenheiro agrônomo responsável pelo tambo. Disse-me que o instituto está interessado, mas como o gado deles é inferior ao teu, pretendem vendê-lo para poder negociar contigo, comprando ao menos parte do plantel. Perguntei se desejava que viesses a Porto Alegre, disse-me que não havia necessidade, pois em janeiro ele pretende ir a Trinidad para ver de perto os animais. Já o corretor de Bagé ficou de te procurar. Segundo me informaram, é pessoa decente, honesta.

Vou remeter em separado um exemplar de *Folha da Tarde*, de Porto Alegre, que publicou "Os contrabandistas" com bastante destaque (recebeste o mesmo jornal com "Noite de São João"?). Comecei a traduzir "Três homens", em seguida irão as primeiras páginas.

A Polônia? É duro, mas é preciso compreender a retomada de posição do governo. Incompreensível é um país socialista chegar àquele estado de calamidade, praticamente insolvente, e devendo para o Ocidente!

Abraço do
Faraco

06 jan. 1982*
Caro Faraco:

Começo a responder à tua carta de 22 de dezembro. Recebi também a *Folha da Tarde*. Na medida que posso julgar, a tradução de "Los contrabandistas" me parece perfeita, coisa que penso já ter dito. Anteriormente, também recebi o exemplar em que aparece "Noche de San Juan".

Vacas. Bem, seguiremos esperando. Enquanto isso, o plantel cresce com o nascimento de lindos terneiros, frutos da última campanha de inseminação artificial.

Há três meses não escrevo e agora estou em vias de recomeçar. Acabo de ler "Tres hombres" para ver se posso te esclarecer coisas que poderiam te confundir. Há poucas:

p.1, linha 7: *planchazos*, golpes de lado com o facão, que apenas machucam. Martín Fierro diz *planazos*.

p.1, linha 9: *rajuñones*, incorreta fórmula de *rasguños*, ou seja, feridas superficiais.

p.108, linha 13: *destrate*, uruguaísmo que mais ou menos equivale a *maltrate*, ou trate mal. É uma linda palavra que, segundo me dizia González Lanuza, não aparece na gauchesca argentina. *Maltratar* implica violência física, *destratar* pode não implicá-la. Por seu matiz moral, pode ser mais humilhante, mais insultante, do que *maltratar*.

---

* Um longo trecho desta carta foi suprimido na edição uruguaia.

Sobre a frase final *El zaino del finau es sin hiel pa galopear* já falamos. Repito algo: *sin yel,* ou seja, *sin hiel,* corresponde à crença (não sei de que origem) de que a vesícula tem algo a ver com o cansaço.

tanto gaucho pialador
y tironiador sin yel
  Martín Fierro, 219/20

Odia de muerte el cristiano,
hace guerra sin cuartel;
para matar es sin yel.
  Martín Fierro, 553-5

Galopear, como também te dizia, é uma fórmula incorreta de *galopar. El zaino del finau* é um acerto: implica que Maciel está ciente da morte de Pazos e então oferece um cavalo para a fuga e a liberdade.

Anexo, conforme prometi, fotocópias de dois contos, ao meu juízo excelentes, de García Márquez: "El rastro"... é fotocópia de outra fotocópia e não ficou bem nítido, mas é perfeitamente legível. "Muerte constante"... pertence ao livro *La increíble y triste historia...,* onde há também outros contos admiráveis.

Continuo sem fazer as observações sobre tua versão de "La casa de piedras". Algum dia irão.

A questão da Polônia é amarga, embora a situação tenda a se acalmar. Aqui não há informações sérias e não consegui captar nenhuma notícia sobre o caso na Rádio Havana. O que vocês sabem aí?

Espero tua carta e te envio um abraço.

Arregui

19 jan. 1982
Meu caro Arregui:

Somente hoje leio tua carta de 6 de janeiro. Estive em viagem pelo norte (Brasília, Belo Horizonte e a belíssima Ouro Preto), retornando ontem à noite. Precisava visitar Ouro Preto, em Minas Gerais, para dar continuidade ao meu trabalho sobre o Tiradentes.

Fico em Porto Alegre apenas três dias, o bastante para descansar da viagem, e retorno à estrada, desta vez para Alegrete, onde residem meus pais. Permaneço lá uma semana, no máximo dez dias. Depois volto em definitivo para Porto Alegre e ao nosso livro.

Esta viagem que acabo de fazer não estava no meu programa de férias, mas aproveitei o recebimento de um capital inesperado e embarquei com a família toda, até o guri, que está com pouco mais de um ano.

Anotei tuas observações a respeito da parte ainda não traduzida de "Três homens". Te enviei as três primeiras páginas. Retornando de Alegrete, logo te escrevo, remetendo a continuação. Preciso estar com o livro pronto, mais tardar, em abril, do contrário não se publica no corrente ano.

Até lá, o abraço forte do amigo
Faraco

27 jan. 1982
Caro Faraco:

Recebi tua carta de 19 de janeiro. Invejo tua viagenzinha. Visitar Ouro Preto é uma de minhas velhas aspirações.

Se o livro precisa ficar pronto até abril, devemos acelerar o ritmo do trabalho. Também se pode suprimir um que outro conto dos inicialmente escolhidos. Um livro com "Noche de San Juan", "Tres hombres", "Los contrabandistas", "Un cuento con un pozo", "Un cuento con insectos" e "La escoba de la bruja" já seria algo, ainda que com menos páginas do que as previstas. Concordas? Para dar um pouco de volume aos livros muito magros sempre há o recurso da letra maior, dos espaços vazios etc. Enfim, resolverás.

Continuo achando que um livro como este precisaria de um prólogo. E continuo achando que o indicado para escrevê-lo és tu. E o título? A mim me agradam os títulos, digamos, ligeiramente *poéticos*. Dos meus, agradam-me "La sed y el agua" e "La escoba de la bruja". Que achas de "El canto de las sirenas"? Eu gosto e o trabalho todo seria incluir como última peça do livro o continho assim chamado. A ordenação (parece-me) teria de respeitar, na medida do possível, a ordem cronológica em que os contos foram escritos, e "El canto de las sirenas" é o último que escrevi e tem certo calado, embora muito curto (estou trabalhando em dois que podem se sustentar, mas ainda estão muito verdes). Este conto, embora não muito vivente*, digo eu, agradou a

---

* Não muito vivente porque a personagem sente-se fascinar pelos enigmas da morte e a procura.

muita gente que respeito. Foi publicado na revista *Trova* e daí tomado por uma revista mexicana (assim me disseram, não vi) e por quem organizou o livrinho que te enviei, *Trece narradores uruguayos*. Alicia Migdal, crítica que se deve levar em conta, escreveu no semanário *La semana*: "Um conto excelente em que Arregui consegue um de seus relatos mais sensíveis e decantados, com duas ou três fulgurações de linguagem em rigorosa correlação com a experiência referida". Eu não diria tanto, mas repito que Alicia é uma mulher muito séria e digna de atenção quando opina. O que achas da idéia? "El canto de las sirenas" será incluído em meu próximo livro, *Pisapapeles*, como creio já ter dito, e será publicado lá pelo fim do inverno, se tudo correr bem.

Tenho anotadas as páginas que me enviaste de "Tres hombres". Me dá vontade de te enviar, mas resolvi, de acordo com tuas indicações, conservá-las até poder anotar o conto completo.

Depois de uns meses de semi-ócio, retomei com fúria a literatura e estou trabalhando muitas horas por dia. A ausência de minha mulher, que foi para a praia, ajuda-me a submergir na papelada, quando menos para não lhe sentir a falta. Ela estava presa a Trinidad por causa de seu pai, muito velho, com uma fratura no fêmur e internado numa casa de idosos, mas o pobre homem morreu em dezembro.

Penso que *Pisapapeles* vai ser um bom livro. Outro dia, prometi ao meu amigo Oreggioni, *il capo* do Editorial Arca, entregar-lhe os originais em junho. Veremos se cumpro. Acho que vou incluir até poemas, pois quando estive preso escrevi uma dúzia (antes, jamais escrevera versos) que talvez sirvam para alguma coisa.

Tem feito um calor de merda. Suponho que aí será igual ou pior.

Eu suspeitava de que por trás do Solidariedade estivesse a contra-revolução, manejada internacionalmente. Às vezes, a gente sente saudade de Stálin.

Um abraço,
Arregui

07 fev. 1982*
Meu caro Arregui:

Recém hoje retorno de Alegrete e encontro tua carta. Volto descansado para mais um ano de trabalho. Aprontei dois livros, um de contos,

---
* Carta suprimida na edição uruguaia.

que já está com o editor, e outro abordando uma questão polêmica da História do Brasil. Agora vou me dedicar à tradução de teus contos. Te envio duas páginas de "Três homens", que havia traduzido antes de viajar.

Título: dos que relacionas, gosto de "O canto das sereias" e "A vassoura da bruxa". Com qualquer dos dois estamos bem servidos, embora o último possa dar uma impressão de literatura infantil. Devemos consultar o editor, por certo.

Volume: tua idéia de diminuir o livro é simpática, mas proponho tratarmos disso mais tarde. Depois de "Três homens", vou traduzir "Um conto com insetos" e "A vassoura da bruxa". Então saberemos se não haverá prejuízo no tempo se quisermos encorpar o volume. Estabeleci comigo mesmo um prazo-limite: por volta de 30 de abril, para que o livro possa ser lançado na Feira do Livro de Porto Alegre, em outubro. E com tua presença.

Do prólogo falaremos adiante, quando o livro estiver pronto. Posso fazê-lo, sem dúvida, mas gostaria que fosse alguém com maior conhecimento da literatura latino-americana. É tarefa mais para um crítico ou um ensaísta do que para um contista. Veremos.

Por enquanto, o abraço forte do
Faraco

13 fev. 1982
Meu caro Arregui:

Seguem as três primeiras páginas de "Um conto com insetos" e, como sugestão, um projeto para o livro, sob o título geral de *Cavalos do amanhecer*, que me pareceu interessante. Para tanto, precisaríamos mudar o título do conto do poço, mantendo o atual, eventualmente, como subtítulo.

Depois de tua última carta, reli "O canto das sereias", pois já pensava aproveitá-lo como título geral. O conto é muito bom, mas não creio que devamos incluí-lo. O ambiente em que se desenrola, sua conotação psicológica e fantástica... bem, ele me parece dissociado dos que escolhemos.

Também reli "O narrador". Não me parece um conto, mas começo a entender melhor teu propósito ao escrevê-lo, e penso que talvez possamos usá-lo como primeira, ou quem sabe última peça do livro.

Recuerdos do
Faraco

13 fev. 1982
Carta 1
Caro Faraco:

    Envio, anotado, "Tres hombres" completo.
    Ninguém jamais me disse e a mim nunca me havia ocorrido que "La escoba de la bruja" como título geral poderia remeter à literatura infantil. É verdade! Como tens razão! Ficaríamos então com "El canto de las sirenas", mas concordo que, como em outras questões, devemos consultar o editor. Sobre o tamanho do livro e o prólogo temos tempo para conversar.
    A idéia da minha presença em Porto Alegre em outubro me agrada muito. E mais: morto meu sogro, não há nada que prenda minha mulher em Trinidad (ela tem uma filha em Montevidéu, casada, que não a prende como prendia o velho). Já vínhamos pensando em fazer uma pequena viagem, ela nunca saiu dos limites do país. Tínhamos pensado em Buenos Aires, pois para mais longe não temos dinheiro (além disso, meu passaporte não está em dia e não me dão um novo ou põem obstáculos). O Brasil me fascina. Meu filho (aquele que estava na Europa e agora está comigo) pensa instalar-se por um tempo nos arredores de São Paulo. Enfim, as coisas começam a se acomodar para uma viagem ao Brasil. Veremos. Claro que, antes de pensar em me mover, tenho de deixar tudo em ordem para a edição de meu próximo livro, que planejo entregar ao editor o mais breve possível. No último mês trabalhei intensamente nele e só me faltariam umas 20 páginas, uma última revisão e consultas a amigos.
    Fico esperando tuas versões.

Saludos,
Arregui

    Esta carta estava escrita ontem, sábado, quando chegou o suplemento literário* com "La casa de piedras". Tentei ler algo mais, mas meu inexistente português só me permite ler o que traduzes de mim. Que pena! Teria sido desejável que Castela conquistasse também Portugal. Ou vice-versa.

---

* "Suplemento Literário de Minas Gerais", de Belo Horizonte.

Carta 2 – Domingo, 14:

Hoje não mandei a carta de ontem e "Tres hombres" porque é domingo e o correio está fechado. Esta tarde tive a surpresa de tua chamada telefônica. Quando minha mulher me avisou que eras tu, pensei que ia te ouvir e entender mal, mas ouvi perfeitamente e te entendi melhor. Parece-me que tens um bom espanhol, melhor do que os espanhóis de um filme de Saura que vi há dois ou três dias.

De acordo contigo em tudo. "El canto de las sirenas" não se parece com os demais e, apesar de ser um belo título, ficaria um tanto lateral, digamos. É que já não sou o que fui alguns anos passados e derivei um tanto no que me proponho fazer. Um pouco menos narração, menos novelística, e tratar de pescar peixes mais gordos em contos mais breves. Em meu próximo livro (de ensaios, um relato de viagem e oito contos), verás três contos nessa linha – os outros, mais fracos, são um pouco *divertissements*.

Cavalos do amanhecer – al amanhecer – é um título belíssimo. A palavra cavalos já vibra em nosso subconsciente de ginetes, filhos de ginetes. Me agrada muitíssimo. Não pude consultar meus filhos, que estão em Montevidéu para o fim de semana.

Esta carta irá amanhã. Devolverei com toda a rapidez possível as páginas de "Un cuento con insectos".

Tive um *gustazo* ao ouvir tua voz.

Abraço,
M.A.

16 fev. 1982
Caro Faraco:

Ontem coloquei no correio "Tres hombres" e uma carta. Hoje de manhã recebi a tua e me apresso a respondê-la.

De acordo contigo na seleção ("Este Faraco sabe", eu disse à minha mulher), no título (na verdade, muito lindo), na eliminação de *El narrador.** Este, como digo no prólogo, "é pouco mais do que uma

---

* Como na carta anterior, de 13 de fevereiro, eu comentava que talvez incluísse este conto como primeira ou última peça do livro, e aqui Arregui está concordando com sua supressão, é provável que eu tenha manifestado minha preferência por eliminá-lo no telefonema no dia seguinte, 14.

historieta" que só pode ter algum valor como "uma espécie de declaração de certas vagas posições estéticas que sou incapaz de formular de outro modo". O ensaísta colombiano Jaime Mejía Duque usou uma frase dele – *sin trampas ni tecniquerías* – para titular uma nota que escreveu sobre mim.

De fato, "El canto de las sirenas" nada tem a ver com o resto do livro. Pertence a outra linha narrativa (com muito pouca narração) que desde muito me tenta, tem seus antecedentes – "La casa de piedras", "Las formas del humo", "La mujer dormida", "El hombre viejo" – e que está culminando, a meu juízo, em duas breves peças inéditas que me agradam muito e que lerás em *Pisapapeles*: "El autorretrato" e "La compañera". É uma linha mais metafísica (perdão por essa palavra presunçosa) e que trata a morte como destino ("ser para morrer") ou como "companheira", e eis o sentido do último título.

Não vale a pena conservar "Un cuento con un pozo" como subtítulo: simplesmente trocamos o título.

Do que discordo um pouco é da eliminação de "Los ladrones". É um conto que tem seu valor, que muita gente lembra e foi muito polêmico em seu momento. Tive de discuti-lo e justificá-lo, inclusive politicamente (ah, o puritanismo quase calvinista dos camaradas!) e, imagina se não, do ponto de vista moral. É o único conto em que me permito abordar o que chamam de perversão. O respeito quase religioso de meus ladrõezinhos diante de um fato que os supera – um respeito que frustra o roubo – é algo, acho eu, importante. Ángel Rama, nosso melhor crítico, assim o considera. Elvio Gandolfo, um bom crítico e escritor argentino, escolheu-o para uma antologia que pensava (ou pensa) publicar. Dá uma olhada nele e pensa. Animo-me a dizer que é um conto bem contado.

A ordem seria mais ou menos a que propões, que é mais ou menos a cronológica. Não sei se convém manter a ordem cronológica, mas, enfim... São detalhes de menor importância que ficam para depois.

Esta noite começarei a revisar as três páginas de "Insectos".*

Abraço,
Arregui

---

* A lentidão do trabalho se devia a múltiplos fatores: minhas atividades como diretor de Junta na Justiça do Trabalho, meu próprio trabalho, a necessidade de uma comunicação mais ou menos ordenada com o autor, dependendo por isso do correio, e sobretudo as condições em que eu escrevia minhas versões de seus contos, manuscritas e depois datilografadas.

P.S. Se quiseres – para eventuais consultas no prólogo –, posso te enviar fotocópia da nota de Mejía Duque, também a pequena nota de E. Estrázulas, crítico uruguaio do jornal *La Semana* sobre *La escoba de la bruja*, e ainda, sobre o conto com o mesmo título, outra pequena nota de Gandulfo em revista portenha.

19 fev. 1982*
Meu caro Arregui:

Recebo duas cartas, com o texto anotado de "Três homens". Vejo que a viagem ao Brasil não te desagrada. Adiante combinaremos melhor, de modo que possa coincidir com o lançamento do livro. É por este motivo que penso entregá-lo à Editora Mercado Aberto, de Porto Alegre, em lugar da Editora Francisco Alves, do Rio, que está muito interessada. Com uma editora porto-alegrense, poderíamos fazer um bom programa de lançamento. A dificuldade é que a Mercado Aberto não publica contos, só romances, mas tentarei convencer o diretor, que é meu amigo.** Além destas, temos a Civilização Brasileira, do Rio, mas vamos deixá-la por último: seu sistema de distribuição tem piorado. Foi uma das grandes editoras do Brasil, agora já não é. Bem, essa questão também fica para mais tarde. O importante, agora, é terminar o livro.

Estamos de acordo em não incluir "O canto das sereias", a despeito de sua qualidade. Resta saber se concordas com o projeto que te remeti, anexo à carta passada, com relação ao número de contos e à ordenação dos mesmos.*** Penso que seria um livro muito parelho, com grande unidade.

Segue a parte final de "Um conto com insetos". É uma história magnífica, desenvolvida numa atmosfera de mistério e suspense, brilhantemente construída, com um exemplar senso de ritmo na sucessão dos episódios, enfim, um grande conto de paixão, loucura e desespero. Já o lera anteriormente, por certo, mas com rapidez. Na releitura ele cresceu, e agora, quando me recordo de algumas passagens, admiro-o ainda mais.

---

* Carta suprimida na edição uruguaia.

** Roque Jacoby.

*** O projeto previa sete contos, dos oito que depois apareceriam no livro. Eu ainda não recebera sua carta do dia 16, defendendo a inclusão de "Os ladrões".

Começo a traduzir "A vassoura da bruxa".

Foi um prazer te ouvir (e à tua esposa) ao telefone. Mais adiante, chamarei novamente. Não te preocupa com os gastos dessas eventuais ligações. O preço é muito inferior àquele que pago semanalmente para falar com meus pais, em Alegrete, e chega a ser surpreendente: por cinco ou seis minutos, algo em torno de quatro maços de um bom cigarro.*

Fico feliz por saber que o título sugerido te agradou. Pensei em *Cavalos ao amanhecer* (com o *al*), *Ginetes ao amanhecer* e, afinal, *Cavalos do amanhecer*, que me pareceu mais apropriado e bonito, na medida que atribui aos cavalos e, por extensão, aos ginetes, a condição, digamos, de egressos da madrugada (com o ao/*al*, esta idéia ficaria prejudicada). Temos tempo para pensar bem e até, quem sabe, encontrar algo melhor.

Outro título que eu gostaria de discutir contigo é o de "Um conto com insetos". Não que me desagrade chamar de conto o que é conto, mas penso que os insetos, ainda que importantes para o relato, não o são mais do que o ruído do moinho, do que a sombra grande dos cavalos etc.** Acho que poderíamos encontrar algo mais forte dentro do próprio texto, como naquele momento esplendoroso em que o infeliz Arzábal começa a imaginar a *niña* em seu quarto, em sua cama solitária. Pensemos.

Abraço forte do
Faraco

24 fev. 1982***
Caro Faraco:

Recebo carta e o final de "Insectos".

Minha viagem ao Brasil, não havendo inconvenientes graves, há de se realizar. Desde 73 não passo a fronteira e minha mulher nunca o fez.

Repito que a escolha da editora é tua.

---

* Quando falamos pela primeira vez ao telefone, no dia 14, Arregui manifestou grande preocupação com os gastos que aquela ligação significava.

** Na verdade, o título original do conto me parecia tão ruim quanto "Um conto com um poço".

*** Carta suprimida na edição uruguaia.

Numa das cartas anteriores te dizia que aprovo a exclusão de "El canto de las sirenas", também a lista de contos e a ordem em que aparecem, e que deverias incluir "Los ladrones". E sobre isto tua carta silencia.

De acordo contigo (a falsa modéstia é tão idiota quanto seu contrário): "Insectos" é realmente bom. Não faz muito, em Montevidéu, almoçando com um escritor mais jovem (e bom) que me perguntava sobre minha obra, dizia-lhe que, de meus quarenta e tantos contos, há quatro muito bons: "Los contrabandistas", "Un cuento con un pozo", "Un cuento con insectos" e "La escoba de la bruja", e que os demais estão bem abaixo. O mais conhecido e lembrado é o do poço, mas acho eu que não é melhor do que os outros três. Enfim, tudo é matéria de opinião.

Tens razão: *Cavalos do amanhecer* há de ser a melhor fórmula.

"Un cuento con insectos", no início, tinha o título de "La luna de octubre", mas minha mulher, na intimidade, sempre o chamou de "o conto da mulher-mamboretá"*. Os insetos, como dizes, podem não ser mais importantes do que o ruído do moinho ou as sombras dos cavalos, mas, concretamente, a fêmea do mantídeo religioso**, que devora o macho após o coito (e mesmo durante, pois, como os centros nervosos são muito independentes, o pobre macho segue copulando depois que ela lhe tira a cabeça – dizem os entomólogos), engrena com a loucura da *niña* Leonor e as mordidas que o cadáver de Arzábal apresenta. Aqui, na loucura, dar-se-ia aquilo de que "a ontogenia recapitula a filogenia" e este seria o sentido último do conto. Alguém que saiba mais História Natural do que eu te explicaria melhor. Quando pensei nesse conto, consultei uma professora da matéria, hoje no México, emigrada. Isto não quer dizer que não se possa mudar o título, se encontrares um melhor. O atual me foi sugerido por Jorge Rufinelli, bom crítico uruguaio, que também emigrou para o México, sucessor de Ángel Rama na página literária de *Marcha*.

Um dos grandes pecados da ditadura é ter feito emigrar tantos tipos de primeira linha.

Releio *La escoba de la bruja*. Encontro na p.82 duas palavras em itálico que talvez sejam intraduzíveis: *costeados* e *desgraciado*. Em carta anterior (é óbvio que não guardo cópia de minhas cartas) penso ter chamado tua atenção sobre elas. *Costeados* quer dizer algo como acostumados, adestrados, familiarizados. *Desgraciado*, curiosamente,

---

* Mamboretá é o nome indígena do louva-a-deus.
** Louva-a-deus.

não é o morto, mas o matador, o que teve a desgraça de matar. Na p.87, também encontro em itálico *la tardanza de lo que está por venir*: é a transcrição literal de dois famosos versos do *Martín Fierro* em sua *payada* com o negro. Essas coisas se arranjam com as conhecidas "notas do tradutor" ao pé da página, que costumam ser muito úteis.

Nada mais por hoje.

Abraço,
Arregui

03 mar. 1982
Meu caro Arregui:

Recebi a carta de 16 de fevereiro com "Três homens" e a de 24 com "Um conto com insetos". Num rápido exame de tuas anotações percebo que, para as versões finais, terei um trabalho insano. Ossos do ofício... O importante em nosso contato permanente é que todas as dúvidas serão aniquiladas, não ficará pedra sobre pedra.

Tua restrição à eliminação de "Os ladrões" é compreensível, é um conto muito bom. Ocorreu-me excluí-lo porque, em sua substância, difere dos demais. No projeto, pensei resguardar, em primeiro lugar, a unidade do livro, que se faz a partir do ambiente, do tipo humano que ocupa esse espaço, de sua psicologia, que certamente é universal, mas (uma dúvida tua: "mas", em português, é uma conjunção adversativa, quer dizer *pero*) com mecanismos singulares. Um episódio como o narrado em "Os ladrões" poderia acontecer no Uruguai ou em qualquer parte da Europa. Nos demais contos (refiro-me aos selecionados) essa abrangência é mais restrita – o que não significa atribuir à tua literatura uma categoria menos do que universal, bem ao contrário: empregas elementos locais para provocar emoções que, estas sim, haverão de ser sentidas em qualquer idioma ou país. Está claro que, no projeto, não adotei tão-só um critério de qualidade. Optei também por uma linha, e é por causa dela que não incluí relatos dos quais gosto muito, como "A casa de pedras" e "O vento do sul", ambos já traduzidos, e outros como "Os ladrões". Enfim, posso estar enganado e por isso tratemos de continuar a discussão do assunto. Talvez não seja má idéia incluir "Os ladrões" como último conto, o encerramento do livro.

Peço-te o obséquio de me enviar, com a próxima carta, o projeto ou cópia dele, pois o datilografei em uma única via. Para refazê-lo, teria de "pensar" de novo o livro.

Seguem as primeiras páginas de "A vassoura da bruxa".
E o caso das vacas? O interessado deu notícias?

Recuerdos do
Faraco

P.S. Gostaria, sim, que me enviasses artigos a teu respeito, escritos por quem quer que seja. Posso aproveitar alguma coisa. Levo o prólogo já pela metade: considerações de ordem geral antes de comentar o livro. Minha idéia é destacar a estandardização de nossa face cultural (Uruguai, Rio Grande – suas semelhanças) e o quanto contribui *Cavalos do amanhecer* para reconstituí-la.

Sem data
Caro Faraco:

Recebi a tradução de "Travessia"*, que li atentamente e comparei com o original. Afinal, pude ler de verdade um conto teu, e não adivinhando como li tão mal os outros. Devo ser sincero, raivosamente sincero: a tradução não me convence. Teria restrições, sobretudo, sobre a pontuação, mais portuguesa do que espanhola. Evidentemente (e isto eu já tinha visto lendo tuas traduções de meus contos, e inclusive te escrevi sobre o ponto-e-vírgula, lembras?), a pontuação não pode ser simplesmente transferida. Parto da premissa de que escreves em bom português e utilizas a pontuação *comme il faut*. O espanhol de teus tradutores venezuelanos pode ser bom, mas a pontuação não o é – para uma perfeita pontuação espanhola ver Borges e Cortázar. Isto faz com que a leitura não seja tão fluente como deveria ser. Entrando em detalhes, encontro a palavra "mandingando" traduzida por *ligándola*, palavra que, se não é um modismo venezuelano, não pode querer dizer nada parecido. Encontro a frase "esse cagaço até que me deu fome" traduzida como *el miedo como que hasta me dio hambre*, frase dura e um pouco difícil. Por último, na frase final, "decerto" poderia ter sido melhor traduzida por *sin duda*. Deve haver outras impropriedades parecidas.

Pedes minha opinião sobre a tradução. No entanto, acho que, embora não tenhas pedido, também tenho de dizer algo sobre o conto.

---

* Referência a um conto meu, publicado na Venezuela.

E dizê-lo de um modo raivosamente sincero. O conto é bom, sem dúvida uma boa *tranche de vie* bem vista por um guri. Mas não se amarra para um impacto maior – é dificílimo amarrar as *tranches de vie*, e menos ainda que se amarrem sozinhas. Que quero dizer quando falo em amarrar um conto? A mesma coisa que amarrar o barbante num pacote. Um conto com o barbante amarrado fica compacto, quase como um projétil. Algum dia falaremos disso *mano a mano*. É um tema difícil e não posso ser mais claro em poucas linhas. Talvez com exemplos: Hemingway, Caldwell, Borges, Cortázar, Onetti, em geral amarram os contos. Faulkner, descomunal romancista e não contista, só o consegue em alguns casos ("Uma rosa para Emily", "Setembro ardente"). Amorim não, um muito bom contista uruguaio cujos contos, em regra, são muito bons capítulos de romances... e cujos romances são feitos de capítulos que parecem contos. A realidade não se desenvolve por romances, nem por contos, nem por poemas. Os romances e os contos são expedientes que fabricamos para apreender a realidade – e no caso dos contos, além de apreender a realidade é preciso *essencializar*. Explico-me? Esta seria a diferença fundamental (e, segundo entendo, a superioridade) do conto sobre o romance. Repito: um dia falaremos *mano a mano* desses difíceis problemas de nossa profissão ou vocação.

Depois de postar a última carta, lembrei-me de que não havia respondido à pergunta sobre o sentido em que uso a palavra *ensañamiento* no final de "Un cuento con insectos". Uso-a no sentido comum, isto é, é um *ensañamiento* disparar três tiros em alguém que já está ferido de morte com os dois primeiros. E ainda maior *ensañamiento* é mordê-lo.*

Afetuoso abraço,
Arregui

08 mar. 1982
Caro Arregui:

Segue a parte final de "A vassoura da bruxa" e o início de "Os ladrões". Tens razão quanto ao "Travessia". Eu já imaginava que a tradução venezuelana deixava a desejar, mas queria uma confirmação. Do conto, minha opinião é semelhante à tua.

Abraço do
Faraco

---

* Eu dispunha apenas de um pequeno e precário dicionário de espanhol...

Sem data
Caro Faraco:

Recebi carta e respondo.
As muitas anotações de "Tres hombres" e "Un cuento con insectos", se bem me lembro, são para esclarecer e não de um tipo que vá te dar trabalho. Aquilo que disseste, "trabalho insano", tem sua graça, que lindo idioma deve ser o de vocês! De acordo contigo na supressão de "Los ladrones", se estamos buscando a unidade do livro. Não creio que seja um conto muito bom, mas apenas bom, e é evidente que difere dos outros escolhidos.* Ficamos então com sete contos (e suas datas aproximadas):

"Noche de San Juan", 1945
"Diego Alonso", 1950
"Tres hombres", 1957
"Los contrabandistas", 1960
"Cavalos do amanhecer", 1968
"Un cuento con insectos", 1974
"La escoba de la bruja", 1978

Organizados assim, em ordem cronológica, que não é preciso respeitar. Ordenarás de acordo com teu gosto. "Noche de San Juan" é o segundo conto que escrevi, quando ainda não sabia que acabaria sendo um escritor de contos. Com "La escoba de la bruja" encerro, talvez para sempre, esta temática e este tipo de literatura. As coisas posteriores são muito diferentes.
O livro vai ficar um tanto magro, mas com espaços, letra maior etc. dá para engordá-lo um pouco. Além disso, diante do escasso tempo que em geral as pessoas têm para ler, os livros gordos assustam um pouco.
Nos próximos dias envio fotocópia da nota de Mejía Duque e alguma coisa mais. Há outras notas que são apenas elogios convencionais, sem interesse. A boa crítica que tínhamos sofre a ausência dos emigrados.
Alegro-me por saber que serás o autor do prólogo.
Começo a revisar "La escoba de la bruja".

Abraço,
Arregui

---

* As viagens demoradas das cartas, eventualmente, provocavam informações desencontradas. Eu já havia decidido incluir "Os ladrões" e inclusive lhe escrevera a respeito.

P.S. Mando agora a nota de Mejía Duque, o único que importa. Não, não há notícia do interessado pelas vacas.

09 mar. 1982
Meu caro Arregui:

Com "Os ladrões" (um conto belíssimo, realmente), encerramos nosso admirável *Cavalos do amanhecer*. Ainda há trabalho pela frente, considerando que, realmente prontos, temos apenas três contos (os de Reyes, Martiniano e Rulfo), mas o principal e mais difícil está feito e poderíamos dizer, como Orsi na mesa de sovar, que agora só faltam os retoques.*

Te envio uma foto que poderia ter sido tirada ao término da tradução de teu último conto: parir teu livro, apesar do encantamento que tive, ou por causa dele, foi como parir um filho (o da foto é o meu Bruno, já com um ano e pico). Não é preciso que te diga o quanto estou feliz: agora estamos a um passo do dia em que veremos teu livro nas vitrinas do Brasil.

Não conheço autor uruguaio contemporâneo que tenha livro publicado no Brasil. De Benedetti e Onetti, os mais notórios, não há nada. Nem do velho Quiroga, embora este seja mais argentino do que uruguaio (levo *Anaconda* traduzido pela metade e mais tarde vou te fazer umas consultas sobre cobras).

Tenho refletido sobre meu encontro com teus contos num pequeno bazar de Bella Unión, quando descobri *El narrador* e, sobretudo, *Tres libros de cuentos* entre artigos de ferragem, caixas de lápis de cor e cadernos escolares. A vida é um tanto misteriosa.

Nesta versão de "Os ladrões" encontrarás expressões não menos misteriosas, como "tábua de estivar", "masseira" etc. Para fazer melhor a tradução, estive por mais de hora no galpão de uma padaria de meu bairro, conversando com os padeiros. Tais nomes são como eles aqui conhecem os objetos referidos por ti.

Hoje à noite, após a janta, dei alguns telefonemas importantes, e posso te assegurar que a questão da editora está muito bem encaminhada.

Abraço do
Faraco

---

* Menção ao personagem de "Os ladrões".

P.S. Me envia uma fotografia tua para o livro. Ou mais de uma, para que eu possa escolher.

11 mar. 1982
Caro Faraco:

Fiquei surpreso ao receber a primeira página de "Los ladrones", mas logo percebi que tua carta se cruzara com a minha, na qual te dava razão e aceitava plenamente a exclusão deste conto. Repito que não é dos melhores de meu repertório (e tampouco dos piores) e que difere muito dos outros que escolheste – muito bem escolhidos, por certo. Enfim, pode ir ou não ir. Se buscas um livro mais homogêneo, deve ficar fora. Se pensas que um pouco de heterogeneidade não cai mal, pode ser incluído. Deixo a coisa totalmente ao teu critério. A questão da homogeneidade ou não dos livros de contos é todo um tema para conversarmos.

Discuti com Martín (que estava em Montevidéu quando te escrevi sobre "Travessia") minha apreciação sobre teu conto. Diz ele que não devo exigir, quase como uma mania, que os contos mordam seu próprio rabo, isto é, amarrem-se, e que há contos exemplares de Hemingway, Caldwell etc. que são episódios abertos como o teu. Ele tem razão, e talvez me tenha deixado levar, como diz ele, por minha "mania". Mas não tenho a menor dúvida de que a tradução venezuelana, como dissestes, "deixa a desejar".

"La escoba de la bruja" é um conto que me custou anos antes de encontrar seu melhor sentido. Sua versão inaugural foi uma das primeiras coisas que escrevi, lá pelos anos 40 e poucos. Eu tinha o tema: o roubo do cadáver, as cruzes de madeira muito juntas... mas a coisa não andava. O personagem não funcionava. Em segunda ou terceira versão, por volta de 1960, Juan Pablo Juste era uma espécie de pajé da tribo, uma criatura lamentável e misteriosa que vagava pelas noites. Comentas que não entendeste muito bem os sentimentos etc. Tratarei de explicar melhor. J.P.J. tem de ser um homem como todos aqueles que sentem diante da morte e dos mortos algo especial, tão especial que o leva ao fato insólito, assombroso, de roubar o cadáver do matador de seu pai para enterrá-lo ao lado deste, de "descobrir" nos fatos uma frase que, embora apócrifa, soa como uma das afirmações de Heráclito. Vai aos velórios como em obediência a um Deus ou a uma Ordem, e cheio de piedade. Sente-se quase "em pecado" por viver, interroga-se sobre a morte. Enfim, é um homem que leva ao limite, a extremos, coisas que todos sentimos sem sentir de modo muito consciente. Não é um iluminado, mas tem profundas intuições. Tudo isto dá subliteratura (e deu, em versões anteriores). Os problemas se resolveram no dia em que inventei a falsa frase heraclitiana. É claro que o gesto de Juste não tem nem pode ter qualquer explicação racional, mas podia ter um oculto sentido mágico etc. Vejo que não expliquei nada... Enfim...

(Esta carta estava interrompida neste ponto quando chegou a tua de 9 de março com "Los ladrones" completo. Passo a respondê-la).*
Agora que este conto está traduzido, seria um erro não aproveitá-lo. O toque de heterogeneidade que dará ao livro cai bem, acho eu. Inclui onde quiseres, mas se vamos respeitar a ordem cronológica teria de ir em terceiro lugar, entre "Diego Alonso" e "Tres hombres".

Quando minha mulher viu tua foto, exclamou: "Que formosura!" E em seguida esclareceu: "O menino, não ele".

Termino aqui para ir ao correio antes que feche. À noite começarei a revisar "Los ladrones". Irá amanhã ou depois de amanhã, com outra carta.

Abraço,
Arregui

15 mar. 1982
Caro Arregui:

Recebo tua última, com o artigo de Mejía Duque em Bogotá. Excelente artigo e estou de acordo com o que diz de teu trabalho. Curiosamente, a questão primordial que ele propõe é semelhante ou talvez a mesma que destaco no prólogo (já o tenho pronto), no seguinte fragmento: "Arregui é um resultado da melhor mistura da cultura regional com a ordem cultural da modernidade". Guardarei o recorte que me enviaste. Mais adiante, vou traduzi-lo e publicá-lo em algum dos nossos suplementos literários.

Não te esquece das fotografias, duas ou três, para que o editor possa escolher. Outro pedido: os dados biográficos. Não quero

---

* Esta continuação terá ocorrido alguns dias depois da data indicada no início de sua carta, pois com a morosidade da correspondência postal, não receberia no dia 11 uma carta que escrevi no dia 9 e provavelmente só fui postar na manhã seguinte.

interromper o trabalho para me ocupar dessa parte (teria de ler todos os prefácios dos livros, o artigo de Ángel Rama etc.) e penso que poderias me passar esse material quase pronto. Eu apenas daria os retoques, adequando-o ao lugar em que aparecerá no livro. Não há necessidade de encompridar a coisa: os dados fundamentais, datas etc.

Estou datilografando novamente os contos, já para entregar ao editor. Tenho prontos "Noite de São João", "Cavalos do amanhecer" e "Diego Alonso" ("Os contrabandistas" só falta copiar). A partir do quinto conto, o trabalho será um pouco mais lento, os textos ainda não foram corrigidos e seguem com tuas anotações em aberto.

Em "Três homens" me defronto com um problema: *matrero*. Sei o que significa, mas não encontro a tradução adequada. Conheço uma versão de *Martín Fierro* que traduz *matrero* por "matreiro", mas é uma impropriedade clamorosa: "matreiro" em português quer dizer "astuto" e se trata, inclusive, de um adjetivo. A expressão que mais se aproxima é "bandoleiro", isto é, um bandido meio nômade, até um tanto romântico, que eventualmente poderia se alistar em revoluções ou correrias do gênero.

Uma pergunta: desejarias dedicar teu livro a alguém? Bem, e não te preocupa com a espessura do volume. Com oito contos longos não precisaremos de espaços brancos nem de letras grandes para ultrapassar 100 páginas. Já fiz o cálculo.

Mudei de idéia, como já viste: incluiremos "Os ladrões", que não é um conto "bom", como dizes tu, mas "muito bom", como digo eu, e talvez seja teu segundo melhor conto.

Abraço forte do
Faraco

17 mar. 1982
Caro Faraco:

Depois de três dias em Montevidéu (tive de ir por causa da morte de um amigo), volto para casa, termino de anotar "Los ladrones" e passo a responder tuas cartas de 9 e 15 (esta chegou há minutos).

Parece-me excelente a idéia de traduzir Quiroga, que é um dos grandes contistas do mundo, equiparável a Poe, Maupassant, Hemingway... Mas não me parece nada feliz começar por *Anaconda*, que está longe de representar o melhor Quiroga. A obra dele é muito irregular e boa parte é francamente ruim. *Anaconda* não é dos piores, mas também não é dos melhores. Há 15 ou 20 contos de *habitat* missioneiro* que são magníficos e o superam amplamente. Terei muito gosto de te ajudar nesse trabalho, de colaborar contigo em tudo o que se refere a Quiroga, que conheço bem. É preciso começar por eleger uma dúzia de contos de primeiríssima linha. Escreve-me sobre o assunto e veremos o que posso fazer.

Para mim é difícil julgar o que alguém escreve sobre meus contos, mas a nota de Mejía Duque é, pelo menos, muito interessante. A coisa vista desde a Colômbia, que é outro mundo, tem outra perspectiva. Mejía Duque (que conheci em Havana) é um homem jovem, advogado como tu, bom marxista, muito estudioso, com uma inteligência alerta e inventiva. Também esteve estudando na URSS.

Dentro de uns dias irão as fotografias e os escassos dados biográficos, que podem ter um pequeno interesse.

O problema da palavra *matrero* poderia ser resolvido, na minha opinião, com uma nota inicial no conto ou ao pé da página. Vocês têm a palavra "cangaceiro" e também "bandoleiro"... Creio que Guimarães Rosa (do qual já me esqueci um tanto) estabelece as diferenças.

O *matrero* é o elemento anárquico, individualista, numa rebeldia solitária. É um fenômeno de protesto individual contra a ordem feudal/capitalista instaurada (ou que começou a ser instaurada) lá por volta de 1870. É uma reação contra o aramado. Não é, parece-me, similar ao "cangaceiro" ou ao "bandoleiro", embora se pareça com os dois e, freqüentemente, seja de fato um bandoleiro. No Uruguai houve um, *el clinudo* Menchaca (*clinudo* é a forma incorreta de *crinudo* – cabelo comprido), que era um bandoleiro e assaltava estâncias à frente de um bando. Mas não era um *matrero* típico, como, por exemplo, Martín Aquino. Lembro que numa carta antiga te dizia que uma boa apresentação do *matrero* é a que faz Sarmiento no "Facundo", com o título de *el gaucho malo*.** Sem dúvida, a tradução por uma palavra que significa "astuto" é um disparate.

Tenho certeza de que supervalorizas "Los ladrones", mas não vamos discutir isto agora. Acho que vai ficar bem no conjunto e acrescentar uma nota um pouco dissonante que será boa.

Não pensei nem penso numa dedicatória.

---

* Isto é, de Misiones, no norte da Argentina.
** Esta carta não chegou ao destino.

Não creias que me preocupo com a pequena espessura do livro. Os muito grossos, hoje, assustam. O último livro gordo que li foi *La consagración de la primavera*, de Carpentier, e o fato é que cheguei ofegante à ultima página. 100 páginas é uma boa medida.

Mais sobre o *matrero*. Antes de mais nada é um homem em fuga, sozinho. Não ataca se não é para defender-se, ou para defender sua liberdade. Uma senhora uruguaia que é da fronteira me dizia que, do lado brasileiro, também se usa a palavra com nossa acepção.*

Em Montevidéu, estive conversando com W. Penco, crítico jovem, muito criterioso e extraordinariamente informado. Disse-me que os contos estão muito bem escolhidos e, em sua opinião, "que belo livro!"

Releio a carta. Agrada-me cada vez mais a idéia de te ajudar numa tradução de Quiroga. Contos como "El hijo", "El desierto", "El hombre muerto", "A la deriva", "Un peón" e diversos outros vão deslumbrar o leitor brasileiro.

Abraço,
Arregui

24 mar. 1982
Meu caro Arregui:

Recebi tuas últimas cartas e os dois últimos contos. Entrego-me ao trabalho e só voltarei a te escrever quando estiver com o livro pronto. Aguardo as fotos, os dados etc. A dedicatória: desde tua primeira carta, há nove meses, queria que o dedicasses a uma pessoa que já não vive.

Guardarei todos os contos anotados por ti. Quando nos encontrarmos pessoalmente, conversaremos sobre tuas anotações, uma por uma, e verás como as dúvidas que levanto, até mesmo em relação a palavras conhecidas, plenamente se justificam.

Com *yuyos*, termo que eu nunca ouvira e não aparece em meu dicionário, tive aquilo que, por vanglória, considerei uma vitória. "Adivinhei" o significado antes de receber tua nova carta a respeito, e quando ela chegou "Diego Alonso" já estava terminado.

Comentei em carta anterior que os uruguaios estavam ausentes de nosso panorama editorial. Como se diz aqui, mordi a língua. Recentemente, no Rio, foi lançado *Deixemos falar o vento*, de Onetti.

---

* Sim, mas a questão é que o livro seria publicado e lido bem longe dali.

Tens razão sobre o Quiroga. *Anaconda* não é grande coisa, mas acho que terminarei a tradução, já está quase pronta.*

Até breve,
Faraco

P.S. Em 1982, estamos comemorando o centenário das *matreradas* de Mr. David Greenstreet na Índia.**

06 abr. 1982
Caro Faraco:

Com algum atraso, passo a responder às tuas duas últimas cartas, a de 24 de março e outra que chegou depois, junto com mais uma publicação de "La casa de piedras". Demorei-me porque estava esperando as fotos, que ainda não estão prontas. Irão nos próximos dias.

Não entendi o que comentaste sobre a dedicatória. Não me lembro do que te disse em minha primeira carta e não sei quem é a pessoa que já não vive. O fato é que não penso em dedicatória alguma. Explica melhor.

Sem duvida, em português tem de haver uma palavra para "yuyos" (ervas nocivas) e terá sido com ela que obtiveste tua "vitória".***

Já tinha visto, no suplemento em que apareceu "La casa de piedras", que foi publicada uma tradução de *Dejemos hablar el viento*. Alegra-me que em teu país se comece a conhecer Onetti – grande escritor, sem dúvida –, mas não acho que este livro seja o mais adequado para começar. É um livro que coroa uma obra, uma maneira****, e o melhor teria sido iniciar por *La vida breve* e por alguns de seus grandes contos: "Un sueño realizado", "La cara de la desgracia", "El infierno tan temido"... Onetti é tão bom contista como romancista, e talvez até superior. De igual modo, como te dizia, *Ananconda* não é o melhor para começar a conhecer Quiroga, autor pelo menos de uma dúzia de contos breves verdadeiramente inesquecíveis.

---

* Mas não a terminei, preferindo traduzir, como de fato o fiz mais tarde, os contos missioneiros.
** Brincadeira, alusão a um dos personagens de "Três homens".
*** Comentário ligeiramente irônico sobre minha ingênua vanglória da carta anterior.
**** A frase ficou incompleta.

Não sei se *achira* pode traduzir-se por "antúrio", que não imagino o que seja. As folhas que me enviaste pertencem a uma planta que chamamos *helecho*.* De resto, acho que a coisa não tem muita importância e que o melhor seria traduzir livremente, recorrendo a qualquer planta usual.

Meus dados biográficos cabem em poucas linhas: nasci em 1917, em Trinidad. Por parte de pai, sou neto de imigrantes vascos de uma aldeia dos Pirineus no lado francês, e por parte de mãe, neto de imigrandes lombardos. Me criei em Trinidad e no campo. Em 1935 fui para Montevidéu estudar. Eram os anos da ditadura Gabriel Terra e em 36 explodiu a Guerra Civil Espanhola. Pouco a pouco fui abandonando os estudos, solicitado pela política e pela literatura. Em 37 ou 38, no movimento de ajuda à República Espanhola, tornei-me comunista. Naqueles anos fiz uma viagem pelo norte argentino e estive também no Paraguai. Em 1947 me casei e me estabeleci em Flores, numa estância. Em 54, estive no Brasil, e também em 62. A necessidade de educar meus filhos me obrigou a me estabelecer em Trinidad. Divorciei-me. Em 71 fui a Cuba e à Europa. Em 73, estive no Chile e no Peru. No mesmo ano, estive preso durante uns dias e, no fim do ano, casei-me novamente. Em 77, estive preso durante oito meses. No final de 78, adoeci gravemente. Agora estou bem.

Espero que me mantenhas informado sobre teu trabalho.

Dentro de poucos dias entregarei *Pisapapeles* ao editor.

Sigo sem notícias do comprador das vacas.

Logo falaremos de minha viagem ao Brasil, que muito me tenta.

Com todo afeto,
Arregui

12 abr. 1982**
Meu caro Arregui:

Estou trabalhando no último conto, "A vassoura da bruxa". Os demais estão prontos. Creio que dentro de dez dias encaminho o livro ao editor.

---

* Em dificuldade para identificar uma planta, eu desconfiara de que fosse uma samambaia e lhe enviara umas folhinhas dentro do envelope. Em muitos momentos, Arregui faz menção a questões que não aparecem nas minhas cartas: eram notas que eu fazia no próprio texto das versões que lhe enviava.

** Carta suprimida na edição uruguaia.

O objeto desta carta é outro.

A Editora Mercado Aberto, de Porto Alegre, solicita meu concurso para organizar uma coleção hispano-americana, que em princípio começaria por teu livro.* Possuo diversas obras de autores hispano-americanos, mas não em número bastante para projetar uma coleção. Pergunto se poderias sugerir nomes de modernos autores uruguaios e argentinos cujo trabalho ainda não tenha sido publicado no exterior e quem sabe me remeter ou fazer com que os autores me remetam seus livros. Farei o mesmo com amigos que tenho na Venezuela e no México, de modo que a coleção venha a constituir um panorama abrangente. Meu conhecido mexicano é uruguaio: Saúl Ibargoyen Islas. Acabo de receber seu livro de contos, publicado na Venezuela: *Fronteras de Joaquín Coluna*. Um título sugestivo. Se puderes responder com alguma brevidade, eu ficaria muito feliz e agradecido.

Recuerdos do amigo
Faraco

P.S. E as Malvinas? Estou propenso a me alistar nessa guerra, mas nas tropas inglesas!

14 abr. 1982
Meu caro Arregui:

A sugestão era a de que dedicasse o livro ao teu filho que morreu. Sou um pouco romântico e acho que essas coisas são importantes. Compreendo, porém, que não penses em dedicatórias, e assim faremos.

Há dois dias escrevi um bilhete rápido e anunciei que faltava apenas retrabalhar um conto, "A vassoura da bruxa". Continuamos na mesma situação, mas creio que até 16, sábado, termino tudo, e no dia 19 encaminho o livro ao editor e outra cópia para ti.

Recuerdos do
Faraco

---

* Entendimentos preliminares que não se confirmaram.

15 abr. 1982*
Caro Faraco:

Recebo hoje tua carta de 12 e me apresso a respondê-la. Não sei se recebeste uma que te enviei há poucos dias. As fotos ainda não estão prontas. Irão na semana que vem, sem falta. Por certo, terei muito gosto em colaborar contigo nessa coleção cuja organização talvez te caiba. No momento não me ocorrem autores argentinos, salvo Borges, Sábato, Marechal... Com relação aos uruguaios, eu proporia:

1. Uma seleção de contos de Quiroga
2. Uma seleção de contos de Onetti
3. Uma seleção de contos de Benedetti
4. Uma seleção de contos de Martínez Moreno
5. Um romance pequeno de Enrique Amorim
6. Um romance pequeno de José Pedro Díaz
7. Um livro sem gênero de José Pedro Díaz
8. Uma seleção de contos de Felisberto Hernández
9. Três contos e dois fragmentos de romance de Francisco Espínola
10. Uma seleção de contos de Juan José Morosoli
11. Uma seleção de contos de Henrique Amorim

Com isto, dá e sobra. Alguns autores – Quiroga, Amorim, Hernández, Espínola, Morosoli – estão mortos. Os textos podem ser vendidos ou mesmo cedidos. Eu tenho quase tudo. Posso fazer fotocópias e, inclusive, conseguir prólogos. O livro básico, *Proceso intelectual del Uruguay*, de A. Zum Felde, está nas livrarias. Onetti, Benedetti e Martínez Moreno estão no exterior. José Pedro Díaz está aqui, é meu grande amigo, grande conhecedor de nossa literatura e poderia ajudar.

Sobre os argentinos seria o caso de consultar Elvio Gandolfo, escritor e crítico argentino que mora no Uruguai (em Piriápolis), e ao lhe escrever podes invocar meu nome: Elvio Gandolfo – Casilla de Correo 54036 – Piriápolis. Na Colômbia podes escrever para J. Mejía Duque, cujo endereço eu tenho. Saúl Ibargoyen Islas eu conheço. Também poderias fazer contato com Ángel Rama e Jorge Rufinelli nos Estados Unidos, cujos endereços posso conseguir. Igualmente tenho amigos no

---

* Carta suprimida na edição uruguaia.

Peru e no Equador, que não têm muito a ver com a literatura, mas que talvez possam auxiliar.

Fico à tua disposição.

Abraço,
Arregui

P.S. Outro dia falaremos das Malvinas. Terceira guerra mundial?

Sem data
Caro Faraco:

Recebi teu bilhete do dia 14. Cruzou com uma carta minha que, suponho, terás recebido. Isso de dedicar o livro ao meu filho... A lembrança do guri é algo muito íntimo, muito pessoal, um padecimento que guardo numa espécie de cercadinho. Raras vezes falo nele (fora do círculo familiar) e me doeria colocar seu nome em letra impressa.

Acho que exagerei um pouco na lista de possíveis livros de autores uruguaios. Com menos já bastava. Quiroga, Onetti, Espínola, são indispensáveis. Dos outros, dá para descartar alguns.

A idéia de consultar Gandolfo sobre os argentinos realmente me parece boa. Conheço-o pouco, mas sei de boa fonte que é um tipo muito capaz e um estudioso bem-informado. Talvez se deva pagar por essa consulta, pois, segundo me consta, o homem vive da literatura.

Estou à espera da cópia do livro.

Abraço,
Arregui

P.S. Malvinas: é triste que, para nos posicionarmos contra o colonialismo, tenhamos de estar ao lado de uns safados filhos-da-puta como os milicos portenhos.* Que imbecilidade o nacionalismo!

---

* Eu já manifestara anteriormente meu entendimento contrário, no *postscriptum* da carta de 12 de abril.

15 maio 1982
Caro Faraco:

Perdeu-se alguma carta? A última que tenho tua é de 20 de abril.* Não recebi a cópia do livro que anunciaste em bilhete anterior. Quero saber como vão tuas brigas com os editores. Escreve-me a respeito da coleção.

Amanhã vou a Montevidéu, que não visito há dois meses e onde penso ficar vários dias. Levarei *Pisapapeles* para entregar ao editor. Comecei meu próximo livro, que se chamará *A propósito de Paco Espínola*.

Conversaremos sobre tua idéia de vir me buscar de automóvel.** Ainda que fosse um prazer e também uma distração viajar proseando, não creio que valha a pena teres tamanho incômodo. Dizem que há excelentes ônibus diretos, que não são caros. Conversaremos, repito.

O *affaire* Malvinas segue me preocupando. Acho que a URSS está fazendo um bom jogo, com fineza e qualidade. A advertência que fez hoje à Inglaterra é séria e corretíssima. Por culpa das Malvinas estou perdendo muito tempo com o ouvido colado no rádio.

As fotos irão em outra oportunidade. Suponho que não haja tanta pressa e mesmo não fui ao estúdio do fotógrafo (a verdade é que fui em outro dia, mas o encontrei fechado).

Abraço,
Arregui

21 maio 1982
Meu caro Arregui:

Recebo tua última, de 15 de maio. Não houve extravio de cartas, a última que enviei foi aquela em que falava em te buscar de automóvel. Ocorre que, nesse período, não tive notícias de interesse para te dar.

A Editora Mercado Aberto desistiu de fazer a coleção, isto é, transferiu-a para o ano que vem. Sempre a fará, suponho, mas com mais vagar e sem meu concurso, pois à última hora nos desentendemos.

---

* Quem perdeu fui eu, justamente a cópia da carta de 20 de abril que ele menciona.
** Certamente um dos assuntos da carta cuja cópia se extraviou.

Ela desejava formar uma equipe e prefiro trabalhar sozinho.* Com a coleção suspensa, retirei teu livro e o enviei a uma editora do Rio, a Francisco Alves, a mesma que lançou Onetti e que eu já mencionara como segunda opção. Ainda não recebi resposta, mas não tardará. Tão logo a tenha, telefono.

Não deixa de me enviar as fotos.

Meu projeto de traduzir outros autores continua de pé, a começar por Quiroga, mas fica para mais tarde: estou trabalhando na minha ficção. Também precisei ultimar um pequeno livro sobre um episódio da História do Brasil, que acaba de ser lançado em Curitiba.

Providenciarei logo na remessa de cópia dos originais do livro. Desculpa, foi mero esquecimento.

Me dá notícias tuas.

Abraço forte do
Faraco

27 maio 1982
Caro Faraco:

Recebo (e decifro) tua carta de 15 de maio. Às minhas dificuldades com o português somam-se outras, as de tua letra manuscrita, que embora clara não deixa de ser estranha para mim.**

Seguem as fotos. A grande é recente. As três pequenas, em negativos duplicados, são mais velhas. A só do rosto e aquela com a máquina de escrever têm, talvez, 16 ou 17 anos. A outra com o copo na mão é de 1971, em Cuba. É gloriosa. Na mão direita, um copo de rum Caney, na esquerda um charuto H. Upmann, sem dúvida o melhor fumo do mundo, ao fundo o Caribe, e certamente falando de política ou literatura. Em Cuba eu estava gordo. Depois emagreci em Paris, e depois na prisão, e depois no hospital...

---

* Não me recordo desse desentendimento, e o fato é que, mais tarde, indiquei e traduzi diversos livros para essa editora: *A longa viagem de prazer*, de Juan José Morosoli, *A história de Naná*, de Carlos Maggi, *Contos do país dos gaúchos*, de Julián Murguía, *Os demônios de Pilar Ramírez*, de Jesús Moraes, *Bernabé, Bernabé!*, de Tomás de Mattos, *A menina que perdi no circo*, de Raquel Saguier, *A guerra das formigas*, de Julián Murguía, e três livros de Horacio Quiroga: *Vozes da selva*, *História de um louco amor* e *Passado amor*.

** Não fiz cópia dessa carta manuscrita.

Como te dizia, entreguei o livro ao editor e comecei outro (até agora, com parcos resultados) que pretendo lançar, talvez, no ano que vem: *A propósito de Paco Espínola*. Seguiremos esperando pelo projeto de traduções uruguaias. Se telefonares e ninguém atender é porque estou em Montevidéu. Tenho de buscar alguns dados sobre Paco, conversando com a viúva e através de algum livro na Biblioteca Nacional.

Agora me ocorre que esse enredo nas Malvinas pode ter, mais ou menos a médio prazo, resultados benéficos para os sul-americanos.* Aqui, nosso governo está com seus esquemas falidos e numa crise cada vez maior. São tão pouco inteligentes! Sabem tão pouco! Veremos o que acontece.

Abraço,
Arregui

24 jun. 1982
Meu caro Arregui:

Falei com Martín ao telefone e creio que nos entendemos. Estando o editor com seu cronograma pronto e contratos firmados, não queria ou não podia incluir nas despesas de 1982 o pagamento adiantado de um contrato novo. À tua revelia, Martín e eu "resolvemos" que, por causa de um adiantamento, não valia a pena esperar por 1983. Telefonei hoje para o Rio e dei "tua" resposta. O assistente editorial (que é uma mulher, Rosemary Alves) me informou que hoje mesmo comunicará ao diretor da casa sua intenção de publicar o livro ainda neste ano. Salvo catástrofe, sairá em setembro ou outubro. Insisti neste prazo, lembrando que a 20 de outubro inaugura-se a Feira do Livro de Porto Alegre, um acontecimento extraordinário, e que virias para uma sessão de autógrafos.

Acredito que de agora em diante os contatos serão feitos diretamente contigo, mas me mantém informado. Havendo algum fato relevante, telefono. A editora, como já te disse, é a Francisco Alves.

Recuerdos do
Faraco

---

* Arregui começa a perceber que não era aconselhável se posicionar a favor da ditadura militar, ainda que em nome do anticolonialismo.

Sem data
Caro Faraco:

Voltei de Montevidéu, encontrei tua carta e Martín me informou do que vocês conversaram. Muitos dias antes haviam chegado os originais de *Cavalos do amanhecer*, que mostrei à minha filha e a alguns amigos montevideanos, com certo orgulho de guri...

Tu e Martín se entenderam como deveriam: não valia a pena adiar a publicação por causa do adiantamento. Os escritores uruguaios, por causa da pequenez de nossa praça editorial, não estamos acostumados a receber dinheiro. Eu, em muitos anos, só recebi uns escassos pesos. Por causa de minha fodida situação financeira atual, não seria nada mau receber pouco ou quase nada, ou receber depois. Além disso, os cruzeiros devem valer muito se convertidos em moeda uruguaia, já que estamos vivendo numa política econômica inspirada na famosa Escola de Chicago, inventada por Friedman (é a política que está afundando ou aniquilando, entre outras coisas, a agropecuária)*, e por um dólar nos dão pouco mais de 12 pesos e uma refeição vale mais de 100 e um café pequeno vale sete. Suponho que tu, como tradutor, terás de receber por teu trabalho. Os cruzeiros que oportunamente me corresponderem, mais vale deixá-los aí até que se possa ver o que fazer com eles. Se quiseres, posso enviar uma autorização (com firma reconhecida em cartório) para que assines o contrato em meu nome com essa Rosemary Alves ou quem quer que seja. Meu nome completo, como te disse Martín, é Mario Alberto Arregui Vago, com cédula de identidade expedida em Trinidad número 6044.

Eu teria alguns reparos a fazer sobre os dados biográficos. Apareço como mais preso político do que em realidade fui. Quando o atual governo tornou ilegal o PC, estive preso na delegacia de polícia por cinco ou seis dias, e fui muito bem tratado. Posteriormente, sim, estive num quartel militar, durante oito meses, e fui muito maltratado. Enfim, nada mais. As outras duas vezes que me prenderam (por algumas horas) foram: a primeira, por *pelea y desorden*, e a segunda, junto com vários amigos, por *ebriedad y escándalo*. Acho que essas duas pouco iluminam minha biografia...

---

* Milton Friedman (1912-2006), economista e líder da conservadora Escola de Chicago de Economia, teórico do "monetarismo", doutrina que apregoava a oferta de moeda para o controle da inflação. Recebeu o Prêmio Nobel de Economia em 1976.

Unicamente em Cuba publiquei um livro inteiro: *Cuentos de Mario Arregui*, Casa das Américas. Na URSS, um ou dois contos em revistas. Na Tchecoslováquia, dois contos numa revista. No México, dois contos em revistas. Na Itália, um conto numa antologia da literatura sul-americana, organizada por Ángel Rama. Na Alemanha, um conto numa antologia da literatura uruguaia. Se houve alguma coisa mais, ignoro. *Cavalos do amanhecer* será meu primeiro livro inteiro em idioma não espanhol.

Se bem que seja verdade que foram publicados todos os livros que mencionas, me fazes autor de uma obra mais extensa do que aquela que em realidade tenho. Meu terceiro livro, *La sed y el agua*, é uma reedição do segundo e de quase todo o primeiro, mais cinco contos inéditos em livro. O quarto já diz desde o início que é uma reedição dos três anteriores, mais três contos novos. O quinto, *El narrador*, é inédito, embora repita "Un cuento con un pozo", que já estava no anterior. E *La escoba de la bruja* é uma reedição parcial de *El narrador*, com várias coisas novas. Como vês, não chego a ser autor de 40 contos, embaralhados e repetidos de uma maneira que não sei se não é um pouquinho desonesta. Em meu próximo livro (que já não se chamará *Pisapapeles*, o editor me aconselhou a trocar por *Ramos generales*), cuido-me para não seguir com as repetições. Penso que seria necessário esclarecer de algum modo que a obra não é tão vasta como seis títulos fazem pensar*.

Na penúltima linha da p.30 do original, Pazos diz: *No hay matrero que no caiga***, que é uma frase feita e um verso do *Martín Fierro*. Eu proporia eliminar a nota de rodapé e deixar a frase (em espanhol ou traduzida, como quiseres) simplesmente como frase de Pazos. Este não está citando, apenas dizendo. De outra parte, pode haver um problema de datas. Embora não se mencione, supõe-se que o conto se passe em 1870 e tantos, que foram os anos em que começaram as perseguições aos *matreros* e culminarão com a ditadura de Latorre (1876-80). A publicação do *Martín Fierro* é de 1872 e se pode pensar que Pazos não o leu, não é?

Um amigo de Montevidéu que folheou o original e lembrava, como muita gente, a frase com que encerro "Três homens", dizia-me: "Que lástima que esta frase seja intraduzível". Não sei que ressonância, que segredo, tem a frase *El zaino del finau es sin yel pa galopear* que a

---

* Esta carta é um atestado de honestidade intelectual.

** Alude ao conto "Três homens".

faz tão memorável. Não proponho nada, simplesmente não tenho idéia de como a coisa poderia ser feita, se conviria deixá-la em espanhol e elucidá-la com uma nota de rodapé etc. Não proponho nada, repito, e não estou a te corrigir, mas peço que penses um pouco mais para ver se encontras uma solução.*

Em "Un cuento con insectos", ou seja, no agora "Lua de outubro"**, ponho em itálico *la niña Leonor* e *Marcial chico* porque era assim que os outros os chamavam. Sublinhas apenas *niña* e *chico*. Por quê?

No começo da estripulia das Malvinas, eu, por anticolonialista, pelas atitudes da URSS e de Fidel, inclinei-me para o lado argentino. Agora estou pouco menos do que aplaudindo o triunfo inglês. Os milicos portenhos perderam a guerra e, agora, a vergonha. Que toneladas de imbecilidade e incapacidade eles demonstraram! Que ordinários! A queda de Galtieri é uma higiene, e a queda de todos, que parece não estar longe, será uma higiene muito maior. E talvez, quem dera, repercuta no Uruguai. De qualquer maneira, é de pensar que a América Latina já não será a mesma depois desse fiasco. Aqui circulou intensamente uma entrevista de Galtieri para Oriana Fallaci publicada numa revista espanhola. Vocês leram aí?

Relendo *O outono do patriarca*, percebi que García Márquez usa várias vezes, como insulto, a palavra *matrero*, que eu acreditava ser exclusiva do Rio da Prata. Por certo, o sentido não é exatamente o mesmo, mas o fato é curioso. Talvez ele tenha conhecido o termo no *Martín Fierro*.

Como já te disse, *Pisapapeles* se chamará *Ramos generales*, que é como chamávamos em nosso campo os estabelecimentos que vendiam de tudo, desde grades de arado a chupetas etc. Já está com o editor. Sairá em seguida, embora ainda não se possa adiantar uma data.*** Por certo, receberás um exemplar ainda com a tinta fresca.

Espero notícias tuas.

Muito afetuosamente,
Arregui

---

* A frase era realmente intraduzível e, literalmente, queria dizer "O zaino do finado é sem vesícula pra galopear", a partir da crença campeira de que a vesícula afetava a resistência do animal. A solução eu já encontrara e me parecia uma boa solução: "O zaino do finado é mui guapo de pata". Aparentemente, Arregui não estava muito satisfeito com ela, mas foi a que ficou.

** Sugeri a troca numa das cartas cujas cópias se extraviaram ou não foram feitas.

*** Por dificuldades financeiras do editor, o livro só seria publicado após a morte de Arregui, em 1985.

07 jul. 1982
Meu caro Arregui:

Recebo tua última. Compreendo o que me dizes sobre direitos autorais, e fico imaginando como são as coisas num país que consegue ser ainda mais pobre do que o meu. No Brasil, é um pouco diferente. Eu disse *um pouco*. Assinamos contratos (péssimos, mas, enfim, contratos), cobramos o pagamento semestralmente das editoras (nem todos cobram) e, quando isto acontece, em regra perdemos o editor. No teu caso, acho que a decisão foi correta, porque, vê bem, a editora não se negava a fazer o pagamento adiantado. Apenas alegava que não poderia fazê-lo neste ano, por estar comprometida em contratos já firmados. Se nos dispuséssemos a esperar 83, o adiantamento seria pago. Ao menos foi o que me disseram...

Não creio que seja apropriado me passares uma procuração ou autorização para assinar contrato ou receber pagamentos, são questões que concernem à editora e ao autor, não ao tradutor. De resto, foi exatamente isto que me antecipou Rosemary Alves: queria teus dados para fazer o contrato e enviá-lo diretamente para ti.

Meu trabalho de tradutor é pago pela editora, em valor que se calcula pelo número de páginas. Não sei quanto é, ainda não perguntei. A idéia de traduzir teu livro foi uma *corazonada*. E gostei tanto do trabalho, e aprendi tanto, que nessa altura me considero devedor.

Entendidas tuas observações a respeito de certas passagens do livro, nos originais. Mas eu não gostaria de tratar disso agora. Primeiro, vamos confirmar o lançamento, através de seu documento legal. Depois, pedirei à editora que me permita revisar a composição e então veremos até que ponto tuas sugestões são proveitosas.

Discordo de tuas restrições aos dados biográficos que forneci à editora. Não tens contos publicados naqueles países? Tens. E foi o que escrevi, contos, não livros. Quanto ao alto preço que pagaste na prisão, bem, depende do valor que atribuis à tua liberdade. Estiveste na prisão duas vezes, num total de oito meses e pico. Eu já consideraria um preço demasiado alto uma prisão de meia hora, mormente se o autor da medida não tivesse o direito de fazê-lo. Sossega, Dom Arregui, não tenta diminuir ou desvalorizar tua cota de sacrifício. Discordo igualmente de tua opinião sobre a relação dos livros publicados. O fato de haver repetição de contos é irrelevante.

É importante que te diga que admiro tua honestidade, querendo deixar tudo muito claro com relação a livros, prisões etc. É algo à moda antiga, como já não se vê hoje em dia. Mas não vejo motivo para dar esclarecimentos completos do tipo: "Esteve preso, mas por pouco tempo e foi bem tratado*" ou "publicou seis livros, mas repetiu tais ou quais contos". Não precisamos dar essas explicações.

Malvinas: de pleno acordo. Foi preciso que desaparecessem 1.000 na guerra para que as pessoas se lembrassem de que antes haviam desaparecido 30.000.

Recuerdos do
Faraco

Sem data
Caro Faraco:

De retorno de seis dias em Montevidéu (tive de ir por causa de um problema de saúde de minha filha, já solucionado), encontrei tua carta e o contrato, que amanhã assino e devolvo. Estou muito contente com tudo, embora não deixem de me causar certo constrangimento (como um rubor invisível) os elogios que me fazes. Tua aba ou orelha me parece *lindaza*, opinião que é também a de Martín e Alejandro, que a leram ontem à noite.

Procurei, mas não encontrei e não tive tempo para procurar melhor um livro que quero te dar, que é, como te dizia, *El poder en los hombres y los pueblos* (ou algo assim), de B. Russell – livro que em seu momento, há muitos anos, fez-me refletir muito sobre se o *herói* é realmente a luta de classes... Sei que o tenho. Envio tão logo que o encontre**.

Vou fazer fotocópias de tua orelha (que em espanhol chamamos *solapa*, palavra que designa a aba que têm os casacos e as jaquetas) para enviá-la a dois amigos montevideanos que exercem a crítica.

Aprovo sem reservas a nova versão da ficha biográfica, onde já não me apresento como semi-herói (ou semimártir) do antifascismo –

---

* Até porque, na segunda vez, foi muito maltratado.
** Bertrand Russell (1872-1970), matemático e filósofo inglês. Arregui não menciona esse livro em cartas anteriores. Ou alguma carta se perdeu ou ele fez a anotação à margem de texto que me devolveu.

que herói de fantasia um tipo que não teve colhões de ir para a Espanha em 37!* Além de estar contente por *Cavalos do amanhecer*, pela relação contigo e teus bons ofícios, também o estou pela boa acolhida que teve entre meus amigos montevideanos o original de *Ramos generales*, e igualmente porque estou terminando um conto novo, "Padre nuestro", que muito me agrada e do qual te enviarei em breve fotocópia da versão datilografada.

Recebe um abraço,
Arregui

P.S. Faltaria na ficha biográfica menção de uma tradução para o alemão de "Un cuento con un pozo", mas isto não tem maior importância.

04 ago. 1982
Meu caro Arregui:

Recebida tua última. Já sabia que tinham enviado o contrato, pois telefonei na semana passada para o Rio. Pedi a Rosemary Alves que me permita fazer a revisão da composição. Ela concordou.** Disse-me também que a editora contratou um artista plástico para ilustrar o livro. Ele leu, gostou muito e vai ilustrar todos os contos. Oportunamente, vou consultar a editora sobre tua viagem ao Brasil, isto é, se ela pagará todas as despesas de locomoção e hospedagem. *Ya hablaremos*.
Aguardo com curiosidade os novos trabalhos.

Recuerdos do
Faraco

12 ago. 1982
Caro Faraco:

Recebi a tua de 4 de agosto.
Acabo de falar por telefone com Alberto Oreggioni (grande pessoa, grande amigo), do Editorial Arca, a propósito dos direitos de Quiroga. Diz ele que estão divididos. Parte pertence à viúva, que se chama

---
* Terei feito uma ligeira alteração, não que devesse, mas para agradá-lo.
** Não me foi permitido revisar o livro e o resultado será visto adiante.

María Elena Bravo (creio), e à sua filha (filha de Quiroga – os dois filhos do primeiro casamento se suicidaram*), e outra parte à viúva de Darío Quiroga**, cujo nome e endereço Oreggioni ignora (mas tem o endereço de María Elena Bravo e sua filha, que são, e nisso ele está de acordo com Rosemary Alves, mulheres difíceis). Segundo Oreggioni, o melhor caminho é escrever ao Editorial Losada, a Jorge Laforgue, que sabe bem mais sobre o assunto. Para Laforgue, podes escrever invocando o nome de Oreggioni. A primeira providência, então, seria escrever a Laforgue, depois escolher os contos para saber de quem são os direitos.

Quanto aos direitos de Onetti não haveria problema. Minha opinião (como frisei em outra carta) é que *Dejemos hablar el viento* foi mal escolhido para apresentar Onetti (grande entre os grandes, sem dúvida) a um público que não o conhece. Há vários contos dele que são de primeira linha no conto universal. Mas disso falaremos outro dia.

Passemos à minha viagem.

1. Não seria minha viagem, mas nossa: por uma série de razões facilmente imagináveis, não viajaria só, mas acompanhado de minha mulher.
2. Mais ou menos em que data?
3. A viagem seria para Porto Alegre e também ao Rio?
4. Quais "despesas de locomoção e hospedagem" pagaria a editora?

Estas perguntas se justificam. Dentro de um mês e meio, mais ou menos, *Ramos generales* começará a ser impresso e eu gostaria de estar presente para corrigir as provas e também porque, freqüentemente, aparecem problemas de última hora. E como gostaríamos de aproveitar a viagem para conhecer por nossa conta outros lugares do Brasil, queremos ter mais informações para fazer cálculos.

Pedes meus novos trabalhos: te mando fotocópia do último conto, que terminei há três ou quatro dias e incluirei em *Ramos generales*. Ainda não foi lido por meus amigos montevideanos e não pude recolher opiniões, mas estou satisfeito com ele. Creio ter conseguido aquilo que desejava, ou seja, partir de uma literatura *negra* ou mais ou menos *negra*, com um monólogo muito grosseiro e o emprego natural de palavras consideradas proibidas, e chegar no próprio desenvolvimento

---

* A filha de María Elena Bravo com Quiroga, que tinha o mesmo nome da mãe e o apelido de Pitoca, também se suicidou, em 1989, aos 61 anos.
** Segundo filho de Quiroga com Ana María Cirés. Suicidou-se em 1954, aos 42 anos. A outra filha desse primeiro casamento do escritor, Eglé, suicidou-se em 1939, aos 28 anos.

do conto a uma literatura, digamos, *positiva*. Muito me interessa tua opinião. Escreve-me.

Para a ocasião própria, adianto que qualquer remessa de dinheiro não deverá ser feita pelo Banco de la República, onde tenho considerável dívida agropecuária que poderia absorver a quantia, mas sim em nome de Alejandro Arregui, agência Trinidad do Banco Comercial, conta 1237.

Um forte abraço,
Arregui

20 ago. 1982
Meu caro Arregui:

Falarei com Rose sobre Quiroga, passando-lhe as informações que gentilmente me deste. Veremos o que pode ser feito. Não tenho pressa, estou trabalhando em dois livros meus e na tradução do venezuelano. Já consegui uma editora para ele, não estava muito fácil.

Da viagem:

1. É evidente (o que pensas de mim, Dom Arregui?) que não virias sozinho ao Brasil, mas com tua mulher.
2. A data: penso que entre 20 de outubro e 5 de novembro, as duas semanas em que funciona a Feira do Livro de Porto Alegre. Compreendo que necessites planejar tua vida, e em princípio digamos que reserves para a viagem um período flutuante entre 15 de outubro e 5 de novembro.
3. Porto Alegre-Rio de Janeiro: não sei. Seria ótimo se fizesses um lançamento aqui e outro lá, mas depende da editora e ainda não falei com Rose sobre isto. Falei, sim, da possibilidade de vires, mas não sobre o pagamento das despesas, esperando, primeiro, que apareça o livro (setembro). Oportunamente, vou propor que venhas a Porto Alegre e também ao Rio.
4. Com despesas de locomoção e hospedagem quero dizer despesas com passagens (aéreas, creio) e diárias de hotel.
5. Tenho vontade de ir te buscar de automóvel, gostaria de fazer uma pequena viagem nesse final de ano, para sair um pouco da rotina. Mas isto também depende de entendimento com a editora.

Li o novo conto (não gostei do título), que é realmente muito bom. Reencontro o velho Arregui e suas atmosferas carregadas de tensão.

O monólogo da mulher é estupendo. Tenho uma ou duas sugestões a fazer, como a eliminação do "evidentemente" da décima linha da primeira página, mas são coisas pequenas e desimportantes. A história é atraente, prende o leitor, e a linguagem forte não é arbitrária, nem chega a parecer forte por ser necessária. Aí está um conto que pode ser o começo de novo livro brasileiro.

Escreverei a Rose sobre a mudança de banco e do nome do destinatário. A propósito: hoje fui ao Banco do Brasil receber um pagamento de direito autoral da Alemanha (via Deutsche Bank), da parte de Kiepenheuer & Witsch, que editou uma antologia de narradores brasileiros e incluiu meu conto "Sesmarias do urutau mugidor" (Im land des Urutau). 165 marcos, que pobreza! Ao menos dá para a minha mulher comprar dois pares de sapatos. O vilipêndio do direito autoral é mundial!

Abraço forte do
Faraco

Sem data
Caro Faraco:

Uns quantos dias passados recebi tua carta de 20 de agosto e a verdade é que me fez trabalhar. Como dizias não ter gostado do título do novo conto, repensei e disse comigo que tinhas razão. Era necessário achar outro. Que difícil! Para que lado buscar? Durante vários dias andei como sonâmbulo. Pensei que o encontraria na Bíblia e reli o Apocalipse, o Eclesiastes, várias epístolas de São Paulo, até um trechinho do Levítico. Nada que servisse. Reli parte dos *Diarios íntimos* de Baudelaire, *Poeta en Nueva York*, de García Lorca, alguns poemas de Neruda, o fragmento sobre o amor e o sexo de Lucrécio, algumas coisas sobre o mesmo tema em *Tel quel* de Valèry... Nada. Finalmente, depois de uma semana de procura, ocorreu-me repassar os *Proverbios del infierno* de William Blake e encontrei esta jóia: "Os tigres da fúria são mais sábios do que os cavalos do deleite". De modo que o conto agora se chama "Los tigres de la furia", com uma epígrafe em itálico que traz o provérbio completo. Não te parece bonito e justo? Descontando o trabalho que me deu e os resmungos conseqüentes, devo te agradecer por ter sido o motor dessa variante.

Eliminei, de acordo contigo, o "evidentemente" da décima linha da primeira página. Também eliminei, pensando no editor, duas das palavras mais "grossas", e fiz umas pequenas mudanças. Muito me alegra que tenhas gostado do conto. Veremos o que dizem meus amigos montevideanos, que só viram um balbuciante rascunho.

Por certo, eu achava que viajaria com minha mulher, mas nunca é demais esclarecer todos os pontos. Nem minha mulher nem eu temos medo de avião, mas preferimos viajar por terra: do avião pouco ou nada se vê, e a paisagem brasileira é algo que merece ser visto. De outra parte, certamente os ônibus são mais baratos, e me disseram que são muito confortáveis. Se tiveres vontade de vir me buscar de automóvel, para sair da rotina, mais do que melhor. Já nos entenderemos. Há tempo.

Falar de um novo livro brasileiro, acho eu, é prematuríssimo. Além disso, não poderia ser como este, onde os contos estão muito bem escolhidos, como opinam meus amigos (e eu também).

Pelas minhas contas, 165 marcos são 856 pesos nossos e, na verdade, é uma quantia que não me parece tão pequena. Nunca recebi nada parecido por um único conto, e agora que estou paupérrimo qualquer quantidade de pesos que passe dos 500 me impressiona como uma pequena fortuna. Porque aqui, dia a dia, mais se agrava um descalabro econômico que já soa a catástrofe. Agora se fala em refinanciamentos a longo prazo, mas de que adiantam prazos mais longos se os negócios não são rentáveis?

Uma moça amiga que reside em São Paulo me enviou o programa de um espetáculo que lá está sendo apresentado pela Instituición Teatral El Galpón, conjunto de uruguaios exilados no México. Chama-se *Puro cuento*, baseado em contos latino-americanos, e nele há contos meus (não sei quais) na honrosa companhia de García Márquez, Rulfo, o cubano Jorge Onelio Cardozo... Sabias? Nada mau como propaganda de nosso livro.

Até breve e um abraço,
Arregui

10 set. 1982
Meu caro Arregui:

Sim, o novo título está bem melhor, é mais bonito, mais pertinente, foi um verdadeiro achado (e um achado custoso, pelo que contas). Aquele "Padre nuestro" não era muito católico...

Ainda não recebi resposta de Rosemary sobre a viagem. Previno-te, contudo, que houve mudança nos dias da Feira. Será de 1º a 15 de novembro. Se a editora pagar as despesas, talvez eu vá te buscar (dependeria também de acomodar meus afazeres por aqui).

Na semana passada recebi o pagamento da Francisco Alves pela tradução: Cr$30.000, aproximadamente 150 dólares. Como vês, minhas reclamações procedem. Pagam pouco em qualquer lugar. Menos mal que não preciso da literatura para viver. Morreria de fome.

Assombra-me o que relatas sobre tua situação financeira, que parece ser muito má – assim como toda a economia uruguaia. Chegas a achar simpática a quantia de 500 pesos! Com 500 pesos, aqui, não compras cinco maços de um bom cigarro.

Recebendo qualquer notícia do Rio, telefono.

Abraço amigo,
Faraco

Sem data
Caro Faraco:

Ontem à noite me preparava para ver pela tevê o jogo Penharol x São Paulo quando tocou o telefone e me disseram que era uma chamada do Brasil. Pensando que eras tu, gritei alegremente "Como estás?", mas um senhor me disse que falava de Pelotas e deu o nome de um modo que não entendi.* Informou que estava fazendo uma antologia, que traduzira (ou traduziria) um conto meu e queria minha autorização para publicá-lo.

– Que conto? – perguntei.
– "Tres hombres".
– É uma boa idéia e me alegra ser traduzido em todos os idiomas do mundo, mas... o senhor conhece Sergio Faraco?
– Sim, é meu amigo.
– Bem, Faraco já traduziu esse conto e o incluiu num livro que vai aparecer dentro de alguns dias. Então é preciso que fale com ele. Entendam-se entre vocês, fale com Faraco.

Foi assim, abreviado, o diálogo. Falou-se em substituir "Tres hombres" por outro conto, e eu, como havia dito que se entendesse

---
* O escritor Aldyr Garcia Schlee.

contigo, esqueci de lhe dar os títulos dos outros contos que estão no livro. Enfim, faz o que achares melhor. O homem, cujo nome, repito, não entendi e não me ocorreu pedir que o repetisse, ficou de me escrever. Verei o que diz. Por certo, ele te escreverá ou telefonará. Dos contos que descartamos, poderiam lhe servir "El regreso de Odiseo González" ou "Un cuento de coraje", embora este último seja de *habitat* paraguaio. Repito: faz o que achares melhor.

Recebi tua carta de 10. "Los tigres de la furia" passou com folga pela barreira crítica de minha filha e meus amigos.

150 dólares, evidentemente, é pouco por uma tradução cuidada, embora eu considere que dólares convertidos em cruzeiros tenham mais valor do que convertidos em nossos pesos. Aqui, a crise se aprofunda semana a semana. Todo mundo se pergunta o que acontecerá. Em Minas, ouvi dizer, o padre subiu ao púlpito para pregar contra o suicídio, pois havia começado uma epidemia de estancieiros que se matavam.

Acabo de ler, com algum aborrecimento final, *La guerra del fin del mundo*, que segundo li nos jornais está vendendo muito no Brasil. Estão sobrando, no mínimo, umas 200 páginas. Apesar das muitas coisas que acontecem, no fim das contas pouco acontece e quase tudo se repete. Não convence. Até mal escrito, às vezes. Engano-me? Sigo preferindo minhas velhas lembranças do livro de Euclides da Cunha.

Um abraço e até breve,
Arregui

21 set. 1982
Arregui:

Hoje, a pedido de Rosemary Alves, fiz um levantamento dos preços de hotéis em Porto Alegre e das passagens aéreas. Acredito que será possível vires, tu e tua mulher. Quando mencionei que virias de ônibus, ela insistiu que a viagem pode ser de avião: Montevidéu – Porto Alegre – Montevidéu. Também hoje enviei para o Rio a previsão das despesas e agora vamos esperar a aprovação. Feito isto, marcaremos a data exata do lançamento e, por consequência, a da viagem, no período 30/10 – 14/11. Calculo que a editora vai bancar uma estada de quatro dias em Porto Alegre. Por enquanto, não há planos de viagem ao Rio.

O livro ficará pronto em 10 dias.

Abraço do
Faraco

1º out. 1982
Caro Faraco:

Há dias recebi tua carta de 21 de setembro. Não te respondi de imediato porque minha mulher estava em Montevidéu e queria consultá-la.

Estranhei não dizeres nada sobre uma carta enviada dias passados. Será que se perdeu? Nela te dizia que um senhor de Pelotas me telefonou, queria traduzir "Tres hombres" para uma antologia. Respondi que esse conto já fora traduzido por ti (e outros que estão no livro) e que precisava se entender contigo. Não entendi o nome, mas ele afirmou que te conhecia.*

Minha mulher e eu queremos ir de ônibus e não de avião. Queremos (ou melhor, minha mulher quer, porque já fiz outras vezes essa viagem) ver o que se pode ver. Além disso, quando me colocaram o marca-passo, disseram-me que as viagens aéreas eram contra-indicadas, por problemas de pressão que não entendo bem. Neste momento, minha saúde é quase perfeita (embora eu não tenha conseguido deixar de fumar por completo) e praticamente estou esquecido de que tenho um coração mecanizado, mas de qualquer modo teria de consultar o médico, fazer talvez uma revisão etc. E se, na verdade, preferimos viajar por terra... Diz isto para Rosemary Alves. Há ônibus muito confortáveis, que partem de Montevidéu às dez da noite e chegam a Porto Alegre antes do meio-dia. Embora minha mulher diga que não, talvez tenha um pouco de medo de subir no avião, coisa que nunca fez.

Espero o livro e carta. Um abraço,
Arregui

18 out. 1982
Meu caro Arregui:

A partir de 20 de outubro as passagens se encontram à tua disposição em Montevidéu, na empresa TTL. Viajas a 7 de novembro, saindo de Montevidéu às nove da noite, em ônibus-leito, lugares 1 e

---

* De fato, não comentei mais o assunto, atrapalhado que estava com os acertos de sua viagem ao Brasil. Lembro-me de ter conversado com Schlee, mas não sobre o que ficou decidido. É provável que ele tenha desistido de fazer a antologia.

2. Retornas a 12 de novembro, no mesmo horário, nos mesmos bancos. Em Porto Alegre, ficarás hospedado no City Hotel, de excelente localização: distante apenas uma quadra da principal rua da cidade, a Rua dos Andradas (conhecida por Rua da Praia), e a duas da Praça da Alfândega, a praça central de Porto Alegre, onde se realiza anualmente a Feira do Livro, com aproximadamente 60 estandes de editores e livreiros, e outro um pouco mais "charmoso" para os escritores autografarem seus livros.

Chegas a Porto Alegre entre nove e dez da manhã de 8 de novembro, *lunes*. Permaneces aqui, portanto, até *viernes* à noite, 12 de novembro. Se quiseres prolongar a viagem, bem, nesse caso teria de haver um entendimento com a TTL para a transferência das passagens. E as despesas adicionais correriam por tua conta.

Em carta anterior, já bem atrasada, comentei contigo o valor do peso e os preços que encontrarias no Brasil, dando alguns exemplos.*
Errei, calculei o peso a Cr$2, quando andava em torno de Cr$20. E agora parece que está mais, o que de certo modo te favorece.

Ainda não recebi o livro, o que é uma lástima. Gostaria de tê-lo o quanto antes para poder divulgá-lo. Virá nesta semana, é certo.

Abraço do
Faraco

Sem data
Caro Faraco:

Respondo rapidamente às tuas perguntas. De acordo com tuas indiações, tratei de ser breve, e agora receio ter sido breve demais ou telegráfico. Se quiseres acrescentar algo, ou mudar, ou corrigir, podes fazê-lo sem nenhum peso na consciência. Minhas respostas são medíocres: o temor de me estender me impediu de precisar melhor as coisas.**

Até o fim do mês irei a Montevidéu e na TTL. Também falarei com W. Penco, crítico que é co-editor da página literária do semanário

---

* Carta escrita sem cópia, provavelmente manuscrita, ou datilografada, cuja cópia se extraviou.

** Outra carta perdida, a que continha as perguntas de uma entrevista, para publicar em jornal de Porto Alegre. Pelas respostas, que se seguem à carta, dá para intuir o que perguntei.

Correo de los Viernes e acaba de fazer uma pesquisa sobre os poetas uruguaios nascidos depois de 1900. Pedirei nomes e endereços dos seis mais votados e levarei o que pedes. O fato de que devam ser poetas vivos faz com que fique de fora Líber Falco, que considero um dos dois grandes poetas uruguaios deste século (o outro é Juan Cunha), foi um grande amigo e sobre o qual escrevi um livro que te enviei. Logo conversaremos sobre ele.

Minha mulher está encantada com a viagem. Eu, que sou pouco sociável, não deixo de pensar nela com algum temor, mas esperemos que me comporte como é devido.

Abraço,
Arregui

1. É uma pergunta difícil de responder em poucas linhas. No prólogo de *La escoba de la bruja*, digo que não sou nem quero ser um escritor *criollista*, e em meu próximo livro, que se chamará *Ramos generales*, incluirei um pequeno ensaio intitulado "Literatura y bota de potro", onde lanço umas quantas pedras mal-humoradas no *criollismo* literário usual. Mas reparem que digo "*criollismo* usual", ou seja, aquele que se limita ao típico ou ao particular, que pretende explorar o que é pitoresco de cor local e que, no fim das contas, é uma forma de mau folclore. Tenho tentado, talvez não de todo conscientemente, uma outra coisa: apreender em âmbitos de campo e cidade, através de personagens um tanto regionais, aspectos e reações que possam ter significados universais. Julgar em que medida consegui realizar tão exagerada ambição é algo que corre por conta dos leitores. Sem dúvida, estou de acordo com que se considerem meus melhores contos aqueles em que o consegui.
2. As respostas a esta pergunta estão um tanto implícitas na resposta anterior. Se todo homem leva em si toda a condição humana, ou se, como escreveu Marx, "o homem são os homens", não é impossível que, prospectando-se o regional, consiga-se roçar ou tocar *o de todos*. E creio que é lícito e ainda necessário utilizar nessa prospecção ferramentas intelectuais proporcionadas pela literatura, pela filosofia... O *criollismo* que rechaço e não quero fazer é aquele que chamei *criollismo* usual.
3. É certo que o público europeu ignorava a literatura latino-americana e agora voltou os olhos para o nosso continente. Entre outras coisas, ocorre que a América Latina (considerada como deve sê-lo, um único e grande país) pode apresentar hoje um grupo de escritores (Rulfo,

García Márquez, Neruda, Carpentier, Cortázar, Guimarães Rosa, Borges, Onetti e muitos outros) mais importante do que o de qualquer país do mundo. Além disso, não estará acontecendo que a literatura latino-americana detecta, de algum modo, secretos ruídos subterrâneos que anunciam terremotos sociais? Não esqueçamos o brio da literatura francesa nos anos imediatamente anteriores a 1789 e tampouco a erupção da grande literatura da Rússia quando se aproximava o 1917.

4. Além da figura principal de Onetti, a literatura uruguaia contemporânea tem nomes que muito importam: Quiroga, Morosoli, Amorím, Espínola, Benedetti, José Pedro Díaz, Martínez Moreno... Para que tais excelentes escritores sejam conhecidos do público brasileiro só faltam, a meu juízo, bons tradutores e editores resolutos.

5. Conheço pouco e mal nossos departamentos do Norte, onde, segundo me dizem, há uma grande e verdadeira amizade entre uruguaios e brasileiros e se fala um idioma mestiço denominado *portunhol*. Aqui nos departamentos do Sul e em Montevidéu o brasileiro é tido como um tipo simpático, um tanto ostentador, alvo muitas vezes de brincadeiras sem demasiada malícia. No último mundial de futebol, todos nós torcíamos mais para o Brasil do que para a Argentina. A mim, particularmente, o Brasil me deslumbra. Visitei-o duas vezes, em curtas estadas, e em ambas voltei fascinado. Muitíssimo me alegrou a idéia de Faraco de traduzir meus contos.

21 out. 1982
Caro Arregui:

Recebo tua última, dando conta da viagem a Montevidéu no fim do mês. Encontrarás as passagens na TTL, como te anunciei.
Recebi um exemplar de *Cavalos do amanhecer*. Li todo o livro e notei problemas de revisão (não me enviaram as provas, como prometeram). Outra questão é que os revisores, sem me consultar, decidiram alterar o tratamento nos diálogos, de "tu" para "você". O carioca não diz "tu", e então aplicaram esse "você" ou o verbo na pessoa correspondente, que é a terceira. E às vezes mudaram o tratamento e esqueceram de mudar o verbo, deixando-o na segunda pessoa. Paciência. Teu livro é muito bom, há de sobrepor-se a essa traição da Francisco Alves.

Comecei pelas coisas ruins, deixando as boas para o final: o livro é belíssimo. A capa, magnífica, também as ilustrações e a qualidade gráfica. É um trabalho editorial de altíssima qualidade, e o mais bonito dos livros que publicaste. Só lamentei que o campo fotografado na capa, com delicados reflexos solares, não seja campo *de primeira*...

Falando sério, não é linda a capa?

De resto, à tua espera. Recebeste os cinco exemplares prometidos pela editora?*

Abraço,
Faraco

22 out. 1982
Caro Faraco:

Como pedes, acuso o recebimento de tua carta de 18 de outubro. De acordo com tudo. Nos veremos, então, no dia 8 de novembro. É provável, sim, que enfrentando as despesas com meus magros bolsos estendamos uns dias mais nossa visita ao Brasil. Segundo minhas contas, um peso vale Cr$26. Como aqui temos o dólar subvalorizado, talvez o recomendável seja levar dólares ao invés de pesos. Vou averiguar isso. Espero com muita curiosidade o livro. Na semana que vem vou a Montevidéu.

Uma grande alegria pelo Nobel de García Márquez.

Abraço,
Arregui

---

* Não, ele veria o livro em Porto Alegre e só receberia os cinco exemplares ao retornar a Flores.

Adiante, dois textos que escrevi anos passados e foram publicados em Zero Hora. *No primeiro,* Cavalos do amanhecer, *comentários sobre a arbitrariedade da editora Francisco Alves, que fez alterações na tradução e ainda cometeu erros crassos de revisão, e no segundo,* Três dias de medo, *reconstituindo episódios que abreviaram a estada de Mario Arregui em Porto Alegre, seguido de uma nota que acrescentei muitos anos depois.*

SF

Cavalos do amanhecer

Em 1981, eu já não era um estreante em tradução. Para o "Caderno de Sábado" do *Correio do Povo*, editado pelo meu saudoso amigo Paulo Fontoura Gastal, traduzira Jorge Luis Borges, Julio Cortázar, Ernesto Cardenal, Vicente Blasco Ibáñez, Pio Baroja, Emilia Pardo Bazán e outros autores que agora não me lembram. E tendo, naquele ano, conhecido a ficção do uruguaio Mario Arregui, quis traduzir e publicar seus contos.

Localizei o escritor e começamos a nos corresponder. Por insistência minha, ele lia os contos já vertidos. Dava sugestões, dirimia dúvidas, esclarecia passagens que, para mim, eram obscuras, um regime de colaboração que resultou em mais de 50 cartas entre Porto Alegre e Trinidad, depois reunidas em livro que, em Montevidéu, foi publicado pelo Editorial Monte Sexto: *Mario Arregui & Sergio Faraco: correspondencia*.

Houve uma ocasião em que, torturado por dificuldade na área da Botânica e desesperando de solucioná-la nos manuais, tive de cortar o ramo de uma folhagem e remetê-lo a Trinidad para conferência. Houve outra em que madruguei numa padaria para acompanhar o fabrico do pão e descobrir, no momento preciso de seu uso, o nome que aqui se dava a certos apetrechos. Esforcei-me por obter uma versão criativa, tentando recobrar em meu idioma atmosfera idêntica àquela que o autor captara no seu, sem que tal transposição viesse a mostrar minhas marcas literárias no lugar das dele. Foram nove meses de trabalho, uma penosa e gloriosa gestação.

O livro foi publicado no Rio de Janeiro pela editora Francisco Alves. Seguindo orientação da casa, esmerou-se o revisor na destruição de tudo aquilo que fora desveladamente construído. Para começar, *você* em lugar do *tu*, a varrer, nos diálogos campeiros. Às vezes, o revisor se distraía, ou rendia-se ao hábito inculto do carioquismo:

trocava o pronome e deixava o resto. E era só? Não. Sumariamente eliminados todos os *guris* das coxilhas sulinas para dar lugar ao *garoto* das areias copacabânicas. A ordem era acariocar, imposição do linguajar ex-metropolitano e decadente, atípico, a uma literatura cujo substrato é típico, provincial e muito mais cheio de vida. E ainda não era só: nem um, nem dois, mas dezenas de erros de má revisão ou de indigência vocabular, como pensar que *percussor* era um cochilo datilográfico e emendar para *percurso*.

Faço o registro porque este livro, *Cavalos do amanhecer* – que deu origem ao filme *Lua de outubro*, de Henrique de Freitas Lima –, acaba de ser reeditado em Porto Alegre.* Pela verdade, pela beleza, pela força, a voz desse admirável uruguaio novamente se faz ouvir, impondo-se aos zurros daqueles que a confundiram. É como diz no *Livro dos Provérbios*: "Debalde se lança a rede diante daquele que tem asas".

---

* Porto Alegre: L&PM, 2003.

Três dias de medo

Em 1982, no Rio de Janeiro, publicou-se uma coletânea de contos do uruguaio Mario Arregui, que eu traduzira. O lançamento teria lugar em nossa Feira do Livro, com a presença do autor, e tão logo ele chegou a Porto Alegre pedi a um jornalista que fosse ao City Hotel entrevistá-lo, encarecendo que evitasse as questões políticas: a ditadura militar ainda sufocava o Uruguai, e o prontuário do escritor registrava duas prisões, a segunda tão brutal que seu coração dela herdara um marca-passo.

No dia seguinte, quando abri o jornal, ai de mim. O jornalista desatendeu minha petição e, embora pudesse ter outras e quem sabe melhores intenções, patenteava a subversão de Arregui: ele escreveu que, durante a entrevista, a conjuntura oriental estivera na berlinda, mas optara por não reproduzir os conceitos políticos do escritor para poupá-lo de mais uma prisão quando voltasse ao seu país...

Arregui autografou na feira.

À noite, com alguns amigos e representantes da editora carioca, fomos a um restaurante. Já bem tarde, veio à nossa mesa um homem, trinta e poucos anos, atlético, pletórico, cabelo à escovinha, mãos de dedos grossos, nodosos. Identificou-se como uruguaio exilado, admirador do autor de *Cavalos do amanhecer*, mas comecei a desconfiar quando propôs ao escritor um passeio de táxi pelos bairros da cidade. Arregui, que nutria uma fé cega na humanidade, aceitou. Para alívio de sua esposa, que também estranhara o convite, pude convencê-lo de que, em hora tão entrada, não convinha deixar-se guiar por alguém que nenhum de nós conhecia.

Na outra noite jantei com o casal no mezanino do hotel. Eu estava de costas para a escada. Em dado momento vi que a mulher de Arregui, assustada, olhava para algo atrás de mim. Voltei-me e ainda pude ver o rosto do homem, antes que se ocultasse. Era o mesmo. Levantei-me às pressas, quis alcançá-lo e ainda o avistei quando ganhava a rua, mas o perdi no meio da multidão que convergia para o Largo da Prefeitura, onde haveria um grande comício.

Podia não ser nada, mas... e se fosse?

Ao fim da refeição, acompanhei os visitantes até o quarto. Na portaria, recomendei que não permitissem visitas ou chamadas locais, exceto as minhas, e telefonei ao jornalista Paulo Gastal, no *Correio do Povo*, pedindo que noticiasse a viagem de Arregui para o centro do país. No Largo da Prefeitura sucediam-se os oradores e permaneci à porta do hotel, ouvindo os discursos. Terminado o comício, continuei no mesmo lugar, a vigiar quem entrava. Depois já não entrava ninguém, só a madrugada, e eu ali, escorado num pilar do passadiço, a pestanejar meu sono e meu cansaço.

De manhã, cedo ainda, transferi o casal para o Preto Hotel. No *Correio*, a nota falsa de Gastal: Arregui seguia para São Paulo. Mas foi para Gramado. À tardinha, quando retornou, eu já antecipara sua passagem para Montevidéu, no ônibus da noite.

Ninguém sabia da troca de hotel, o dia e a hora da viagem eram um segredo meu, mas pouco antes do embarque, já na estação, o homem tornou a aparecer. Eu o vi de longe, aproximando-se a passos largos.

É agora, pensei.

E me acudiram outros pensamentos em tumulto: meu retorno de Moscou, em 65, os interrogatórios em Blumenau e Alegrete, a devassa em meu apartamento no Hotel Carraro, a prisão na sede da Polinter, as inquirições semanais numa sala clandestina do Edifício Cimex, o escrivão Athos e o metralhar de sua máquina de escrever, o inspetor Aristotelino e suas mãos crispadas de violência, e quem foi ao encontro do desconhecido não fui eu, com minha disposição de sepultar o passado, foram minhas lembranças, que estavam vivas e pareciam clamar que aquilo que está vivo não pode ser sepultado. Um confronto que, afinal, não chegou a dar-se. Vendo-me – e era a terceira vez que me via em seu caminho –, aquele avantesma da Redentora deu meia-volta e foi embora.

Ainda hoje não sei o que pensar.

Quem era o homem? Um agente da polícia política querendo intimidar? Um espia do consulado? Um exilado inconveniente com saudade da pátria? Agi como deveria ou, com a cumplicidade involuntária da esposa do escritor, deixei-me levar pelos receios que eram próprios daqueles anos de horror? Estou certo, contudo, de que não precisava ter vivido essa experiência, que em qualquer caso teve sua origem na sinistra matéria jornalística. Quem a redigira não se compenetrara de que, às vezes, o dever de quem dá a notícia é justamente não dá-la.

NOTA

Esta crônica foi escrita nos anos 80. Na Feira do Livro de 99, 17 anos após a visita de Arregui a Porto Alegre, o acaso me colocou novamente *vis-à-vis* com o intrigante personagem. Ele abordou o jornalista Ruy Carlos Ostermann, com quem eu conversava, e apresentou-se. Queria trocar idéias sobre futebol. Engordara, e a calvície de hirtas farripas, com o concurso da pornográfica barriga, dava-lhe um ar de barnabé jubilado, que a sacola de ráfia ao braço reforçava. Não me reconheceu, eu sim, e o reconheceria se o visse numa rua de Cochabamba.

– Lembras de 82? – perguntei.

Ele me olhou e pronunciou meu nome como quem pergunta. Ouviu calado enquanto eu contava ao Ruy, palavra por palavra, o que foi contado acima, e depois, entre outras coisas, disse que se esquivara de mim por pensar que eu fosse um policial da ditadura brasileira.

Uma explicação razoável, decerto.

O medo recíproco era uma constante naquele tempo em que não podíamos confiar nem nos amigos. Naquele tempo em que os amigos, os colegas de serviço e até os parentes nos traíam. Só não acreditei em sua inocência porque, se explicou algumas coisas, não explicou outras, e se retirou abruptamente, como se retirara em 82 do restaurante do City. Com uma diferença, claro: agora sei seu nome.*

---

* Na verdade, já sabia, mas me esquecera. De fisionomias jamais me esqueço.

A CIDADE SILENCIOSA:
1982-85

23 nov. 1982
Caro Faraco:

Te escrevo da minha casa em Trinidad, onde chegamos ontem à noite, após três dias em Montevidéu para ver familiares e amigos. A viagem Porto Alegre-Montevidéu foi perfeita. Como na ida, não sentimos em nada o tédio e nem o cansaço, previsíveis em 12 horas de ônibus. Comentamos e seguimos comentando como é fácil ir a Porto Alegre e voltar. Uma hora atrás, estive caminhando e cumprimentando pessoas nas ruas da minha cidade, numa espécie de reconhecimento, depois de ver tantas coisas novas e tantíssimos rostos desconhecidos. Meus amigos montevideanos disseram que o livro ficou belíssimo. Dei uma exemplar à minha filha, outro a Penco e outro para a Arca.* Em Trinidad encontrei os cinco exemplares enviados pela Francisco Alves. Na carta que os acompanha, dizem que a edição foi de 3.000 exemplares. Encontrei Martín em Montevidéu. Ainda não vi Alejandro e seus filhos, que virão à tarde (avisaram por telefone). Dorita e eu estamos muito contentes com nossa excursão brasileira.

Como te prometi, te envio o que considero o melhor conto de Onetti e da literatura uruguaia, "El infierno tan temido". Também *El pozo* numa edição preciosa, pois vai acompanhado de um trabalho de Ángel Rama que me parece muito bom. Também *La desembocadura*, de Amorím. Este (homem de dinheiro, estancieiro, militante comunista) foi um escritor de verdadeiro talento que escreveu demais, ou seja, muitas páginas descartáveis junto a páginas excelentes. Diz Borges, talvez com razão, que o romance *El paisano Aguilar* é melhor do que o

---
* Exemplares que levou de Porto Alegre.

tão famoso *Don Segundo Sombra* que consagrou Güiraldes. Muitos, eu entre eles, consideram *La desembocadura* como a melhor *nouvelle* ou romance curto de ambiente campeiro escrito no Uruguai. E acrescento duas jóias de Francisco Espínola, entre nós Paco Espínola ou simplesmente Paco. Foi um homem singularíssimo, sobre o qual estou escrevendo, com intervalos, um pequeno livro. Nasceu em 1901 e morreu em 1973, precisamente no dia do golpe de estado militar. Foi *blanco* durante toda a vida* e, no final, filiou-se ao PC. Seu velório serviu para ocultar a última sessão do pleno do Comitê Central. Foi o mais visível mestre nacional da geração de 45. Os dois breves contos que te envio são os mais conhecidos, os que mais aparecem em antologias.

Em "El autorretrato" assinalei algumas palavras, prevendo, talvez sem necessidade, que te pareçam um tanto enigmáticas.

Consultei um erudito em futebol. Tinhas razão. Quem deu o corridão em Rivelino foi Isabelino Ramírez, negro, nº 6 do Huracán Buceo.

Recebe um abraço,
Arregui

Suplemento:
A carta ficou sem postar porque uma sesta prolongada ultrapassou a hora de fechamento do correio. Aproveito para te enviar "El autorretrato", que saiu ontem no *Radical*, um dos jornais que se editam em Montevidéu, derivado das eleições internas dos partidos consentidos. Eu não queria dar nenhum material de *Ramos generales*, para que o livro fosse totalmente inédito, mas para meu amigo Flores Mora (do qual te falei)** não pude negar e entreguei o original uns dias antes de

---

* *Blanco*, isto é, do Partido Nacional. Na primeira metade do século XX, o partido se identificava com os interesses dos grandes proprietários rurais. Nos anos 60, sob a liderança de Wilson Ferreira Aldunate (1919-1989), adotou uma linha mais democrática e avançada. Ferreira e seus correligionários fizeram tenaz oposição à ditadura militar que se instalou no Uruguai em 1973.

** Manuel Flores Mora (1923-1985), ou Maneco, como era conhecido, jornalista e político uruguaio, elegeu-se deputado em 1954 pelo Partido Colorado, conservando sua cadeira em outras duas legislaturas, e em 1966 foi eleito senador. Em 1967, foi nomeado Ministro da Pecuária e da Agricultura, demitindo-se no ano seguinte por divergências com o presidente Jorge Pacheco Areco. Em 1971, foi candidato à Presidência da República. Era amigo íntimo de Mario Arregui.

viajar para o Brasil. Não sei como ele descobriu essa troca de nomes de Onetti num jornal daí.*

As palavras assinaladas:

Sobremesa: não é a mesma sobremesa daí, mas permanecer à mesa depois de comer, para conversar.

Empatotaba: de patota, coloquialismo que designa um conjunto de pessoas (geralmente, moços) unidas para fazer ou cometer algo.

Mismidad: termo que inventei, a partir de *mismo*. Ou seja, que ambos os rostos eram mais do que parecidos, eram o mesmo rosto. Dá uma olhada em certa passagem do conto: comentam que, quando disseram a Picasso que o retrato de G. S.** não era parecido com o original, ele respondeu: "Em seguida se parecerá".

M.

Queridos Sergio e Cybele:

Já estamos em Trinidad, bem tranqüilos. Não tivemos nenhum inconveniente na viagem de regresso. Quando chegamos a Montevidéu, pensávamos em telefonar para vocês hoje à noite, mas como à tarde ficamos sabendo que havias falado com o marido de Vanina e sabias que tudo estava bem, que não havia acontecido nada, não telefonamos.*** Muitos beijos para as crianças e, para vocês, o meu carinho.

Dorita

---

* No mesmo jornal partidário onde aparecia o conto, havia uma nota jocosa sobre uma notícia publicada em jornal paulista, comentando que o livro de Mario Arregui, com muitos contos ambientados no campo, era distinto do que se conhecia do urbano Onetti. Por erro de revisão, saiu Urbano Onetti.

** Gertrude Stein.

*** Na noite em que Arregui partiu, telefonei para sua filha Vanina, em Montevidéu, solicitando que a família e os amigos fossem esperá-lo na estação rodoviária. Por causa da absurda matéria publicada no jornal de Porto Alegre e da onipresença daquele homem em lugares onde Arregui aparecia, eu receava que ele fosse preso em sua chegada a Montevidéu.

30 nov. 1982
Caro Faraco:

Suponho que terás recebido a carta, os livros e os contos avulsos que te remeti há poucos dias. Creio que, literariamente, foi uma boa remessa, não é? Descontando, claro, "El autorretrato", conto sobre o qual tenho dúvidas. Muito me interessa tua opinião. Eu gosto, mas a opinião de meus amigos de Montevidéu não foi tão entusiasmada como eu esperava.

Embora sempre me seja difícil (e até me provoque um ligeiro desconforto) julgar o que se escreve sobre mim, acho que tens razão ao qualificar de excelente o artigo de Guilhermino Cesar que me enviaste. Quando for a Montevidéu, levarei para mostrá-lo.

Terás lido nos jornais o que aconteceu aqui. Nas eleições internas, mais de 85% dos votos (mais de 90% se contarmos os votos em branco da F.A.*) são de grupos de oposição. A derrota do oficialismo é aplastante. *Blancos* e *Colorados*** festejaram abraçados pela primeira vez na história, e até poderia pensar-se num governo de conciliação nacional. Para maior humilhação da ditadura, três dias antes ela teve de confessar o fracasso da política econômica em cujo nome crucificou e estancou o país, e liberar o valor do dólar. Se bem que seja imprevisível o que vai acontecer no plano econômico, forma-se agora uma expectativa onde há um pequenino lugar para o otimismo. Sem dirigentes visíveis, proibida, perseguida, sem imprensa escrita ou falada, com mortos e presos e exilados e proscritos, com palavras de ordem clandestinas não plenamente aceitas por seus seguidores, a F.A. teve mais de 85.000 votos, ao redor de 12%, creio. Que vitória!

Depois do plebiscito de 80, este é o golpe final. Agora só falta uma diáspora de uniformes, como na Bolívia.

Vi no jornal que o Inter venceu e é campeão. Cumprimentos. Há minutos terminou no Chile o jogo Penharol x Cobreloa. Penharol, com garra e colhões, outra vez é campeão. O povo uruguaio está duplamente feliz.

Abraço,
Arregui

---

* Frente Ampla, coligação de esquerda.
** Do Partido Colorado. Sob a liderença de José Batlle y Ordóñez (1877-1929), duas vezes presidente do Uruguai (1903-1907 / 1911-1915), os *colorados* promoveram uma avançada socialdemocracia no país, mas este impulso renovador perdeu força nos anos 60, quando as facções mais conservadoras se apropriaram do partido.

08 dez. 1982
Caro Arregui:

Bilhete rápido, só para te enviar recorte do artigo do amigo Schlee, no *Jornal do Brasil*. Recebi os livros, os contos e a carta. Li o conto de Onetti e o teu "Autorretrato". Depois comento, hoje estou sem tempo. Sinto-me feliz por saber que chegaste bem. Lembranças a Dorita e Martín. Abs.

Faraco

Sem data*
Caro Faraco:

A última notícia que tenho de ti é um "bilhete rápido" de 8 de dezembro. Acusas o recebimento de livros e contos (e também da carta, mas escrevi outra depois) e prometes escrever. Considerei muito acertado o artigo de Schlee. Esperei em vão tua carta e resolvi escrever. Embora seja provável que aí se conheça o excelente discurso de García Márquez na Academia Sueca, na dúvida decido te enviar também, em fotocópia.

Aqui, nada de novo. Depois da fragorosa derrota dos grupos pró-milicos nas eleições internas dos partidos tradicionais, os grupos vencedores se aquietaram, numa espera tímida ou covarde que só se explica por razões de classe de seus dirigentes. O abandono da "tablita"** e a passagem para o dólar flutuante (cuja cotação supera os 30 pesos e, aparentemente, continuará subindo) aumentaram os preços mais do que o dobro e estão afundando no subconsumo as classes populares, ou nem tão populares.

Nunca escrevi um conto "de encomenda" (exceto uma vez, "Un cuento de amor", para uma antologia), mas outro dia eu disse à minha mulher: "Tenho ganas de escrever um conto para Faraco e os brasileiros". E agora estou nisso. Veremos o que sai. Oportunamente te mando. De *Ramos generales* não tenho notícias, esperemos que em 83 possamos vê-lo.

Nos últimos dias tem feito um calor aflitivo. Dorita está em Montevidéu, na casa da irmã, fazendo praia. Dizem que em Montevidéu a onda de calor e a escalada dos preços estão deixando as pessoas neuróticas.

---

* Recebida em 7 de janeiro de 1983.
** Tabela de preços congelados.

O que acontece com *Cavalos do amanhecer*? Sabes se a venda tem sido satisfatória?

Lembranças à tua mulher e às meninas, um abraço para ti.

Arregui

08 jan. 1983
Meu caro Arregui:

Recebo a última, com o discurso de García Márquez, magnífico. Tinha lido parte dele na imprensa brasileira. Obrigado. Vou guardar.

Esse silêncio após as eleições internas é compreensível. Depois do que aconteceu em 64 no Brasil, e no Chile de Allende, não se pode pensar que a velha burguesia sirva para alguma coisa, exceto para enganar a esquerda. Ela aprendeu a ser pragmática. Consegue o que quer e cai fora.

Com essa violenta desvalorização do peso me recordei daquela moça, tua parenta, que sempre comprava dólares com os rendimentos do mês. Deve ter feito um bom negócio.

Escrevi a Rosemary perguntando como está a venda do livro.

Outro dia te enviei dois jornais de Minas Gerais, com matéria sobre *Cavalos do amanhecer*. Recebeste? Segue hoje o *Correio do Povo*, com um artigo em que o autor recomenda o livro aos leitores.

Cybele e as crianças estão bem. Quanto a mim, deixei em definitivo a Justiça do Trabalho (em dezembro, ainda faltavam atos burocráticos) e agora preciso "fabricar" dinheiro para equilibrar o orçamento. A casa nova já me espreme os bolsos.

A segunda edição do dicionário sai em março e penso publicar dois livros em 83, um de contos e outro com duas novelas grotescas, satíricas, uma delas sobre os militares no poder.

Lembranças a Dora, Martín, Alejandro.

Abraço do amigo
Faraco

Sem data*
Caro Faraco:

Recebi tua carta do dia 3.** A verdade é que a estive esperando por vários dias e estranhando que não chegasse. De outra parte, vejo que acertei ao pensar que podias estar em viagem para visitar teus pais e festejar o fim do ano. Dorita segue veraneando na casa da irmã (em Malvin, bairro costeiro de Montevidéu), e sigo eu aqui na minha cidadezinha, recozido de calor, planejando (só planejando) um ligeiro adultério, resmungando porque há quase um mês não chove e na estância tudo está secando, peleando com a página final de um novo conto, lendo durante noites inteiras, até ter a sensação de areia nos olhos... Mas não quero ir a Montevidéu, onde, dizem, as pessoas estão enlouquecidas. Além disso, minha filha está veraneando num pequeno balneário de Rocha.

Muito de acordo contigo em que "El autorretrato" é um conto que se desviou ou *chingado* (por exemplo, diz-se que alguém *chinga* uma bola quando, em vez de chutá-la, chuta o chão). É um tema que pode servir e eu não soube aproveitar. Mas vou deixá-lo como está: os contos menores também podem ser incluídos num livro, e não vejo como este possa crescer muito mais. W. Penco e Juan Flo já me haviam dito que não os convencia.

Insisto que "El infierno tan temido" (cujo título não foi tomado de um soneto de Santa Tereza de Ávila, como penso que te disse, mas de um soneto anônimo, famosíssimo, do século XVI, que às vezes lhe atribuem sem segurança) é uma obra-prima. Somos muitos os que temos esta opinião. É um conto de amor e de ódio, ou melhor, de amor-ódio. Cotelo (que é muito bom crítico) fala de "uma tortuosa e desesperada manifestação de amor". Há nele, como frisaste, uma admirável crueldade. Penso que seja não apenas o melhor conto de Onetti (melhor ainda do que outra obra-prima, "La cara de la desgracia"), mas algo do melhor (ou o melhor) de Onetti como autor de 10 ou 12 romances, ou seja, vários milhares de páginas. Compreendo perfeitamente que não tenhas entendido bem certas passagens, certas frases essenciais, como dizes. É um estilo muito difícil para quem não tenha um conhecimento prévio da famosa "maneira Onetti" (essa que, já se disse, culmina fazendo de si mesma uma espécie de caricatura em "Dejemos hablar el

---

* Recebida em 25 de janeiro de 1983.
** Carta escrita sem cópia ou cuja cópia foi perdida. Pelo que segue, provavelmente a enviei de Alegrete.

viento"), de seu dizer coisas quase como um poeta que diz aquilo que, de outro modo, seria indizível. Traduzi-lo deve ser muito difícil. Se te decidires, conta com minha ajuda, que não poderá ser muita.

Também enviei dois contos de Paco. Leste? Em carta posterior, o discurso de García Márquez na Academia da Suécia. Era conhecido aí?

Vejo em nossa entrevista que publicaste em Belo Horizonte que assinalaste "empalidece com brincadeiras". Já comentamos – te lembrarás – que *blanco* é um objeto (ou pessoa) para o qual se aponta uma arma de fogo, ou uma flecha. *Jugar al blanco*, por exemplo, é dar tiros numa garrafa. *Dar en blanco* é acertar, pegar bem. São expressões que se usam muito por extensão: *Pérez es el blanco de los insultos de López*, ou *María es el blanco de las miradas de los machos del barrio*.

Contei para Alejandro o assombro de vocês diante da castração de cordeiros com os dentes. "Não sei como os brasileiros poderão capar", dizia ele, "eu, depois de capar à mão cinco ou seis cordeiros, fico com os dedos duros e preciso continuar com os dentes. Não há outro modo".

Sempre tive a impressão de que o sr. Klein era um pobre uruguaio náufrago, defenestrado pela crise, talvez com problemas conjugais etc. Não nego que havia contradições um tanto suspeitas. O ruim de tudo aquilo é que fez com que tu e Dorita vivessem horas de nervosismo, e motivou a grande preocupação da pobre Cybele.*

Bem, é claro que desejo um bom 83 para vocês com casa nova, saúde, dinheiro (sim, faz bem aos nervos**) e outras coisas que fazem bem em maior ou menor grau.

Segue em pé a pergunta se *Cavalos do amanhecer* ao menos está vendendo um pouco.

Abraço,
Arregui

25 jan. 1983
Meu caro Arregui:

Recebo tua última. Realmente, estivemos em Alegrete, onde passamos o Natal e o primeiro dia do ano, e mais recentemente estivemos

---

* Referência ao cidadão que insistentemente o procurou em Porto Alegre.

** Na carta perdida, ao lhe desejar um feliz novo ano e, creio, folga no orçamento, provavelmente citei meu antigo barbeiro, que costumava dizer: "Dinheiro não traz a felicidade, mas como faz bem pros nervos!"

na praia do Imbé, município de Tramandaí, a 100km de Porto Alegre. Ficamos dez dias à beira do mar, vagabundeando, voltamos a 23, cansados de tanto descanso. Agora recomeço meu trabalho, com a maldita segunda edição do dicionário de autores, atualizada e ampliada. Tratarei também dos meus livros, que estão abandonados. Ofereci um deles à Editora Civilização Brasileira, no Rio, que se dispõe a publicá-lo, mas como só quer fazê-lo no segundo semestre, pedi que me desse a oportunidade de achar uma editora que o publique antes.

Imagino que te aborreças em Trinidad, com Dorita em Montevidéu, mas é uma boa oportunidade para trabalhar e produzir sem ser requisitado. As mulheres são excelentes companheiras, mas muito possessivas e exigentes, de sorte que nem sempre colaboram com a dose de solidão de que um escritor necessita. A mim me agradam essas férias conjugais e espero que faças bom uso delas. E que Dorita não leia esta carta!

Não duvido que "El infierno tan temido" seja um conto belíssimo. Não fiz nenhuma restrição. Tive alguma dificuldade na leitura, apenas isto. Como um quadro que eu não pudesse ver por inteiro. Para que o aprecie em toda a sua beleza, só traduzindo, pois teria de encontrar correspondências para certas passagens ou simplesmente compreendê-las melhor.*

Não li os outros contos que enviaste, não houve tempo para isto (não levei nenhuma leitura para a praia), mas o farei sem demora.

Sei bem o que quer dizer *blanco de bromas*. Me explicaste. No caso, é o que chamamos "alvo". Assinalei a expressão na entrevista publicada em Minas justamente porque a tradução estava errada: eu a enviei ao suplemento antes de te perguntar o que significava.

Interessa-me essa história de capar cordeiros com os dentes, é uma boa coisa para aproveitar num conto. Vou me informar, saber como fazem. Não te afirmei que se desconhece esse costume no Rio Grande do Sul, e penso que, se é comum no Uruguai, é provável que também tenha curso por aqui, nas zonas da campanha. Ocorre que, quando vivi no campo, ainda era um menino e não tinha o cuidado de observar e aprender.

---

* Eu o traduzi mais tarde. Foi publicado na antologia do conto uruguaio, que organizei e traduzi com a parceria de Aldyr Garcia Schlee: *Para sempre Uruguai*. Porto Alegre: Instituto Estadual do Livro, 1991. 2.ed., 1997. Penso que "O inferno tão temido" não é apenas o melhor conto de Onetti, mas um dos melhores contos da literatura latino-americana de todos os tempos.

A propósito: estou escrevendo um conto (o último para o livro) em que um sujeito transporta através do mato o cadáver de um amigo afogado no Rio Ibicuí, com a intenção de entregá-lo à família em distante lugarejo. A história do conto é a luta do homem contra aves e animais carniceiros, que pouco a pouco vão devorando os despojos.* Tive problemas para identificar animais (fora o corvo) que poderiam comer carne humana putrefata. Fui à universidade conversar com um professor de Zoologia e não obtive mais do que duas indicações: o tatu, isto é, uma espécie de tatu, o tatu-de-rabo-mole ou papa-defunto, que costuma cavar a terra nos cemitérios campeiros e arranhar os caixões até encontrar uma fresta, e o ratão-do-mato. Segundo me informou o professor, não há muitos animais sarcófagos.

Ainda não recebi resposta da Francisco Alves sobre a venda do livro. Em Porto Alegre, até dezembro, a venda foi de 400 exemplares.

Recuerdos do
Faraco

Sem data**
Caro Faraco:

Recebi tua carta de 25 de janeiro. Creio que a anterior, do dia 8, se cruzou no ar com uma minha, não é?

Por aqui tudo continua igual, muito calor, calma política, nossa "velha burguesia" assustada e perguntando-se como fazer para frear a esquerda quando voltarmos à democracia pluralista – o que significa, para ela, uma pergunta brutal. A pré-convenção do Partido Nacional foi bastante combativa, a do Colorado não. Veremos o que ocorre em março. Os milicos, bobeando como sempre, falando do marxismo internacional e fazendo homenagens a Artigas. A crise econômica, uma aranha negra.

Dorita retornou do veraneio, bastante frustrado porque, reclama, as praias montevideanas tem um grau de sujeira e contaminação que as torna impraticáveis. "Os milicos cagaram tudo, até as praias", diz ela. Eu, depois de quase dois meses de recolhimento em meu escritório, talvez vá amanhã, por dois ou três dias, a Montevidéu, para ver minha

---

* O conto se chama "Guapear com frangos".
** Recebida em 21 de fevereiro de 1983.

filha (e meus netos), que voltou para participar das bancas de exames. Foram dois meses de intensa literatura, não tanto por ter escrito, mas por ter lido, e não tanto por ter lido, mas por ter relido. Contudo, algo eu fiz: uma versão dir-se-ia definitiva do conto que se chamou "Padre nuestro" e agora se chama "Los tigres de la furia", e uma versão sem dúvida muito próxima da final do último conto, que se chama "El sitio de las higueras" e mais tarde vou te enviar.

Onetti não é um escritor leal, limpo, mas manhoso, tramposo, com eternas cartas na manga. Não procede como nós procedemos, com retidão face ao leitor. Isto que digo, e que é quase uma crítica *moral*, freqüentemente salva suas páginas inúteis, que muitas as tem, diria como todo romancista. Por certo que isto não afeta sua grandeza. Enfim, em "El infierno tan temido" há muitas manhas, daí talvez tuas dificuldades, isso sem falar na linguagem amaneirada de algumas passagens.

Não deixa de ler os contos de Paco Espínola, duas pequenas jóias.

Ainda não há tradução portuguesa de *El olor de la guayaba*?* Precioso e ameníssimo livro.

Concordo com teu professor de Zoologia, há poucos animais sarcófagos em nossas latitudes. O tatu-de-rabo-mole que mencionas deve ser o que aqui chamamos *peludo*, mais achatado do que o comum e com pêlos na carapaça. Leva para sua toca cadáveres ou pedaços de cadáveres. Quando os couros de cordeiro tinham algum valor, era um problema, pois ele roubava os cordeiros mortos. Claro que os sarcófagos (necrófagos, diríamos em espanhol, porque entre nós sarcófago perdeu seu significado etimológico e é antes um sinônimo de sepultura) por excelência são os vermes. Em *Infierno*, de Babusse (livro do qual, acho, é impossível que não haja tradução portuguesa), há um esplêndido, tremendo capítulo que poderia ter um título à parte, do tipo "De como um cadáver humano é arrasado pelos vermes". Um dado curioso: quando alguém lavra um campo e semeia, por exemplo, girassol, costuma observar que, em alguns lugares, crescem plantas de grande altura e extraordinário vigor. São aquelas que afundam suas raízes em velhas tocas de *peludos*, onde encontram o adubo dos ossos recolhidos pelos bichos. Terias de inventar uma hiena campeira.

Conheces a piada? O professor: "A hiena é um animal que come carne podre, copula uma vez por ano e ri". O aluno: "Se come carne podre e copula uma vez ao ano, do que ela ri?"

---

* De García Márquez.

Falas de uma noveleta grotesca e satírica sobre os militares. Como eu gostaria de escrever algo assim! Há meses estou pensando em escrever alguma coisa que pinte os milicos como a praga continental que são, mas não tenho a menor idéia de como poderia fazê-la. Meu campo de jogo, como escritor, é muito limitado, limitadaço, como diria um campeiro. E muito lamento, pois sem dúvida a literatura não pode ficar alheia ao fenômeno de macacos uniformizados e pendurados no poder. Houve um comediógrafo espanhol, Muñoz Seca, que escrevia obras disparatadas e grotescas, chamadas *astracanadas*, cujo estilo seria muito próprio para o caso.*

Consegui um livro bilíngüe de Mario Quintana, *Objetos perdidos*. Há coisas muito lindas, algumas (as mais breves) me fizeram pensar nas famosas *greguerías* de Gómez de la Serna, embora sem a agudeza do grandíssimo espanhol.** Nota-se em Quintana seu humor finíssimo, sua qualidade. Li e reli com muito prazer o livrinho.

Quatrocentos exemplares vendidos em mais ou menos dois meses seria, no Uruguai, um número excelente, quase um recorde, mas não sei como isto deve ser interpretado em Porto Alegre. As diferenças entre Uruguai e Brasil são descomunais.

Lembranças a Cybele, às gurias e ao jovem Bruno.

Abraço,
Arregui

28 fev. 1983***
Meu caro Arregui:

Recebo tua última. Veio com o envelope aberto, e o correio brasileiro a envolveu em plástico para que chegasse inteira.

Com Dorita de volta de sua temporada em Montevidéu, imagino que estejas mais alegre e bem-disposto, inclusive para escrever. Quando sai *Ramos generales*?

---

* Pedro Muñoz Seca (1881-1936), autor de *La venganza de Don Mendo*, em que satiriza a obra de Calderón de la Barca. Foi executado na Guerra Civil Espanhola, sem julgamento, pelas milícias esquerdistas do governo da Frente Popular.

** *Greguerías*: pequenos poemas em prosa, com observações picantes e senso de humor, do espanhol Ramón Gómez de la Serna (1888-1963).

*** Carta suprimida na edição uruguaia.

Ainda não li Paco Espínola, apesar de tua recomendação. Acabo de terminar a segunda edição do dicionário, atualizada e ampliada, estou precisando descansar outra vez e é o que farei até meados de março. Por enquanto, tenho entrado no escritório tão-só para escrever cartas. Cybele e as crianças ainda em Alegrete, voltam a 3 ou 4 de março. Pedi a Rosemary Alves que me informasse a respeito da venda de teu livro, mas não respondeu. Arrependo-me um tanto de ter dado *Cavalos do amanhecer* à Francisco Alves. A editora cresceu, pertence hoje a uma multinacional, e o resultado é que todos sempre estão ocupadíssimos.

Guilhermino Cesar me autorizou a publicar aquele artigo sobre o teu livro no *Suplemento Literário Minas Gerais* (Belo Horizonte).

Em abril, pela Editora Criar, de Curitiba, sai *A terra permanece*. Com certo desencanto, constato que não é melhor do que *Hombre* e inclusive me parece um pouco pior.

Recuerdos a Dorita e o abraço amigo do
Faraco

Sem data*
Caro Faraco:

Recebi tua carta de 28 de fevereiro. Não deixa de ser curioso que o envelope tenha chegado aberto. A esta altura dos acontecimentos não há explicação para tais violações – exceto pelo ângulo da estupidez, claro.

No sábado, 5, reuniu-se a convenção dos *blancos*, muito firme e combativa. Dela saiu um diretório com ampla maioria da linha mais radical. Veremos o que acontece.

Não vou a Montevidéu desde novembro, mas pretendo ir em seguida. Nada sei sobre a edição de *Ramos generales*. Suponho que Arca ainda esteja com a crise no cangote. Veremos o que diz Oreggioni.

Um amigo expatriado me avisou da possibilidade de uma edição de contos escolhidos no México, por Siglo XXI. Tratarei de me comunicar com ele. Seria algo como a versão espanhola de *Cavalos do amanhecer*.

Não te preocupa com a venda do livro. Logo se saberá.

Se *A terra permanece* (lindo título bíblico – *Eclesiastes*, não é? – já lembrado por Hemingway em epígrafe de *El sol también se levanta*, ou

---
* Recebida em 10 de março de 1983. Suprimida na edição uruguaia.

Fiesta) é melhor ou pior do que *Hombre*, dirão os leitores. Tomara que te enganes em teus temores. Meu português – que, como sabes, não me permite mais do que cheirar – não me servirá para dar uma opinião, mas farei o possível para ter uma idéia.

Meu filho Martín (o único da família que não está em crise econômica) resolveu morar durante algum tempo em São Paulo ou arredores. Chegará ao Brasil com dólares, num momento em que estes andam pelos Cr$800 no paralelo, segundo temos notícias aqui. Diz ele que vai desembarcar em Porto Alegre mais ou menos a 12 ou 13 deste mês, para te conhecer e também para te consultar sobre o automóvel que quer comprar para seguir viagem. Com ele te enviarei umas linhas.

Abraço afetuoso,
Arregui

Sem data*
Caro Faraco:

Escrevo de Montevidéu. Envio por Martín dois textos de García Márquez. São difíceis de ler, fotocópias de más fotocópias. As ironias sobre a viagem do polaco filho-da-puta são boas.**

Depois de anos de assitir futebol pela tevê, fui outra noite ao estádio. Santos ganhou bem do Penharol. Como joga o 5 do Santos, cujo nome não guardei! O modo como Olivera derrubou Paulo Isidoro, uma falta simultânea com um murro, foi homérico.

Creio que te entenderás com Martín. Sei que uma carta tua chegou a Trinidad no dia em que viajei para cá. Hoje volto ao meu pago.

O afetuoso abraço de sempre,
Arregui

20 mar. 1983
Meu caro Arregui:

Recebo tua última. Não respondi logo para esperar Martín e te dar notícias da passagem dele por aqui.

---

* A carta veio em mão de Martín Arregui.
** Lech Walesa.

Ele e Sandra chegaram sexta-feira, às dez da manhã, e partiram às dez da noite para Florianópolis. Martín me telefonou por volta do meio-dia e fui buscá-lo no centro. Passaram o dia conosco, à noite os levamos para jantar na churrascaria do Inter*, onde servem uma grande variedade de carnes. Gostamos muito de ambos e o Bruno se encantou com Sandra. Na volta da Estação Rodoviária, à noite, não queria dormir e de vez em quando perguntava: "E a moça?"

Conversei bastante com Martín sobre sua permanência em São Paulo e inclusive dei-lhe o nome de um amigo, também artista plástico, que segundo os entendidos faz muito sucesso lá.** Martín poderá procurá-lo se precisar de alguma orientação.

Oportunamente, dá notícias sobre esse livro no México. É estranho que Siglo XXI não tenha entrado em contato contigo. Se quiseres, posso obter informações com Saúl Ibargoyen Islas, da *Plural*, com o qual de quando em quando me correspondo. A propósito de Saúl: outro dia vi uma foto dele, me pareceu um tipo simpático. Tu o conheces?***

Martín me falou de dois contos cuja história me agradou bastante. O das figueiras e o do touro negro. O primeiro já estaria pronto, o segundo ainda "em pensamentos". Gostaria de lê-los quando terminados. Mais tarde, haveremos de pensar no teu segundo livro brasileiro.

Ainda não escrevi ao poetas uruguaios que nomeaste, estou às voltas com um venezuelano (Juan Liscano) e um chileno (Gómez-Correa), que deveria incluir em minha antologia.**** Foram indicados por amigos, mas nenhum dos dois me agradou. O chileno, então, está completamente equivocado. Li uma antologia dele, um cartapácio de 300 páginas, e não encontrei um só poema para traduzir. Há poetas que confundem poesia com empilhar imagens. Fazer poesia é uma das atividades que oferece mais campo ao charlatanismo, ao lado da psicanálise e da produção de xaropes.*****

---

* Churrascaria Saci.

** Provavelmente, Glauco Pinto de Moraes.

*** Cinco anos depois, quando o Editorial Monte Sexto publicou a coletânea de meus contos *Noche de matar un hombre*, quem fez a apresentação do livro, na Casa del Vicario, foi justamente Saúl Ibargoyen Islas, de passagem por Montevidéu.

**** Antologia? Algum plano que não recordo e que, claro, não deu certo.

***** Não me lembrava de ter proferido este absurdo. Sempre acreditei na psicanálise e fui paciente durante sete anos, após meu retorno de Moscou, em 1965.

A terra permanece sai em abril. Numa tentativa de melhorá-lo, eliminei três contos, emagrecendo-o. E *Ramos generales*? Nada?

Estou lendo umas obritas do velho Trótski. Como saberás, era um belo escritor. Não te parece que, ao menos escrevendo, ele dá impressão de sempre ter razão?

Recuerdos a Dorita e o abraço do
Faraco

24 mar. 1983
Caro Faraco:

Alegra-me que Martín tenha chegado bem, que tenha estado contigo e seguido viagem, por certo contente. Agradeço tua gentileza de me mandar notícias. Aqui, ele estava trabalhando bem, os negócios prosperavam, e é de se esperar que também aí tudo lhe corra igual. Sem contar sua habilidade, é um grande trabalhador, e agora, com sua experiência européia, com a idade e a ligação com Sandra, parece mais "assentado" no manejo do dinheiro. Não estranho o *coup de foudre* de Bruno com Sandra, ela esbanja simpatia e sintoniza em seguida com as crianças. As de Alejandro, quando chegavam aqui, corriam até o lugar onde ela estava.

O projeto ou a possibilidade de um livro no México me chega através de um amigo exilado, atualmente na Nicarágua. Nunca pedi, sequer ofereci livros para publicar, e agora tampouco. A idéia partiu dele.

Recordo-me de ter falado uma vez ou duas, brevemente, com Ibargoyen Islas. Sei bem quem é. Concordo contigo, é um tipo muito simpático. Como poeta, talvez não seja de muito calado. Tenho, ou tinha, um livro ou dois dele. No meu juízo, os poetas uruguaios contemporâneos que importam são Líber Falco, Juan Cunha e Idea Vilariño, como te escrevi em outra oportunidade.* Não sei quem são Juan Liscano e Gómez-Correa. Muito de acordo contigo em que a poesia se presta para logros. Há poucos dias, numa reunião da Arca, eu dizia num misto de seriedade e brincadeira: "Os romancistas têm a porta aberta para contar tolices e encher páginas e páginas de coisas óbvias, os poetas têm permissão para amontoar palavras descomprometidas e

---

* Na verdade, é a primeira vez que fala de Idea Vilariño. Mais tarde, eu traduziria um livro dela: *Noturnos e outros poemas*. São Leopoldo: Unisinos, 1996.

imagens irresponsáveis ou intercambiáveis. Quem não pode embromar, quem sua e sofre, os *sérios* somos os contistas".

Suponho que *Ramos generales* deva sair dentro de uns meses. Contando "El sitio de las higueras", terá 12 contos, alguns muito frouxos, meros *divertissements*. No material que não é conto, na minha opinião e na de alguns amigos, haverá várias páginas valiosas. Veremos a acolhida que terá. Recém então se poderá pensar num segundo livro brasileiro, coisa que agora é muito prematura. Também é preciso ver como se comporta *Cavalos do amanhecer*. A idéia, claro, muito me agrada.

Espero *A terra permanece*, não sei se já te disse que certa vez pensei no mesmo título para um conto ou um livro.

Não duvido que Trótski tenha sido uma figura importantíssima e tivesse lá suas razões (se bem que, na Guerra Civil Espanhola, portou-se como um filho-da-puta, o que provocou seu rompimento com Malraux), mas nunca o li *comilfô* (como diz Cortázar). Os trostkistas que conheci em meus tempos de estudante eram para lá de detestáveis. E a história diz que foi a Rússia de Stálin que derrubou o nazismo.

Estou repassando outro judeu, Kafka, pois pretendo acrescentar quatro ou cinco frases às duas ou três que escrevi sobre ele em minhas impressões de Praga, um texto que está em *Ramos generales*.

Recebe um abraço e lembranças para Cybele. Dorita faz presente o seu carinho.

Arregui

Sobre o conto anexo:
Nos primeiros dias de dezembro, pouco depois de voltar do Brasil, eu disse para Dorita: "Tenho ganas de escrever um conto para Faraco e os brasileiros". Depois de uma semana ou mais de busca, encontrei o tema. Em não muitos dias escrevi uns quatro quintos do conto, mas empaquei no final. Recém no começo de março cheguei à versão atual, que considero boa. Chamava-se ou se chama "El sitio de las higueras", mas também poderia chamar-se "Los ojos del escondido" ou mesmo de outro modo. Envio sem título e deixo o batismo à tua escolha. Tanto Dorita como Alejandro, que aprovaram com entusiasmo os dois títulos que mudaste na tradução*, disseram-me a mesma coisa: "Deixa que Faraco ponha o título".

Dizias que, se eu quisesse te dedicar um conto, teria de ser do tipo de "Lua de outubro". Por certo, eu gostaria de escrever vários con-

---
* "Lua de outubro" e "Cavalos do amanhecer".

tos parecidos, mas os deuses, ou a conjunção dos astros, ou a merda que seja, são avaros e só de quando em quando me permitem alcançar tal patamar. Não raro me digo que hoje em dia é difícil que eu consiga emparelhar com "Lua de outubro", "Cavalos do amanhecer" ou "Os contrabandistas", os três que prefiro. "El sitio de las higueras" (vamos chamá-lo assim, por enquanto) é sem dúvida de menor calibre, mas tem em sua medida, acho eu, uma atmosfera comum, talvez um parentesco com eles. Veremos qual é a tua opinião.

04 abr. 1983
Meu caro Arregui:

Recebi a última, com o conto que me dedicas. Estou encantado pela homenagem e pelo conto, do qual gostei muito. No final, cresce bastante. O título "El sitio de las higueras" não está mal, só um pouco genérico para o tema essencial do conto, que não é o sítio, mas um episódio desse sítio. Seria mais adequado algo como "Los ojos de la higuera" (apenas para exemplificar), mas lerei outras vezes o conto antes de te dar sugestões.*

O sítio é a preparação para o conflito maior, que é o episódio final. Esta preparação, que é a crônica dos antecedentes, está muito bem-feita, com uma atmosfera carregada e muitos achados que a enriquecem. No fim, quando o conto cresce em emoção, tive duas impressões distintas: na primeira, considerei a parte final muito curta, muito rápida, e na segunda essa impressão se desfez e entendi que estava dito tudo o que devia ser dito. E me fixei na última frase, onde senti que algo não está bem. Não sei exatamente o que é. Talvez aqueles "pasos tranquilos" não estejam muito de acordo com a emoção recente da personagem, em luta feroz consigo mesma e com a forte impressão que os olhos do outro lhe causavam. Enfim, são minúcias, pois o conto, repito, é muito bom. E por certo merece um título melhor. Vou traduzi-lo.

Martín ficou de me dar o endereço de São Paulo e nada. Vou reservar uma parede da casa nova para os prometidos quadros dele e Sandra.

Ultimamente revisei as provas de *A terra permanece* (sim, já havias comentado que pensaste neste título) e acrescentei novo conto, o

---

* O título assim ficou, numa referência ao olhar do homem que se oculta do inimigo no alto da figueira.

do homem que transporta o cadáver do afogado. Mas será um livro pequeno.

Gostaria que me enviasses o texto definitivo de "Los tigres de la furia", para que eu traduza e publique em jornal. Vou traduzir também "Un cuento de coraje", que talvez eu não devesse ter descartado no livro anterior.

Recuerdos a Dorita, mais o abraço do
Faraco

P.S. Cybele ganhou um automóvel e já anda dirigindo sozinha.

Sem data*
Caro Faraco:

Fico feliz por teres gostado do conto. Ele me agrada, acho que está bem contado – um tanto cinematograficamente – e com um bom final culminativo. O título fica pendente. Sou muito permeável às críticas e dócil às objeções, mas continuo acreditando que os "passos tranquilos" do encerramento são os que correspondem. A tradução não será tão trabalhosa, está escrito numa linguagem sem complicações. Tem somente uma palavra pouco usual ou difícil: *teurgia*, na última página, linha 13. Andei procurando uma forma de eliminá-la ou trocá-la, mas no fim resolvi deixá-la porque, sem dúvida, é *le mot juste*. É preciso fazer a correção de um erro datilográfico: na p.4, linha 21, onde se lê *asaltantes* deve-se ler *atacantes*. Há também duas pequenas variantes posteriores: p.6, linhas 20 e 21, onde se lê *cuatro ojos*, deve-se ler *dos pares de ojos*, e sete palavras adiante, onde se lê *para el de abajo*, deve-se ler *para el hombre de abajo*.

Recebi carta de Martín, muito satisfeito com a casa mobiliada (e com boa biblioteca) que alugou em São Paulo. Diz ele que vem por volta dos dias 10 ou 12. O que não diz é se passará por Porto Alegre ou se virá diretamente, de avião. O endereço dele: Rua Teodoro Sampaio 972 – Jardim Cândida – Casa 28 – Pinheiros – 05415 São Paulo.

Conforme teu pedido, vai a versão que vamos chamar de definitiva de "Los tigres de la furia", que agora se chama "Sobre el juego de remanye". Junto, duas ou três páginas sobre ele e uma sobre "Un cuento de coraje".

---

* Recebida em 22 de abril de 1983.

A revista *Plural* organiza um concurso de contos cujo prêmio é de 50.000 pesos mexicanos. Não sei quanto valem tais pesos, depois das últimas desvalorizações, mas, de todos os modos, 50 mil devem arredondar uma soma não desprezível para os que estamos, como se diz, "curtos do circulante". Nunca acreditei em concursos, mas acho que desta vez vou experimentar. Terei de eliminar de *Ramos generales* um conto breve que muito me agrada, "La compañera", ambientado em 1939, num cárcere franquista. É uma lástima, mas terá de permanecer inédito até a decisão do júri, em 31 de outubro. Não gostarias de participar também? 50 mil mexicanos te serviriam, no pior dos casos, para pagar alguns metros quadrados da nova casa. As inscrições se encerram a 30 de setembro. Se te interessares, envio o regulamento. Diz expressamente "trabalhos em língua espanhola ou portuguesa, sem que importe o país de residência".*

Para esperar *A terra permanece* vou comprar um dicionário espanhol-português, coisa que já deveria ter feito.

Sim, recebi a página do jornal de Goiás.

Que merda o da Nicarágua. Que os ianques são uns filhos-da-puta é sabido, mas piores são os hondurenhos. Aquilo me traz muito preocupado.

Lembranças a Cybele e abraço,
Arregui

Sobre o título:

Que achas de "Las gargantas de los muertos"? Talvez seja um tanto truculento ou tremendista**, mas sem dúvida tem seu impacto. Justificá-lo seria muito fácil: na p.5, linha 3 (contando de baixo para cima), onde se lê *degollando finados*, leia-se *abriendo las gargantas de los*

---

* Sua situação financeira era tão calamitosa que o levava a esgravatar recursos até mesmo em concursos literários, algo incompatível com a grandeza de sua obra. A dívida hipotecária de Arregui derivava de causas notórias que tinham combalido a economia uruguaia, como a desvalorização do peso, seguida de grande seca, inundações, surtos de aftosa e mais inundações. Muitos anos após seu falecimento, o banco vendeu o crédito a uma terceira pessoa e, por iniciativa desta, em junho de 2003 teve lugar um leilão judicial. A fazenda foi arrematada por um investidor argentino e assim se perderam as sesmarias em que viveram e trabalharam, desde 1900, cinco gerações da família Arregui.

** De *Tremendismo*, movimento estético espanhol do século passado, que pregava na literatura e nas artes plásticas a descrição hiperbólica da crueza da vida real. A sugestão era para mudar o título do conto "Os olhos da figueira".

muertos. Para evitar repetições, 4 linhas mais acima, onde se lê *les abre*, leia-se *les parte*, que talvez fique até melhor.

A carta estava escrita há vários dias e não foi enviada à espera de Martín, pretendia mandá-la através dele. Hoje, como Martín ainda não apareceu, decido postá-la.

Sobre "Los tigres de la furia" *("Sobre el juego de remanye")*:

Bem, este conto já não se chama assim, e além disso mudou muito. Depois da versão que te enviei, que ainda se chamava "Padre nuestro", houve duas versões mais, que foram submetidas a severos críticos, Martín entre eles. Também recolhi a opinião de duas mulheres amigas, muito inteligentes, uma delas Alicia Migdal, que publica em *La Semana* as melhores críticas cinematográficas e literárias que se escrevem hoje em dia no Uruguai. Também de minha filha, que é (sobretudo, vai ser) uma muito boa professora de literatura. Compreenderás que eu desejava opiniões femininas. Em conseqüência disso e de novas leituras, vieram as modificações: mudou o título, mudou o começo, mudaram muitas palavras etc. Eliminei ou abreviei tanto quanto possível os diálogos, que me pareciam forçados (García Márquez, em *El olor de la guayaba*, tem duas ou três frases certeiras sobre a dificuldade de dialogar quando se narra em espanhol). Também eliminei as duas palavras mais fortes do monólogo da mulher (não por puritanismo ou concessão ao puritanismo – Deus me livre disto –, mas porque me convenci de que estavam salientes demais e ficavam um pouco como *El libro de Manuel*.* O novo título, como vês, é em lunfardo, como quem anuncia que pretende detonar um tradutor... De William Blake passei a El Negro Cele, ou seja, dos *Proverbios del infierno* para a letra do famosíssimo tango *Mano a mano*. E passo a explicar. As letras dos tangos são uma espécie de suma não teológica** do Rio da Prata ou de certa época do Rio da Prata. Estão em lunfardo, se bem que num lunfardo facilmente compreensível, dizem que muito mais límpido do que o *argot****, o *slang***** e o *cockney****** (escreve-se assim?). Quase milagrosamente, os letristas de tango conseguiram um fato verbal finíssimo, que

---

* De Julio Cortázar.

** Referência a São Tomás de Aquino.

*** Do francês: jargão de tipos marginais.

**** Do inglês: jargão de determinados grupos.

***** Do inglês: jargão geralmente atribuído aos trabalhadores de certa zona do leste londrino.

em muitos casos foi ajudado e gravado na memória coletiva pela voz incomparável de Gardel. Houve entre eles verdadeiros poetas. Os mais notáveis são Celedonio Flores (El Negro Cele)* e Enrique Santos Discépolo**, ambos argentinos. O tango mais famoso do primeiro é *Mano a mano*. Do segundo, *Cambalache*, que chegou a estar proibido em Buenos Aires anos passados. No Rio da Prata, esses tangos são conhecidos até pelas pedras da rua. *Mano a mano* começa assim:

> *Rechiflao en mi tristeza*
> *hoy te evoco y veo que has sido*
> *en mi pobre vida paria*
> *sólo una buena mujer...*
> [...]
> *Se dio el juego de remanye*
> *cuando vos, pobre percanta*
> [...]

O jogo de *remanye* seria algo como "os fatos de mútuo conhecimento", fórmula muito pedante, claro. *Remanye*: italianismo do genovês que significa entender, conhecer, averiguar, dar-se conta, descobrir... O letrista diz que ele e a mulher (*percanta* seria algo como a *rapariga* de vocês) se conheceram em tais circunstâncias. A essa *percanta* ele evoca (palavra culta que fica muito bem inserta no lunfardo, coisa muito freqüente nos tangos) *rechiflao* em sua tristeza. *Rechiflao* (rechiflado) é, mais ou menos, desgostoso, ressentido, amargurado...

Penso que será muito difícil traduzir essas coisas, que farão padecer tua consciência de tradutor fiel e probo. Te aconselharia que deixasses de lado tua probidade e tomasses *toda a classe de liberdades*. Talvez o melhor seja mudar tudo.

La güesuda: a morte do final (e mal escrita, o correto seria *huesuda*) provém de outro tango, menos conhecido, cujo autor não recordo.

Nota: a palavra *misteriosidades* que aparece na última página não existe ou não se usa. Mas bem poderia existir, digo eu.

Sobre "Un cuento de coraje":

No livro, o título está errado: é *de* coragem e não *com* coragem.*** Disseste que talvez ele deveria estar em nosso livro. Acho que as peças

---

* 1896-1947.

** 1901-1951.

*** No livro *La escoba de la bruja*.

do livro foram escolhidas com grande acerto e que há, digamos, uma diferença de ótica entre elas e este conto. É um conto bem contado e construído sobre uma estória curiosa e exemplar, e por isso um tanto externo, um tanto fabuloso... me explico? Talvez um tema para conversar seria não ter sido aproveitada outra peça menos *visível*, mais sutil, como a do homem que se deixa esmurrar pelo macho de sua filha para poder surrar a filha, ou algo assim ("Crónica policial").*

"Un cuento de coraje" foi escrito em 74 e com uma clara intenção política (vivíamos a escalada repressiva), e publicado em *Marcha* num de seus últimos números antes do fechamento definitivo. Daí a parte prévia e prologal que tem, onde se fala inclusive da Guerra Civil Espanhola, da felicidade de fazer fogo contra a bandeira falangista. A *quiririó* existe, é a víbora da cruz**, mas *quiririó-mi* é uma invenção minha, que inclusive na primeira versão do conto teve na cabeça uma cruz parecida com a suástica. Na verdade, o conto mesmo começa na p.69 ("Cuatro socios...) ou ainda na 70 ("Cierta vez..."). O simbolismo da *quiririó-mi* é evidente e todo mundo o entendeu no Uruguai daqueles dias. Hoje talvez conviesse reduzir aquelas duas primeiras páginas. Falaremos adiante sobre o assunto.

26 abr. 1983
Meu caro Arregui:

Recebida tua última, com a nova versão do conto e as explicações que cabiam. Vamos tratar disso mais tarde.

Veio carta de Rosemary Alves. *Cavalos do amanhecer* vem sendo vendido como os demais títulos da coleção latino-americana da editora. Nem mais, nem menos. Até 31 de dezembro, 1.055 exemplares.

Sobre a possibilidade de ser editado teu segundo livro pela Francisco Alves: sim, dentro de 18 meses. Nesse prazo, a editora já tem muitos outros lançamentos agendados. Está bem assim, poderemos ir tratando do novo livro com vagar e cuidado.***

---

* Conto que aparece em *Hombres e caballos*, 1960, e em *Tres libros de cuentos*, 1969. Não convence. No gosto do tradutor, é muito inferior a "Un cuento de coraje".

** *Quiririó* é nome guarani da cobra-cruzeira.

*** Desgostoso com a revisão de *Cavalos do amanhecer*, eu me arrependera de tê-lo entregue à essa editora e não pretendia procurá-la novamente. Não me recordo o que me fez mudar de idéia.

Fica para o fim de maio o início de nosso trabalho. Antes, quero terminar a tradução do venezuelano, um compromisso antigo que ainda não pude cumprir.

A terra permanece já não sai. Tive um desentendimento com o editor, por causa da capa e das ilustrações que ele queria impor. Como último recurso contra o mau gosto, suspendi a publicação. Provavelmente terei problemas, a composição já estava pronta. Enfim, qualquer dia não encontrarei mais editores. Este é o terceiro com o qual me desentendo. Paciência. Já não estou em idade de suportar o que me desagrada.*

Abraço forte,
Faraco**

Sem data***
Caro Faraco:

Recebi a tua de 26 de abril. Por diversas razões me demorei para escrever esta. Novidades pessoais não há. Novidades políticas, sim: o excelente ato do Primeiro de Maio (fui a Montevidéu para participar), início das conversações entre milicos e políticos etc. As coisas vão melhorando na medida que era de esperar. A falta de dinheiro, asfixiante.

Se em 31 de dezembro estavam vendidos 1.055 exemplares, podemos pensar agora em 1.200, o que significa que terei os cruzeiros suficientes para uns quantos dias no Brasil. De acordo com o contrato, devo receber o primeiro pagamento em 30 de junho. Bem, o plano é que esses cruzeiros não venham para o Uruguai e que Dorita e eu possamos receber aí e sigamos viagem para São Paulo etc. Martín está aqui, trabalhando em encomendas que lhe fizeram (chegou há vários dias) e pensa passar em Porto Alegre no fim do mês ou nos primeiros dias de junho. Falará contigo. Dorita e eu iríamos nos primeiros dias de

---

* Usei impropriamente a expressão "mau gosto". A capa e a ilustração eram de boa qualidade. Ocorreu que o editor dispensou o ilustrador e contratou outro, mantendo o trabalho do primeiro, e a mim me pareceu de "mau gosto" ilustrar o livro com desenhos de estilos distintos.

** É inconcebível que, nesta carta, eu não tenha feito menção aos interessantíssimos comentários de Arregui na carta recebida quatro dias antes. Provavelmente, houve algum extravio.

*** Carta suprimida na edição uruguaia.

julho, mais ou menos. Ou seja, antes de menos de dois meses poderíamos conversar pessoal e demoradamente. Iríamos com algum dinheiro (nosso e de Martín), de modo que os cruzeiros "autorais" poderiam ser recebidos em Porto Alegre, em São Paulo ou mesmo no Rio. Ou poderíamos dizer a Salvador que receba e me espere.* Enfim, vocês resolvem.

Diante da perspectiva de conversarmos, repito, pessoal e largamente, termino esta carta por aqui.

Abraço,
Arregui

Carta de Martín Arregui:
São Paulo, 07 de julho**
Amigo Faraco:

Acabo de escrever a Mario sobre o que falamos. Envio fotocópia da carta para que nossas versões sejam coerentes. Também vou te manter informado de minha gestão no Rio, da qual depende a data de sua viagem.

Como te disse, e digo a ele, eu tinha escrito aquela lembrança da menininha para que ele pudesse ter uma visão mais pessoal e daí resultasse um conto. Envio para ti também, embora não saiba se isto é bom ou ruim. É uma experiência curiosa, dois escritores trabalhando sobre o mesmo enredo. Os resultados serão distintos, mas válidos cada um por si mesmo. Sem dúvida, o conto de Mario se aproximará do que escrevi eu mesmo, porque também ele conheceu a casa e o bairro, e presumo que a mim também me conheça bem. Talvez uma semelhança excessiva com a história real seja prejudicial, mas como sei que personalizaste o enredo, o risco já está evitado. Se acreditas que a leitura de minha versão – isto é, o fato original – atrapalhará teu trabalho, é preferível que a leias depois de terminar o conto. Enfim, tu saberás.***

As primeiras páginas de teu livro, lidas no ônibus e sem a ajuda de dicionário (tampouco meu vizinho de banco sabia o significado

---

* O distribuidor da Francisco Alves em Porto Alegre.
** Não consta na edição uruguaia.
*** Referência ao conto "A touca de bolinha", que escrevi a partir de uma história que me contou.

da palavra "cingir"), me pareceram tremendamente atraentes e muito bem escritas. Deliciosamente escritas, diria.

Reitero meu agradecimento por tuas atenções.

Saúde.
Martín

Fotocópia da carta de Martín para seu pai, anexa à antecedente:
São Paulo, 07 de julho*
Viejo:

Ontem passei a tarde com o amigo Faraco e deixamos quase resolvido o assunto do dinheiro. Não é que estivesse complicado, e sim que ele tomou ao pé da letra a preocupação com tua viagem e a data de 30 de junho como o *dia* do pagamento. A editora lhe escreveu dizendo que era usual que se esperasse de 30 a 60 dias para efetuar a liquidação definitiva. Isto o enfureceu, e se eu não chegasse para lhe apaziguar o ânimo teria brigado fortemente com a empresa, já que tem, ao menos quanto a editores, um arrebatado sangue latino. Ele me deu as cartas em que Rosemary Alves tratava do assunto e pedi que deixasse tudo em minhas mãos. Numa das cartas, Rosemary sugere que o pagamento poderia ser feito ao redor de 15 de julho, mas sem indicar a data precisa. O mais factível – além de lhe escrever eu mesmo ainda hoje, na condição de filho e como morador próximo, dizendo-lhe que nos entenderemos e que o caso não é tão grave assim – é que eu vá ao Rio por dois ou três dias, confirme a data e avise que tu mesmo passarás por lá para receber. E é tudo por enquanto. Penso que não haverá nenhuma complicação, pois há muito tempo manejo com coisas desse tipo e tenho a flexibilidade e a dureza necessárias para negociar sem suscitar adjetivos desnecessários. Livremos Faraco da possibilidade de cair neles, e de um possível mau momento. Quanto aos valores, nada de novo. 1055 exemplares em dezembro. Uns 120.000 cruzeiros (4.500 pesos, aproximadamente), que dão para um passeio não muito descansado, mas longo. Em conclusão: hoje escrevo para o Rio dizendo que passarei por lá. Quando confirmar a data do pagamento, te escrevo de novo.

Faraco uma maravilha, como sempre, com essas atenções que me exasperam. Não há maneira de me deixar à vontade à tarde, e me

---
* Não consta na edição uruguaia.

leva e me traz e – já um excesso – ainda me leva a conhecer galerias. Disse-lhe que, no futuro, só darei notícias à última hora, já com um pé no ônibus, para que não me deixe com a horrível consciência de lhe fazer perder tempo.

E para minha tranqüilidade, parece que quase não se deu conta de que estávamos embriagados na outra vez.* E aconteceu algo engraçado. Durante a borracheira, revelei que estavas trabalhando e que talvez escrevesses um conto sobre algo que me acontecera, anos passados. E contei-lhe a história da menininha e o resultado é que a escreveu... Está trabalhando nela e, embora não me tenha mostrado, parece que vai em frente. Não é a mesma história, no entanto: a menina não leva o livro, mas umas cartas, e deixa uma touca em troca. Além disso, certa vez lhe aconteceu algo parecido. Como te disse, também eu escrevi, mas só para te oferecer o argumento descarnado. Te envio, para que vejas como soa no "original".**

E agora é tudo mesmo. Receberás nova carta em poucos dias.

Saúde e lembranças,
Martín

Carta de Martín Arregui:
São Paulo, 27 de julho***
Estimado Sergio:

Ontem à noite voltei do Rio. Depois de reiteradas e pacientes visitas à nossa amiga Rosemary, consegui acertar que o envio do dinheiro a Dom Mario, a ser recebido em Montevidéu, seja feito dentro de mais ou menos uma semana. Esperava-me em São Paulo carta dele, dizendo que Dorita está melhor, embora siga sob observação médica. Respondi logo, dando as notícias da editora e as instruções para o recebimento do dinheiro.

---

* Ele e Sandra. Evidente que me dei conta, mas conversei normalmente com o casal, numa churrascaria da Estação Rodoviária, como se não tivessem tomado umas quantas caipirinhas.

** O caso não está bem contado. Martín, ligeiramente embriagado e sem me prevenir, contou-me algo que reservara para um conto de seu pai. Também comentou que já pedira a algumas pessoas que escrevessem, sem que nenhuma delas conseguisse, e me desafiou a fazê-lo. Como gostei da história, aceitei o desafio e escrevi "A touca de bolinha", alterando bastante o enredo original, e Mario acabou desistindo.

*** Não consta na edição uruguaia.

Também recebi tua carta, com o impiedoso artigo. Inquestionável, por certo, e tão duro pelo que denuncia como pelo que diz. O desbaratamento de elementos culturais sérios, de marcas pessoais, de identidade real, é tão evidente quanto doloroso nas grandes metrópoles latino-americanas. É uma das conseqüências da dependência e da intromissão do imperialismo em nossas vulneráveis terras, às vezes tão infantis e cândidas que ao invés de raiva dão pena. A transculturação, como qualquer acordo com o FMI, é uma forma de perder muito sem ganhar nada. Um triste negócio. Galerias cheias de *bobagem* – se assim é que se escreve –, livrarias abarrotadas de material de segunda classe, música frívola e permanente desperdício e ignorância de beleza e saúde.

Tive a alegria de encontrar no Rio de Janeiro o *único* artista que realmente me impressionou nos últimos meses. Uma mulher: Maria Tomaselli Cirne Lima. Gaúcha. Não pude saber mais porque, na galeria em que encontrei sua obra, não me deram outros dados. Parece-me admirável. Gostaria muito de saber mais sobre ela e, se fosse possível, conhecê-la em minha próxima passagem por aí, que será nos primeiros dias de agosto. Talvez possas saber onde reside e encontrar algum pretexto que me possibilite visitá-la e conversar um pouco com ela.

E é tudo. Telefono em minha próxima viagem e nos veremos um momento. Creio que Mario esperará que eu chegue para iniciar sua viagem.

Um abraço e saúde a todos,
Martín

Sem data*
Caro Faraco:

Ontem à noite cheguei de Montevidéu (onde estive oito dias) e encontrei duas cartas na casa vazia: uma tua e outra de Martín.

Dorita ficou em Montevidéu, para consultas médicas. Tem um olho afetado por herpes-zóster, infecção ou irritação virótica num nervo, coisa que, em linguagem comum, chama-se *culebrilla***. Não é grave, mas pode ter afetado a córnea. É muito dolorida e é também um indício ou sintoma de que a pessoa está num momento de baixas defesas orgânicas. Mas Dorita, tratada com vitaminas, está em visível recuperação.

---

* Recebida em 28 de julho de 1983. Suprimida na edição uruguaia.

** Aqui, cobreiro.

O plano que Martín e eu tínhamos feito para a viagem ao Brasil partia da base de que, segundo o contrato, o primeiro pagamento era imediato ao fim do primeiro semestre do ano. Não contávamos com atrasos apreciáveis. Enfim, a coisa não tem muita importância. A enfermidade de Dorita, por si só, já teria determinado um adiamento, isso sem falar nas inundações que, conforme as notícias que aqui chegam, interromperam muitas estradas de vocês. Além disso, se uma pessoa está com suas defesas orgânicas muito baixas, uma viagem é o que não se recomenda. Não te preocupa. Deixa a questão do pagamento aos cuidados de Martín, o que menos queremos é te dar trabalho e roubar teu tempo. Martín diz textualmente em sua carta que deves te despreocupar, pois tens, "ao menos quanto aos editores, um arrebatado sangue latino", e que ele possui muita experiência em negócios e arrumará tudo. Dorita quer estar de volta em fins de setembro ou princípio de outubro, já que o parto da filha dela está previsto só para o fim de outubro. Como vês, há tempo para organizar tudo de novo.

Tua carta é muito curta, e, depois de muitos dias sem ter notícias tuas, fiquei com vontade de saber mais. Como vão as coisas aí? E tua nova casa? E a situação política no Brasil? *A terra permanece* sai? E tua situação econômica de escritor profissional? E outras coisas mais. A verdade é que tenho muita vontade de conversar mano a mano contigo.

Por aqui acontecem fatos importantes, e acho eu que outros ainda mais importantes estão por acontecer. Continua o cabo-de-guerra político, sem que se veja claramente como vai terminar. O diálogo entre milicos e políticos foi interrompido. Um ato cívico, que sem dúvida seria enorme, foi proibido. A situação vai endurecendo. Penso que se avizinham acontecimentos decisivos.

Por esses dias se completaram dez anos da morte de Paco Espínola (que morreu no mesmo dia do golpe de estado) e foram feitas várias homenagens. Participei de uma delas, com páginas escritas há anos. Segundo a opinião de vários amigos que importam, as páginas são boas e, assim, devo terminar o trabalho. É disto que me ocuparei nos meses vindouros, pensando publicar após *Ramos generales* (que sairá, parece, antes do fim do ano). Veremos que tempo eu gasto. Também pretendo trabalhar em algum conto, entre eles o que te contou Martín e que, segundo ele, estás escrevendo. Em página à parte, irão umas linhas sobre tua tradução de "Abejas".

Um abraço forte,
Arregui

Sobre "Abejas":

Obviamente, não é um conto e nem algo parecido, pode ficar bem junto com outras coisas e perder um pouco como peça avulsa. Tua tradução me parece corretíssima. Passo a esclarecer o que assinalaste:

Amigos del azar de otros años: fórmula não muito precisa para dizer amigos feitos aqui e ali, em diversas atividades e ao longo dos anos.

Vino cabezón: está sublinhado no texto (para sair em itálico) e é um coloquialismo ou vulgarismo muito usual para significar que o vinho sobe à cabeça. Esta fórmula é pouco usada para o uísque, graspa ou canha, porque são bebidas *cabezonas* por si. O vinho, como sabes, é mais variável: há vinhos que são sentidos mais no corpo do que na cabeça e outros em que ocorre o contrário, sem que isto tenha a ver, parece-me, com o percentual alcoólico. É comum dizer-se que o vinho branco é mais *cabezón* que o tinto, e sabe-se que há vinhos muito encorpados que não são *cabezones*.

Escucho – qué?: para dizer que escuto sem saber o que escuto.

Vejo que sublinhaste "cadeira" e anotaste "poltrona". Em espanhol, poltrona é um assento de luxo ou suntuoso. Aqui dizemos *sillón*, e no cinema e no teatro, *butaca*.

São problemas pequenos que facilmente resolverás.

31 jul. 1983*
Meu caro Arregui:

Acabo de receber carta de Martín, informando que o pagamento já está encaminhado. Fico feliz por isso. Como disse a Martín, essas editoras não se ajustam. Na hora de ganhar, são unidades de produção capitalista, na hora de pagar querem retroagir ao feudalismo.

Demorei um pouco para te responder porque esperava o resultado de Grêmio x Penharol.** Naufragaram os *muchachos*. Todos aqui reconhecem que o Penharol é uma grande e briosa equipe, e a vitória do Grêmio, merecida ou não, nasceu de uma leviandade de Olivera e seus comandados: depois de conseguir o empate, lançaram-se ao ataque. Se tivessem garantido o placar igual e levado a decisão para Buenos

---

* Carta suprimida na edição uruguaia.

** Pela Copa Libertadores, no ano em que o Grêmio seria campeão mundial em Tóquio.

Aires... Te juro que quase não tomei partido. Numa época como esta, de descalabro econômico e suas conseqüências na vida das pessoas, eu queria mesmo que os dois perdessem. Como era impossível, preferi torcer pelo Grêmio. E te envio, desde a capital do futebol americano, saudações tricolores.

Boa notícia me dás de Dorita. Desejo que prontamente se restabeleça e te acompanhe na viagem ao Brasil. Cybele lhe envia lembranças.

Das notícias que me pedes:

A casa nova sofrerá um atraso em sua conclusão. Com uma inflação de 140% nos últimos 12 meses e a notória repercussão nos preços do material de construção, houve uma alteração no orçamento inicial, uns 10.000 dólares a mais do que o previsto. Terei de terminá-la aos poucos.

A terra permanece teve sua publicação suspensa em Curitiba, por desentendimentos com o editor. Isto me trouxe problemas, o livro estava composto e revisado. Entreguei-o à Editora Movimento, de Porto Alegre, e terei uma resposta até meados de agosto. O título mudou, teve de mudar, pois suprimi o conto que o titulava. Chama-se agora *Manilha de espadas* (o sete de espadas no jogo do truco), o título de outro conto.

Verdade que escrevi o "conto de Martín" e acho que ficou bom. Vou incluí-lo em *Manilha de espadas*. Fiz algumas alterações no enredo, como a substituição do livro de Gorki por outro elemento, pois me desagradava mencionar um livro que não li. A mudança, contudo, não ficou imprópria. Tão logo o apronte, mando cópia para ti e Martín.

Escritor profissional? Não há como, inclusive pela falta de novos livros publicados. Venho compensando as perdas com assídua participação na imprensa, em Porto Alegre e Belo Horizonte. No *Correio do Povo*, de Porto Alegre, tenho uma crônica semanal, que é paga.

Estou no final da tradução do venezuelano. Enviei os poemas a Caracas, para que ele os leia traduzidos, e aguardo o resultado. Vejo com algum desânimo a possibilidade de publicar. Pouca gente lê poesia, e as editoras, por isso, não se interessam. Vou tentar um patrocínio oficial.*

Ciente dos teus esclarecimentos sobre "Abejas". Gostei muito do texto e vou publicá-lo.

Recuerdos do
Faraco

---

* O livro foi publicado mais tarde: *Poeta sem rio*. Porto Alegre: Editora Movimento, 1985.

Sem data*
Caro Faraco:

Devo começar pedindo desculpas pela demora na resposta da tua carta. No último mês estive apenas eventualmente em Flores. E em Montevidéu, não sei por que, sentar e escrever é algo que parece alheio a mim. Minhas estadias em Montevidéu decorrem de problemas de saúde, embora eu esteja muito bem. Passo a explicar.

Repito que estou muito bem. Talvez nunca tenha estado tão bem desde o infarto. No entanto, um exame ou controle de rotina do marca-passo (que há muito tempo não fazia, julgava desnecessário) acusou que ele não anda cumprindo totalmente seu dever. Parece que a coisa não é importante, meu coração trabalha bem por conta própria e as falhas do marca-passo só são notadas no aparelho cuja função é registrá-las. De qualquer modo é preciso trocá-lo e isto implica exames prévios e implicará, mais ou menos dentro de um mês, um procedimento cirúrgico. Não é grave, por certo, mas não deixa de ser um aborrecimento e, enfim, um talho é um talho e deverei ficar um par de dias hospitalizado.

Dorita já está bem. Só lhe ficaram, na vizinhança do olho, pequenas marcas ou cicatrizes que talvez desapareçam.

Martín e Sandra estão em Flores. Passaram à noite em Porto Alegre e por isso não te viram, acho. Martín encontrou aqui uma série de encomendas e perspectivas de outro trabalho (desenho de tapetes ou algo assim), e está em atividade o dia inteiro. Creio que te escreverá umas linhas.

A situação política está complicada. O diálogo milicos-políticos se interrompeu, como talvez já saibas. Há uma pausa, com a conseqüente proibição de atividades políticas. Há gestões para a retomada do diálogo, de parte dos bispos. Há muita tensão e o descontentamento cresce. As eleições do ano que vem estão mantidas, mas se esperam mudanças antes. Parece que os "moderados" têm maioria entre a milicagem...

Li (adivinhei) "Manilha de espadas". É um bom conto, ao menos uma boa *tranche de vie*. Para julgar melhor me falta idioma, já sabes.

Desnecessário dizer que o problema do marca-passo nos obriga a adiar, sem data marcada, a viagem ao Brasil. Não renunciamos, só adiamos. De outra parte, para novembro ou dezembro se planeja uma

---
* Recebida em 6 de setembro de 1983.

homenagem a Neruda (no mês que vem, como lembrarás, completam-se dez anos de sua morte) e nos próximos dias vou repassá-lo a fundo e escrever umas páginas sobre ele (conheço-o muito bem, mas aquele fenômeno é tão vasto que sempre requer um aprofundamento). Isto me obrigará a interromper o trabalho em dois contos que tenho à mão, um que se chama "El diablo no duerme" (me agrada muito) e aquele que chamamos "conto de Martín", que também escreveste. Também terei de interromper o trabalho sobre Paco Espínola. Assumi o compromisso de falar de Neruda sem muita vontade de suspender essas coisas, mas o fiz para cumprir dentro do possível um dever político, pensando que nesta hora do Chile, e da América em geral, uma homenagem a Neruda não pode ser vista como mera tertúlia literária.

Como sabes, quando estive em Cuba, em 71, fizeram uma linda edição de alguns de meus contos, tomados de *Tres libros de cuentos*. Há poucos dias fiquei sabendo que, em 78 ou 79, os cubanos fizeram outro livro meu. Não sei se se trata de uma reedição ou se inclui outros contos tirados de *Marcha* ou de outro lugar. Por um meio que ignoro, enviaram-me um exemplar que nunca me chegou às mãos. Como podes imaginar, fiquei bem contente e também curioso. Estou agindo para ver se consigo me juntar ao exemplar perdido ou a outro. Soube também que, na URSS, incluíram três contos meus numa antologia ou almanaque latino-americano (não sei se em espanhol ou traduzidos).

Tens razão no que comentas sobre Penharol x Grêmio. Podia ganhar qualquer um e Penharol deveria ter preservado o empate para decidir em Buenos Aires. Penharol acusa cansaço e a falta que faz Jair, um exímio organizador. Dizem que Inter quer levar Olivera. Seria uma excelente aquisição, embora o famoso *Índio* tenha 30 anos e deva estar bem judiado.

Martín me pede um espaço para te escrever. Dorita e Sandra mandam beijos para ti, Cybele etc. Termino com notícias rápidas: ontem houve em Montevidéu uma jornada de protesto contra a ditadura. As versões que aqui chegam dizem que foi multitudinária e muito fervorosa.

O dinheiro está no Banco do Brasil. Quando for a Montevidéu tratarei de retirá-lo.

Recebe um grande abraço.
Arregui

Carta anexa de Martín:
Amigão:

    Lamentei passar em Porto Alegre sem te ver, mas vinha com Sandra, sem tempo, cheio de pacotes e pacotões – trazia duas dezenas de quadros. A viagem de São Paulo a Montevidéu foi de um tirão.
    Me encomendaram algumas coisas suculentas por aqui e vou ficar dois meses. Em outubro irei de novo ao Brasil e nos veremos.
    O velho está muito bem, apesar do susto inicial, ao constatar numa revisão que o marca-passo não marcava. Descartou de imediato a idéia de viajar enquanto não solucionar o caso, que o médico está tratando. Veremos o que faz depois de solucionar o probleminha. De qualquer modo, está com muito trabalho e de muito bom humor.
    O dinheiro chegou na semana passada e está à disposição no banco.
    Manda notícias de teu trabalho.
    Um abraço para ti e os teus.

Saúde.
Martín

08 set. 1983
Meu caro Arregui:

    Acabo de receber tua última, com o anexo de Martín. Muito grato pelas notícias, ainda que não sejam tão boas. A idéia de uma cirurgia sempre me assusta um pouco. Enfim, como é um ato cirúrgico simples, e tens um estado geral muito bom, haverás de superar esse episódio com tranqüilidade. Não te faria mal algum, ao menos nesse período, diminuir o cigarro. E tão logo o problema seja superado, eu gostaria de receber notícias.
    Tenho acompanhado as marchas e contramarchas da política uruguaia, com o rompimento do diálogo e as tentativas de sua retomada. Seguramente haverá de ser encontrada uma alternativa mais democrática para o país, e essa minha certeza se fundamenta em dois pontos. Um: a pressão da sociedade civil, que já não tolera os militares e pouco os respeita. E dois: eles já não têm interesse em permanecer com responsabilidades de governo, em função dos caos econômico que eles mesmos criaram. Planejam sair ilesos, arrancando o pino da granada

e colocando-a nas mãos dos políticos. A lentidão do processo talvez se deva à necessidade que sentem de assegurar a manutenção de privilégios e a impunidade. É o que acontece hoje na Argentina e já aconteceu no Brasil, com a chamada anistia recíproca.

Finalmente, resolvi o problema do meu livro. Encontrei o editor que se dispõe a tratar comigo profissionalmente. Assinaremos contrato em outubro, com o adiantamento de direito autoral no mesmo ato, e o livro haverá de sair no primeiro trimestre de 84. Dei tantas voltas e cheguei ao mesmo lugar: a editora que publicou *Hombre*, Civilização Brasileira.* Estou feliz por isso. Menos pela publicação do livro, mais pelo contrato, que foi uma vitória da persistência. Há quase dois anos venho sistematicamente desistindo da publicação por outras editoras, que não me ofereceram bons contratos ou impuseram condições que não me servem.

O artigo que escrevi sobre a tradução de *Cavalos do amanhecer* teve repercussão no Rio de Janeiro. Recebi cartas de escritores e tradutores, opinando que fiz muito bem em acusar publicamente a Francisco Alves. Dois tradutores me relataram problemas semelhantes com a mesma casa, sendo que um deles, que é uma, Eliane Zagury, está acionando a Francisco Alves na justiça do Rio. Enfim, assimilei esse capítulo como uma lição.

Disseste que vais escrever o "conto de Martín" e isto me deixou curioso. Também o escrevi, já sabes, chama-se "A touca de bolinha" e está no livro que vai sair em 84 (mandei cópia para Martín, terá recebido?). Gostaria de te enviar também, mas não o fiz, e não o faço, para não te atrapalhar. Depois de escreveres o conto, poderemos comparar as duas versões e ver até que ponto conseguimos um rendimento apropriado. A história é boa, mas tem certos perigos e quero ver como irás contorná-los.

A nova casa está quase pronta. Diz o engenheiro que poderei fazer a mudança entre 15 e 20 de outubro. Dadas as condições em que vou terminá-la (alterações do orçamento etc.), não terei dinheiro para mobiliá-la, mas se vieres em novembro ou dezembro, e te dispuseres a dormir num colchão, sem cama, sem roupeiro, a casa estará à tua disposição: há um quarto para hóspedes, o do Bruno. Fica à vontade. Não insisto no convite porque me constrange a idéia de que o convidado fique mal instalado.

---

* O livro sairia no segundo semestre de 1984, pela Philobiblion, no Rio, que pertencia ao mesmo titular da Editora Civilização Brasileira, Ênio Silveira. Ele desejava abrir nova frente apenas com narradores brasileiros.

Essa alteração do preço da casa teve o seu lado positivo. Foram tão grandes as despesas que gastei tudo o que tinha, e o maravilhoso resultado é que agora já não preciso me preocupar com a possibilidade de empregar mal o dinheiro de minha mulher: ele se acabou. Nossa situação econômica é robusta (compramos outros imóveis no ano passado), mas a financeira é péssima, de modo que as minhas inquietações de capitalista, isto é, fazer o dinheiro crescer, desapareceram por completo. Volto vivo (com alguns ferimentos, claro) à literatura.

Martín meteu na cabeça que suas passagens por aqui me causam problemas, e agora não avisa quando passa... Acho que ele resolveu muito bem a questão do teu pagamento. A discussão de direitos autorais me exaspera um pouco, tenho dificuldade de tolerar protelações, desculpas e explicações dos editores. Se eu continuasse a tratar do assunto, é provável que até hoje a Francisco Alves não tivesse feito o depósito.

Que trama diabólica, essa do avião coreano. 260 pessoas perderam a vida, uma imensa tragédia, e agora ela passa a ser usada numa campanha mundial contra a União Soviética por causa de um erro de avaliação. Todos acusam, condenam a derrubada do avião, mas ninguém se pergunta em que circunstâncias isso aconteceu. Amigos meus têm demonstrado certo desencanto, mas desde o início dessa histeria universal eu lhes recomendo: cautela, vamos esperar outras informações. E agora já começam a aparecer fatos estranhos. O piloto soviético, segundo a escuta americana, acompanhou o avião durante duas horas e meia, tentando identificá-lo e lhe adivinhar a intenção. E os americanos, ouvindo tudo durante duas horas e meia, nada fizeram para evitar o desenlace que se prenunciava. E por que um Boeing militar americano, um avião-espia, seguia o Jumbo da Kal, apenas 160 km atrás? E por que essa aeronave militar ia na rota de um avião civil, enquanto este cruzava a fronteira soviética? E por que o avião civil subiu para 10.000m e apagou todas as luzes? Há muitas outras perguntas que podem ser feitas e cujas respostas ainda não apareceram na imprensa. Razão tem aquele general russo, ao dizer que dadas respostas não serão encontradas em fatos que ocorreram sobre o mar, pois estão em terra e no outro lado do mar. Sinto uma grande pena por aqueles mortos todos, mas ninguém me convence de que o serviço secreto americano não está por trás dessa sujeira, quem sabe até o tresloucado que está na Casa Branca. Depois de Watergate não se pode duvidar de nada.

Recuerdos do
Faraco

P.S. Respondeste às minhas dúvidas sobre "Abejas" e não me mandaste de volta a tradução, da qual não fiz cópia.

Sem data
Caro Faraco:

Eu pensava ter devolvido "Abejas", mas em alguma dessas noites (distraído, cansado, semi-adormecido, naquela hora em que rasgo os esboços e os atiro debaixo da mesa) fiz com que tivesse o mesmo destino de outros papéis. Como só empunho a vassoura quando o monte é grande, e além disso proibi Dorita de limpar o escritório, apareceram os pedaços, que ordeno e te envio. Transtornos assim me fazem pensar em arteriosclerose...
Dentro de quatro ou cinco dias irá uma carta longa.

Abraço,
Arregui

Sem data*
Caro Faraco:

Estou muito bem e ainda não sei quando farão a troca do marca-passo. O fato é que quase não acredito que seja necessário, mas o aparelho que registra o problema diz que sim e então devo acreditar.
Corretíssima tua apreciação da nossa situação política. Os milicos sabem que têm de cair fora e no fundo talvez o queiram, conscientes de seu fracasso e sabendo-se odiados. Mas querem sair sem que lhes peçam contas da inépcia, das torturas, das negociatas... E mantendo privilégios e influências. Os políticos, sobretudo os *colorados*, têm-se portado, para o meu gosto, com muita brandura. Os *blancos* carecem da necessária unidade. A esquerda espera e cresce quase silenciosamente.
Adiamos nossa ida ao Brasil, mas não renunciamos. Iremos, por certo, mas não nos próximos meses. Aproxima-se a data do parto da filha de Dorita e a iminente avó por nada no mundo aceitaria afastar-se muito de seu neto durante os primeiros tempos.

---

* Recebida em 27 de setembro de 1983.

Martín está em Montevidéu, trabalhando como desenhista de tapetes para Manos del Uruguay, que é, como talvez saibas, uma espécie de multinacional do artesanato. Acho que não voltará para o Brasil, ao menos por enquanto – embora com Martín nunca se saiba quando vai trocar de cidade, de país, de orientação em seu trabalho, de mulher... Não deve ter recebido "A touca de bolinha" (não consigo entender o que quer dizer este título), pois nada me disse. Provavelmente já não estava em São Paulo quando mandaste. Eu também vou escrever esse conto, mas não agora. Primeiro quero escrever outro, "El diablo no duerme", e durante muitos dias repassar Neruda para uma palestra que me comprometi de fazer. E repassar Neruda leva tempo! Eu o leio desde 1940, mais ou menos, e ainda não o conheço a fundo. São 3.000 páginas de versos e quase 900 de prosa, isso sem falar nas biografias, nos estudos críticos e nos milhares de artigos. Grande trabalho, mas grande prazer também.

Alegra-me que tenhas resolvido a publicação do livro e teu "problema pessoal" (assim diz Martín) com os editores. Aqui a coisa anda pior, quase não se edita. Contudo, acaba de ser inaugurada em Montevidéu uma Feira Internacional do Livro (devo comparecer para falar sobre Paco Espínola). Virão o chileno Donoso, um poeta mexicano e o argentino que é o atual *best-seller*, Jorge Asís, um tipo que aparentemente vale muito e que é o romancista de Buenos Aires dos nossos dias.

Por certo, a campanha anti-soviética a propósito do avião coreano é uma canalhice. Os computadores mostravam o desvio do Jumbo, segundo os técnicos. O avião foi bem derrubado, e se 269 mortos são lamentáveis, mais ainda o são aqueles que os milicos argentinos mataram, que Pinochet matou, os mortos que tiveram vocês, os que tivemos nós... E nem falemos na América Central e em outros lugares do mundo. Dá raiva tanto cinismo.

Um grande abraço.
Arregui

28 set. 1983*
Meu caro Arregui:

Recebo tua última. Através de Sandra, por telefone, já sabia que a troca do marca-passo já não será necessária. Excelente notícia. As

---

* Carta suprimida na edição uruguaia.

cirurgias são aborrecidas, até mesmo pelo pós-operatório, quando o paciente está consciente e preso entre quadro paredes.

A política uruguaia – já comentamos – há de seguir caminhos já experimentados pela vizinhança. Francamente, não acredito no crescimento da esquerda. Quanto mais cresce, mais se fragmenta e perde peso político. O PCB, por exemplo, está numa ridícula situação. Prestes de um lado, Giocondo Dias de outro, o partido quebrado ao meio... isso sem falar nas demais ramificações, que pela quantidade, pela futilidade das desavenças, acabam por tornar-se quixotescas.

Com a adiamento de tua viagem ao Brasil, é possível que, ao realizar-se, eu já possa te hospedar com algum conforto (ao menos a cama...). Recebo a nova casa em dez dias.

Acho que de fato Martín não recebeu o "conto dele", remetido para São Paulo. Tenho outra cópia e mandarei em separado, proibindo-o de te mostrar. Será interessante comparar depois o tratamento que damos ao tema. "Touca de bolinha": "touca" em espanhol me parece que é *toca*, e "de bolinha" quer dizer que se trata de uma touca de lã com uma bolinha em cima. Deve haver muito por aí. É um gorro de inverno.

Jorge Asís já foi publicado no brasil, em São Paulo. Não o li, mas tenho o livro, e segundo escreveram alguns críticos é um ótimo autor.

Estou traduzindo "O regresso de Odisseu González", que é um conto muito bom, mas, a meu ver, com alguns problemas. Gostaria que me permitisses eliminar as erudições (todas) e deixar o conto no osso, com apenas breves referências à *Odisséia* para caracterizar a adaptação campeira. Gostaria, realmente, de fazer essa experiência.

Mandei "Abelhas" para o *Suplemento Literário Minas Gerais*.

Recuerdos do
Faraco

01 out. 1983*
Meu caro Arregui:

Remeto uma versão "experimental" de "O regresso de Ranulfo González". A mim me agradou o resultado (embora a tradução ainda mereça uns retoques), mas preciso saber se estás de acordo com os cortes, que foram grandes. Assim como está me parece um ótimo conto.

---
* Carta suprimida na edição uruguaia.

Gostaria que Martín visse também esta versão e a discutisse comigo. Cuida bem do texto, não o rasga, pois não possuo cópia. Se concordares com tudo, não deixa de esclarecer as passagens que assinalei em amarelo.

Recuerdos a todos, mais o abraço do
Faraco

P.S. Como te foste com Neruda em Montevidéu?

Sem data
Caro Faraco:

Estava em Montevidéu e Sandra me ligou para dizer que havia falado contigo, e intuí que um ou dois dias depois receberias a carta que coloquei no correio antes de deixar Trinidad. Estou bem, mas seguramente entendeste mal: a troca do marca-passo precisa ser feita e o será a qualquer momento. Estamos demorando por várias razões e inclusive porque a troca não é urgente. Enfim, é uma cirurgia de pouca importância: apenas um corte com anestesia local e dois dias de internação.

De nossa viagem ao Brasil, por enquanto, nada. Esperamos para qualquer hora o parto de Silvia (a filha de Dorita) e, como penso que já te disse, não se pode nem pensar em separar a avó do neto ou neta. De outra parte, há certo ruído a respeito de uma viagem em outra direção: Jaime Mejía Duque me escreve, dizendo que vai me propor como jurado, pela segunda vez, na Casa das Américas. O trabalho é duro, mas a viagem me tenta. Se o convite vier, poderei aceitá-lo? E poderei voltar ao Uruguai sem problemas? Por via das dúvidas, estou providenciando a renovação do passaporte, que tempos atrás me foi proibida, mas que agora me será autorizada. O fato é que não sei bem o que fazer, não sei aquilatar que perigos correria. O que achas? Segundo Jaime, em carta entusiasmada, Cuba vai em frente e é preciso vê-la. O problema é que não se sabe o que vai acontecer na política uruguaia nos próximos meses.

"A touca de bolinha" – que em espanhol seria *bonete con pompón* (ou gorro) – nos agradou a todos. Sandra vai traduzi-lo e eu vou revisar. É possível que o publiquemos em algum lugar, embora aqui no Uruguai não haja onde publicar um conto. Martín ficou muito contente.

Em Montevidéu, participei de uma mesa redonda em homenagem a Paco Espínola. A homenagem a Neruda será em 6 de dezembro e penso fazer algo basicamente político.

Em Montevidéu, em duas noites jantei com Jorge Asís e conversamos muito. Pareceu-me um tipo interessante, honesto, sincero. E também discutível, polêmico, autor de uma literatura polêmica e polemizada. Ele foi acusado de várias coisas, talvez com um pouco de razão em algumas. Só li um dos seus livros, que me interessou muito. Vou ler os outros quando puder consegui-los. É sem dúvida o romancista da Buenos Aires de hoje. Tem carências, mas também um vigor eficaz.

Também vi o chileno Donoso e um mexicano chamado David Huertas, mas não falei com eles. Depois, um pouco farto de literatura e de literatos, abreviei minha estadia e tomei o ônibus para Trinidad.

Não creio que "El regreso de Odiseo González" seja um conto muito bom, embora tenha um pedaço que me agrada muito. Em folha à parte escreverei algo sobre ele. Por certo te autorizo a fazer o que quiseres. As erudições têm (ou deveriam ter) um tom de pilhéria, mas... enfim...

Abraço,
Arregui

Sobre "El regreso de Odiseo González":

Eu havia começado uma carta em que te autorizava a fazer as eliminações que sugerias, quando chegou a "versão experimental" com as eliminações feitas. Sigo aprovando, claro. Mas devo dizer que a coisa muda fundamentalmente. A teoria do conto original (como a de "La puerta abierta", que é seu parente) foi fazer contos campeiros aos quais se somavam pilhérias ou semipilhérias literárias, para lhes dar outra dimensão. No conto, um gaúcho que volta ao seu rancho é "projetado" sobre o regresso de Ulisses a Ítaca. Uma frase aparentemente de ligeira zombaria é aparentada com uma tese gnóstica *moderada* ou sem o pessimismo congênito etc. Reduzido o conto "ao osso", fica "no osso" e então é questão de gosto escolher entre carne e osso. Se te agrada assim, bem está. Não tenho nada a objetar. Martín, em carta que ajunto, aprova. Eu me calo.

A linguagem, um espanhol ligeiramente agauchado, tem certa graça campeira que, segundo Martín, não passou bem ao português. Mas o português de Martín é tão inexistente quanto o meu.

Esta página é um tanto idiota. A verdade é que o tema serviria melhor para uma conversa mano a mano e para uma compridíssima carta que seria excessivo e trabalhoso escrever.

Carta de Martín Arregui anexa:
Trinidad, 5 de outubro*
Estimado Faraco:

Acabo de ler "El regreso" no original e na tua versão. O velho não concorda comigo, e sei que não concordará jamais, pois tem um grande carinho por essa longa página em itálico, em que desenha com traços impressionistas a biografia da velha. Não duvido de sua qualidade, mas sempre duvidei de sua oportunidade dentro *desse* conto. De resto, jamais concordarei com ele a respeito da algazarra que se segue no conto, palavras demais e, afinal, o que quer dizer tudo aquilo? Sem dúvida, é um dos raros episódios em que sua veia de filósofo ou teólogo saiu campo afora. O resultado, tanto literariamente como filosoficamente, me faz ringir os dentes cada vez que leio, coisa que costumo evitar. Ele terá suas razões para defender o texto primigênio que, graças a deus, ficou sem companhia. Por isso, estou de acordo contigo em que a supressão dessas partes deixa o conto como deveria ter sido e o favorece.

Ao mesmo tempo, notei que em teu primeiro rascunho se perdem matizes de linguagem que parecem imprescindíveis para que o conto, depois de se libertar dessas partes confusas finais, siga se sustentando.

Los dolores no eran intolerables, pero la sed lo torturaba
"As dores eram toleráveis, mas a sede o torturava"

Tua frase, a segunda, perde força e matizes, na minha opinião. Há outros exemplos. É o que penso. Dizias querer sabê-lo. Aí está.

Recebemos teu conto há dias.** Eu estava em Montevidéu quando chegou, e como Sandra tinha gostado muito e o velho também, fui lê-lo com boa disposição. De noite, com Sandra já adormecida, e ao lado do fogo, li bem devagar. Agradou-me realmente. Surpreendeu-me a atmosfera tão perigosa entre a pieguice e o grotesco, tão bem alcançada e eficaz. *Fenómeno*. Te agradeço por me atribuíres a paternidade do tema, mas, tal como te disse quando me contaste o que estavas fazendo, vejo que escreveste o conto "a partir de…" e, enfim, algo inteiramente teu. Obrigado por me enviar e pela alegria que sinto por teres escrito a história.

Meus desenhinhos, se é que são necessários ou oportunos, ficam à tua disposição – refiro-me à edição de *Manilha de espadas*.

---

* Não consta na edição uruguaia.
** "A touca de bolinha".

Nos próximos dias resolverei se vou ou não à Bienal, neste mês. Se for, passarei aí para te ver. Do contrário, te visito a qualquer momento.

Abraço, saúde aos teus e feliz casa nova.

Martín

Carta de Sandra, mulher de Martín, anexa:
Flores, 07 out. 1983*
Querido Faraco:

Grande alegria falar primeiro por telefone contigo, em seguida receber teu conto, símbolo de uma noite muito linda. Ao começar a lê-lo, sinceramente, eu disse comigo: "Não, não é assim, Faraco errou". Por certo, eu estava esperando uma versão bastante fidedigna do que foi relatado, ou das imagens que, pouco a pouco, fui assimilando e fazendo minhas, fui procurar Martín num personagem que não se parece com ele. Enfim, esperando que respondesses com o conto que eu escreveria e que, claro, não escreverei nunca.

A menininha sobe a escada ("suaves barulhinhos... pezinhos descalços e receosos galgando os mesmos degraus que meu avô..."), passagem deliciosa, com a delicadeza e a ternura que sempre me provocou, e aí o conto decididamente me pegou. Está escrito de modo impecável, tal como o senti. Dali em diante, submergi numa atmosfera tão cálida, desnudando-me de todos os preconceitos, imagens já feitas e afirmadas e me abri para essa menina, para esse homem, para o teu conto. O final, de uma grande ternura. É o resultado do que essa simples historinha moveu em ti, expressado de uma maneira muito especial, muito viva e com o qual fiquei feliz. É a primeira resposta válida, muito positiva, a uma proposta que me parece interessante. Algum dia se editará esse livro, em que alguns contistas escrevam essa história. Já temos um excelente começo. Mais até, quando tudo resulta da magia de uma noite muito, muito louca, transbordante de caipirinha, vinho, cigarros e um bom amigo.**

Um beijo grande para Cybele, Bruno e essas belíssimas filhas que tens. Um abraço,

Sandra

---

* Não consta na edição uruguaia.
** Sandra faz menção à noite em que Martín me contou o episódio que se passara entre ele e a menina.

P.S. Escrevi em espanhol porque, por um lado, é um bom exercício para praticares esse idioma, que cada dia falas melhor, e, por outro, para que eu não passe vergonha... Mario e eu vamos traduzir o conto. Seguem as "primeiras" dúvidas: 1) Significado da expressão "picar nas pedras". 2) "Bengala de rengo" é aquele acendedor que geralmente se usa no campo?*

Espero que, depois dessa experiência, o resultado seja positivo.

Tiau

18 out. 1983
Meu caro Arregui:

Fico feliz com a intenção da Sandra de traduzir, com tua revisão, "A touca de bolinha", e igualmente por saber que o conto agradou a todos. Ao menos não malversei a bela história de Martín. As dúvidas de Sandra: "picar nas pedras", no caso, significa bater com a ponta do bastão nas pedras. O personagem-narrador usa um bastão porque é coxo. Portanto, ao referir-se à sua "bengala de rengo", ele quer dizer seu "bastão de coxo". Na seqüência do conto ele menciona mais de uma vez a perna enferma.

A casa está pronta. No sábado, 22, começaremos a mudança. E assim se terminam de vez os incômodos, as preocupações, os gastos.

Segue um recorte do *Correio do Povo* com matéria sobre Ruben Paz. Quando o uruguaio não está em campo o Inter perde sua identidade e, geralmente, também a partida... Vai também um suplemento cultural de Goiás, que republicou a entrevista que preparamos para o *Correio do Povo*.

Alegra-me saber que tua cirurgia é de rotina e sem maiores complicações. Um pequeno corte e anestesia local. No entanto, gostaria que me mantivesses informado.

Tua viagem aos Estados Unidos** é preocupante. De um lado, há indícios de que a política uruguaia esteja mudando. De outro, a incerteza

---

* Provavelmente ela relacionou "bengala" a fogos de artifício que, em espanhol, chamam-se *luz de Bengala*, e em português "bengala".

** Na verdade, Cuba. Eu temia que, no Uruguai, minhas cartas fossem lidas pela polícia política, uma vez que as dele aparentemente o eram: os envelopes *sempre* chegavam abertos ao Brasil e eram restaurados pelo nosso correio.

de que persista nesse rumo, sem interrupções. É difícil opinar, sobretudo porque não tenho uma idéia exata da intensidade e do ritmo com que se desenvolve o processo político. Deflagrado está, pressente-se aonde vai chegar (como no Brasil, na Argentina), mas... quando? Não me atrevo a te aconselhar. Te recomendo, sim, um procedimento, se decidires viajar: dar publicidade ao convite, destacando sua natureza literária, pois se tiver de acontecer alguma coisa, acontecerá antes da viagem e não depois.

Martín está de acordo quanto à necessidade de suprimir ruídos estranhos no solo de Ranulfo. A questão é justamente a que ele expressou: a oportunidade dentro do conto. No entanto, discordo ligeiramente da radiografia que Martín fez do problema, pois vejo dois problemas.

O primeiro é o reportamento aos gregos, que me pareceu ter ido longe demais. Não reprovo referências, inclusive não concordo com o que dizem os Da Rosa na antologia de contos campeiros, e até acredito que, não raro, certas digressões podem produzir excelentes efeitos. Verás que eliminei algumas referências, mas não todas, permanecendo um resíduo que me pareceu aceitável e ajuda o relato a desenvolver-se. Contudo, sou obrigado a dar razão a Martín num ponto: às vezes te estendes demais em expedientes literários que não remetem ao principal e sim ao acessório. Isto acontece em "O regresso de Ranulfo González" e, que me lembre, em dois outros contos. São pecados eventuais, que os Da Rosa noticiaram como sistemáticos.

O segundo é a biografia da velha, eu o percebi durante a tradução. O personagem do conto é Ranulfo, sua pequena odisséia de Ulisses campeiro. A divagação em torno da sogra, embora saborosa, faz com que incida sobre a narrativa, por assim dizer, um novo "conflito", deslocando o interesse do leitor do conflito fundamental, que é a volta de Ranulfo e o encontro de sua mulher com a vida reconstituída. Novas incidências, com novos desdobramentos, só dão certo e se harmonizam nos romances.

Enfim, tuas idéias, as de Martín, as minhas, essa matéria toda é discutível e vamos esmiuçá-la diante de um tinto chileno que estou guardando. Por enquanto ficamos com as eliminações, por maioria de votos...

Vou reexaminar a tradução, por causa da observação de Martín sobre a perda de algumas nuanças da linguagem. No exemplo que citou, das dores toleráveis, preferi afirmar "afirmando" ao invés de afirmar "negando", o que me pareceu uma espécie de alegoria*.

---

* Não sei o que eu quis dizer com "alegoria".

Já terminei a tradução de "Os olhos da figueira" (título provisório?). Não te envio agora porque está manuscrito e não entenderias direito.

Um abraço a Dorita, Martín, Sandra, Alejandro, mais o recuerdo do
Faraco

Sem data*
Caro Faraco:

Estou em Trinidad em absoluta solidão: Dorita, Martín e Sandra em Montevidéu. Dorita foi há dias, para esperar o parto da filha (que ocorreu no dia 15, uma menina) e agora está lá, como avó feliz. Ainda não fui conhecer a nova cidadã. Tudo foi perfeito, segundo dizem. Sandra traduziu "El bonete de pompón" e se foi. Martín começou a datilografar a tradução, mas também se foi sem terminar o serviço. Eu não gostei da tradução e tampouco do título. Vou esperar que Martín volte para trabalhar junto com ele.

Não vale a pena continuar conversando sobre "El regreso de O.G." O conto não é grande coisa, e as digressões, quase como enfeite, eram para lhe dar valores "literários", quase no mau sentido dessa palavra – e também como pretextos para o humor. A coisa é mais evidente num conto ainda pior e feito com intenções iguais ou muito parecidas, "La puerta abierta". Enfim, não magnifiquemos problemas de muito relativa importância.

A viagem ao Norte, como sabes, ainda é mera possibilidade, embora eu esteja inclinado a crer que a sugestão de Mejía Duque (que agora deve andar por lá) possa germinar. É preciso esperar, e depois, se o convite realmente ocorrer, começar a pensar e a avaliar as possibilidades.**

Aproveitei a solidão para trabalhar em "El diablo no duerme", que dou por terminado e que me parece (independentemente dos possíveis valores de conteúdo) um exemplo de conto bem-feito. Vai uma cópia. Veremos o que opinas. Estou conseguindo aquilo que desde muito tempo queria: encurtar os contos para não mais do que seis ou

---

* Recebida em 28 de outubro de 1983.

** Arregui parece sugerir que meus comentários da carta anterior são prematuros. Provavelmente se esqueceu de que pedira minha opinião.

sete páginas, ou seja, chegar à *short-short-history* em que Hemingway conseguiu peças formidáveis.

Considero que "Los tigres de la furia" (que trocou novamente de título e assim se chamará) está longe do que tem de ser. Vou reescrevê-lo. Teria de ser um conto muito bom e não é. Faltam algumas coisas e talvez sobrem outras tantas. Por enquanto vou deixá-lo de lado. Há de ser uma bela ocupação para o próximo inverno, além das leituras a que estou obrigado.

Todas as noites ouço rádios argentinas. Propaganda eleitoral. Que confusão! O PC argentino apóia Luder, dizem que seguindo orientações de Moscou. O turco Asís me dizia que isso estava correto, que era um ato de lucidez política, de coragem etc. Mas que récua de anormais os tais peronistas! Herminio Iglésias, por exemplo – nota-se –, é analfabeto e crapuloso. Luder não me parece tão rejeitável. Alfonsín parece melhor, mas é evidente que atrás dele está não só a pequena burguesia, mas também a mediana e a grande. Claro que o importante – e como é importante para nós no Uruguai – é que se chegou à eleição e que os milicos têm de cair fora com o rabo entre as pernas. Veremos o que acontece no domingo.

Quando estiver pronta a versão de "El bonete de pompón", te envio.

Nos próximos dias talvez eu vá a Montevidéu conhecer a menina e conversar com os amigos.

Lembranças aos teus e um grande abraço.

Arregui

Sem data*
Caro Faraco:

Suponho que terás recebido minha última carta, com a qual te enviei "El diablo no duerme". Continuo sozinho em Trinidad. Dorita, Martín e Sandra em Montevidéu. Espero que Martín venha hoje à noite. Dorita não se afasta mais do que três, quatro metros do berço de sua neta.

Segue a versão anotada de "Los ojos de la higuera" e também umas linhas a propósito. Vai igualmente a última página de "El diablo no duerme" para substituir a que te enviei. Estou muito contente com este conto curto. Como execução, não concordas que é perfeito?

---
* Recebida em 14 de novembro de 1983.

Alegra-me a estrepitosa queda dos milicos argentinos. Jorge Asís me convencera de que o PC argentino tinha razão ao apoiar o peronismo, mas depois, ouvindo rádios portenhas, fui passando para o alfonsinismo. Os peronistas são ordinários demais, e são – diria que quase se nota em suas vozes – safados demais. Têm razão os camaradas argentinos ao dizer que no peronismo está a classe operária, mas... O comunismo, além de ser um fato político, tem de ser um fato ético, e eticamente é impossível apoiar um tipo como Herminio Iglésias e outros tantos. Qual é a tua opinião? Me parece evidente que os muitos votos de Alfonsín se explicam pelo desejo de votar mais claramente contra os milicos.

A inesperada resistência que os *marines* encontraram em Granada, e sobretudo as repercussões internacionais, haverão de pesar para que a besta do Reagan pense melhor antes de invadir a Nicarágua?

Aqui se anunciam novidades para a próxima terça. Teremos um novo Ministro da Economia, Vegh Villegas, cuja tarefa, dizem, será ordenar a economia para a transferência de poder para o governo civil. Nada menos!

Não sei se Mejía Duque continua em Cuba ou se já regressou para Bogotá. Estou esperando notícias.

Ontem à noite, a seleção uruguaia empatou com a brasileira na Bahia, com evidente injustiça. O jogo em Montevidéu foi mais ou menos parelho, com superioridade brasileira no meio-campo, mas com bons momentos uruguaios e um belo gol de Diogo. Ontem a superioridade brasileira foi flagrante, os uruguaios não achavam a bola e só corriam. Uma única jogada aceitável, a escapada de Venancio (muito bom jogador), trouxe o empate. Má sorte a de vocês. Grande futebol, sim, mas não metem a bola na rede. No último mundial aconteceu a mesma coisa. Com um domínio e um jogo como o de vocês ontem à noite, o Uruguai metia uns cinco gols. A verdade é que, por momentos, quase desejava a vitória brasileira, por uma questão de justiça e pelo asco que me provocam as explosões do nacionalismo.

Dizem na Arca que *Ramos generales* poderá ser editado no início de 84. Tenho muita vontade de mudar o título e batizá-lo como *El diablo no duerme*. Procurei o manuscrito e estou tratando de revisá-lo.

Outro dia vou te enviar fotocópia de um conto que se chama "El caballo piadoso", um exemplar tema de *cuento de fogón* que escrevi há muitos anos e me diverte muito.

Abraço,
Arregui

16 nov. 1983
Meu caro Arregui:

    Recebo a carta com o novo conto e notícias da neta de Dorita, assim como a seguinte com "Os olhos da figueira" e a nova página de "O diabo não dorme". Transmite à Dorita meu abraço pelo nascimento da neta, e podes lhe dizer também, em meu nome, que a *nena* ganhou uma linda avó.
    As novidades são uma só: já estou na casa nova. O telefone continua o mesmo. A despeito da grande atrapalhação que é uma mudança, e do distanciamento de meus velhos conhecidos de Ipanema, estou contente. Uma das coisas boas é que, agora, não precisas de hotel em Porto Alegre.
    Uma surpresa, esse Alfonsín, mas o grande acontecimento, sem dúvida, foi a realização das eleições, a segunda e aplastante derrota dos militares argentinos.* Um fato tão monumental que, seguramente, terá repercussões na vizinhança. Uma vitória do peronismo acabaria levando o país à farsa de uma república sindical – o que teria pouco a ver com a classe operária e muito com os aproveitadores e testas-de-ferro que se apropriam dos sindicatos. Luder parece um homem sério, mas... Alfonsín representa outros interesses, imagino, e a burguesia, pequena ou grande, certamente vai administrar melhor do que o proletariado aburguesado que está nos sindicatos. E se Alfonsín é um nacionalista, por que não há de fazer um bom governo? É claro que, se o processo político evoluir, com algum fortalecimento da esquerda, ele recuará, como sempre recuou quem ele representa, mas isso não assusta, já estamos acostumados. Eu diria, então, que a vitória de Alfonsín, se me surpreendeu, também me pareceu a alternativa menos perigosa. Com o peronismo, a Argentina ia virar uma baderna, justo num momento em que o país precisa de paz social. E se me dizes que o PC argentino apoiou o peronismo, mais eu penso que devia ganhar Alfonsín. Afinal, os comunistas argentinos apoiaram a invasão das Malvinas, imaginando que aquela era uma guerra santa contra o imperialismo.
    Também espero que a inesperada resistência em Granada e a reação internacional façam com que Reagan pense duas vezes antes de invadir a Nicarágua. Mas essa reação internacional não foi muito intensa. De resto, sabes bem como os presidentes norte-americanos

---

* A primeira nas Malvinas.

classificam a opinião pública: a principal e a acessória. Esta é a que vai pelo mundo inteiro, ao passo que a outra, a principal, é a opinião pública norte-americana (ele pensa se reeleger). Nos Estados Unidos, a reação foi favorável à invasão de Granada, houve até uma elevação no percentual de popularidade do presidente. Isto quer dizer que, se as reações acessórias o inibem, as principais o estimulam, e por isso estou pensando que ele vai invadir a Nicarágua ou fornecer os meios para que alguém o faça. O que falta saber é em que altura da campanha pela reeleição ele vai fazer isso. Quero estar enganado, claro.

Vi as partidas Brasil x Uruguai, tanto em Montevidéu como na Bahia, e discordo de teu julgamento. A imprensa brasileira, geralmente, também viu o jogo de outro modo. Há um consenso de que o Brasil não merecia vencer, por motivos vários: baixa qualidade da atual seleção (infinitamente inferior à da Copa da Espanha), cansaço dos jogadores, incompetência do treinador (nunca dirigiu uma equipe brasileira, era preparador físico no Kuwait) e, enfim, a garra do adversário. Também acho que Venancio Ramos é um grande jogador, e Diogo igual. Defende bem e, nas últimas partidas que vi, tem mostrado uma habilidade da qual eu não desconfiava. O gol em Montevidéu foi antológico.

Comenta-se aqui que as dificuldades brasileiras diante do Uruguai são também psicológicas: desde a Copa de 50, o Brasil não ganha uma partida final, decisiva, contra o Uruguai. Pode ser verdade. Lembro-me da final do Mundialito. O Brasil tinha uma equipe bem melhor, era a mesma que disputaria a Copa da Espanha, e o Uruguai estava desclassificado. Ganhou o Uruguai, e os nossos, em campo, estiveram irreconhecíveis. O problema do futebol brasileiro, comentam os especialistas, é o êxodo. Nossos melhores foram embora e entre eles há alguns que são os melhores do mundo em suas posições: Falcão (Roma), Zico (Udinese), Toninho Cerezo (Roma), Batista (Lazio), são alguns dos que partiram. Dos que permanecem, os bons são Sócrates (Corinthians), Renato (Grêmio), Éder (Atlético Mineiro) e Júnior (Flamengo). Há um outro grande jogador, Reinaldo (Atlético Mineiro), que talvez seja o melhor de todos, mas que não é convocado para a seleção sob o pretexto de que se lesiona com freqüência. Mas o problema – é o que se comenta – também é outro: ele tem opiniões políticas, pende para a esquerda e seguidamente dá declarações nesse sentido. A confederação, com seu paternalismo feudal, não o perdoa. É habilidoso e inteligente. Tem 25 ou 26 anos. Certa vez, há dois ou três anos, disputava-se uma partida final do campeonato brasileiro no Rio: Flamengo x

Atlético Mineiro. O Flamengo venceria por 3 x 2, mas na metade do segundo tempo ainda estava 1 x 1. Maracanã lotado, 150.000 pessoas. Lá pelas tantas, Reinaldo dribla um adversário e cai no chão agarrando a perna, talvez uma torção. E como o Atlético não podia mais substituir, permanece Reinaldo em campo, mancando. Foi o que bastou para a multidão lembrar-se de suas "constantes lesões" e então ouviu-se um coro de milhares de vozes gritando "bichado, bichado", que quer dizer "arruinado" ou "podre". Foi uma coisa terrível, quase criminosa, e só o fanatismo cego e a ignorância podiam produzir. Pois não se passaram cinco minutos: alguém ergueu a bola na área do Flamengo, o "bichado" avançou mancando e fez o gol de cabeça. Já imaginaste 150.000 pessoas mudas, vendo o "bichado" imóvel, sem festejar, apenas erguendo o punho naquele gesto dos negros americanos? E enquanto isso, lá num cantinho do estádio, a pequenina torcida mineira gritava: "Rei-rei-rei, Reinaldo é o nosso rei". Foi uma noite gloriosa para Reinaldo. Se tiveres oportunidade de vê-lo jogar, não perde.

Ainda não li as anotações que fizeste em "Os olhos da figueira". "Abelhas" terá aparecido na edição de 29 de outubro do *Suplemento Literário Minas Gerais*, mas ainda não recebi o exemplar. Li "O diabo não dorme", mas não quero te dar minha opinião agora. Estou muito atrapalhado por causa da mudança da casa e é melhor esperar que as coisas se acalmem.

Dá notícias. Avisa-me se já pensaste em marcar a data da viagem ao Brasil. E notícias também do convite de Mejía Duque.

Recuerdos do
Faraco

18 dez. 1983
Caro Faraco:

Demorei para responder tua carta por ter estado em Montevidéu (várias vezes, por diferentes motivos) e ali sou incapaz de escrever sequer um cartão. Por certo, estive presente no 27 de novembro, data que será histórica porque, como terás sabido, num ato de protesto contra a ditadura reunimos 400.000 pessoas ou mais. A ditadura está morta, sem saída, apodrecendo, caindo aos pedaços. Este ato, os acontecimentos argentinos, declarações dos partidos tradicionais etc. lhe estão dando as punhaladas finais.

No mesmo dia 27, para os amigos de Ángel Rama a alegria do enorme ato foi seriamente abalada pela notícia de sua morte. Era um tipo extraordinário. Todos nós o queríamos muito. Que morte de merda!

Amanhã (hoje é domingo, 18) volto a Montevidéu – onde Dorita permanece, ajudando a filha e sem se afastar muito do berço da neta –, na terça tenho exame médico para ver o que fazer com o marca-passo. Sinto-me cada vez melhor e me parece incrível que seja preciso fazer algo.

Martín também está em Montevidéu, trabalhando muito, contente e ganhando um bom dinheiro. Sandra, bem e também feliz.

Fiz a palestra sobre Neruda e parece que me saí muito bem – ao menos é o que dizem. Na estância, aparentemente, as coisas tendem a melhorar, os apertos econômicos já não são tão grandes e o perigo de embargos e execuções se tornaram um tanto mais distantes. No entanto, o aumento dos preços do combustível e outros insumos faz com que não sobrem muitos pesos. As classes populares, os aposentados etc., cada vez pior. Não há trabalho e o dólar está cotado em mais de 40 pesos.

Dentro de alguns dias, finalmente, começará a ser composto *Ramos generales*. O atraso foi providencial, permitiu-me acrescentar "El sitio de las higueras", "Los tigres de la furia" e "Abejas", e eliminar outros três contos muito fracos. O livro sairá nos primeiros meses de 84. Pensava deixar "Los tigres de la furia" descansar por mais tempo, mas tive de retocá-lo com pressa. O que vale é que fiquei satisfeito. Agora me dei umas férias e estou aproveitando para reler Kafka. Não penso em começar nada até estar novamente tranqüilo em minha cidadezinha.

Tudo isso, e também por não estar aqui quando Martín aparece, fez com que ainda não fosse concluída a datilografia de "El bonete de pompón" (ou algo assim, porque talvez venhamos a trocar o título), coisa que faremos tão logo seja possível.

Recebi carta de Mejía Duque. Diz que falou com Fernández Retamar e me aconselha a escrever para ele. Mas não escreverei, continuo resistindo à idéia de pedir algo. De outra parte, a correção das provas de *Ramos generales*, os possíveis controles do novo marca-passo e a situação política ainda um tanto perigosa me levam a pensar que talvez seja melhor esperar.

Dizes em tua carta que andas antiliterário.* Continuas? O que há de novo sobre o teu livro?

---

* Não encontrei cópia desta carta.

Alfonsín já se torna personagem importantíssimo. O discurso que fez quando assumiu nos agradou a todos. As medidas que está tomando são dignas de entusiásticos aplausos. Um amigo que viaja com freqüência a Buenos Aires (onde sua mulher está exilada) me disse que o apoio popular cresce rapidamente, que muitos eleitores do PC não seguiram a orientação dos dirigentes e se tornaram alfonsinistas. Surpreendente fenômeno carismático, surpreendente eficácia de uma prédica que destacou o ético.

Creio que também foi um fato positivo o triunfo da AD na Venezuela, sobretudo pelo que tem a ver com a Nicarágua.

Acabo de saber que, há poucas horas, nosso governo desenterrou uns decretos chamados "de agosto", pelos quais se proíbem informações e comentários políticos. Não sei bem que alcance têm e, nessa altura da derrubada, o que estão querendo com isso. Parece uma resposta um tanto idiota às convenções dos partidos. Veremos o que acontece.

Recebe um forte abraço e lembranças aos teus.

M.A.

28 dez. 1983
Meu caro Arregui:

Eu já andava inquieto pela falta de notícias. Te imaginava em Montevidéu acertando o marca-passo. E se estavas lá por outros motivos, familiares, políticos, tanto melhor.

Fiquei chocado com a morte de Ángel Rama. Não o conheci, e de seu trabalho só li aquele ensaio em *Tres libros de cuentos*, mas era um intelectual de prestígio na literatura americana, e além disso teu amigo. Senti igualmente a morte de Scorza (tenho todos os livros dele publicados no Brasil). Que estupidez, perder a vida no gozo de perfeita saúde.*
Mas não vamos falar nisso, não adianta nada, a vida continua e temos muito o que fazer antes que também sejamos surpreendidos.

---

* O ensaísta uruguaio Ángel Rama (1926-1983), o romancista peruano Manuel Scorza (1928-1983), a crítica de arte argentina Marta Traba (1930-1983) e o romancista mexicano Jorge Ibargüengoitía (1928-1983) embarcaram em Paris, em 27 de novembro, com destino a Bogotá, onde participariam do Encontro Cultural Hispano-Americano, patrocinado pela Academia Colombiana da Língua. O Jumbo da Avianca chocou-se contra o solo a oito quilômetros do Aeroporto de Barajas, em Madrid, com um saldo trágico de mais de 180 mortos, entre eles os quatro escritores.

Não tenho conversado com ninguém sobre política, ou sobre qualquer outra coisa. Saio pouco de casa. Pelos jornais, a impressão que me fica é a de que Alfonsín está causando certo assombro, ao menos no Brasil. Não se esperava que fosse cumprir tão prontamente as promessas eleitorais, entre elas a de prestigiar a justiça do caso dos desaparecidos e a de impor condições para o pagamento da dívida externa. Enfim, parece que o homem vai longe e me pergunto se não é o grande líder que a Argentina e a América do Sul estão precisando. Esperemos que os militares, assustados, não tenham forças para contê-lo ou derrubá-lo.

Essa disposição de Alfonsín pode ter repercussões negativas nas políticas uruguaia e chilena. Também me pergunto se os militares, agora, não vão tentar prolongar seu encastelamento no governo – a energia do desespero de que fala Plekhanov –, por temor do exemplo argentino. A não ser que consigam largar o governo e assegurar a impunidade.

Fico feliz com a perspectiva da publicação, tão próxima, de *Ramos generales*. Então há de sair mais ou menos junto com meu livro, no Rio.

Enviei o *Suplemento Literário Minas Gerais*, com a tradução de "Abejas". Recebeste? Tua crônica foi muito apreciada, algumas pessoas me telefonaram, comentando.* Temos outros assuntos a tratar, mas em separado, sobre teu novo livro brasileiro.**

Recuerdos a Dora, Martín, Sandra, e um forte abraço do

Faraco

Sem data***
Caro Faraco:

Na semana passada, antes de viajar para Montevidéu, fui ao correio postar uma carta para ti. Ao voltar para casa, encontrei a tua, com o artigo de Donaldo Schüler. Dias depois, voltando de Montevidéu, encontrei o suplemento literário com a tradução de "Abejas".

Em Montevidéu me saí bem: disseram os médicos que não havia razão bastante (ao menos por enquanto) para trocar o marca-passo. Em seguida voltei para Trinidad, que é onde me sinto melhor.

---

* O SLMG, na época, circulava em todo o Brasil, sobretudo entre os escritores.
** Não guardei cópia dessa separata.
*** Recebida em 3 de janeiro de 1984. Carta suprimida na edição uruguaia.

Sempre me produz uma sensação de perplexidade ler o que se escreve sobre minha literatura, é algo um tanto incômodo que me veda qualquer juízo. Pode ser que o artigo de Schüler seja acertado, mas...

Sobre a tradução de "Abejas" eu faria (e talvez faça oportunamente) uma ou duas observações de escassa importância. A versão que aparecerá em *Ramos generales* será um pouco diferente da que te enviei: tem três ou quatro frases mais e, sobretudo, muda um pouco o tempo para poder aludir à morte de Luis Buñuel, por quem tive durante muitos anos uma grande admiração, e que não podia faltar na galeria dos *meus* mortos. A morte de Ángel Rama, outro morto enormemente próximo, ficou de fora porque ocorreu recentemente, em fins de novembro.

Na última carta eu falava do ato de 27 de novembro, da grande mobilização popular e do otimismo que temos em relação a iminentes mudanças políticas. Hoje as coisas não parecem tão claras, infelizmente. Os milicos endureceram, os semanários de oposição, submetidos à censura prévia, estão praticamente amordaçados etc. As pessoas continuam otimistas, mas eu, que quase por costume sou otimista, comecei a ver o panorama com alguma preocupação. O que acontecerá? Comentaristas de rádios argentinas dizem que o *alfonsinazo* repercutiu negativamente no Uruguai, na medida em que assustou nossos gorilas. Será verdade? Notícias que chegam de Montevidéu falam de minimanifestações com participantes presos. Os jornais não dizem nada e nem as rádios. O diretor da CX30 La Radio está fazendo greve de fome como protesto contra o fechamento da emissora.

Falas na carta do segundo livro, de dois contos (um não traduzido, outro ainda não escrito), e terminas com "o projeto que naturalmente ainda não conheces".* Como anda a coisa?

Literariamente, nada de novo. Está quente demais para se pensar na literatura por fazer. Hoje foi um dia deprimente, um calor que provoca um desânimo pegajoso. Este é um país de climas extremos, como já se disse.

Dorita continua em Montevidéu, para esperar o ano-novo. No entanto, acho que não vou me mover daqui.

Recebe um abraço e lembranças aos teus, e como é clássico, meus votos de um ano que seja bom.

M.A.

---

* Esses comentários, provavelmente, estavam na mencionada separata.

04 jan. 1984*
Meu caro Arregui:

Recebo a carta em que acusas a chegada dos jornais. "Abelhas" é uma tradução que pode ser melhorada. Foi um trabalho cuidadoso, mas veloz, não suficientemente decantado. É uma bela crônica, mas não penso em incluí-la em nosso novo livro: seu tema, de certo modo, já está presente em "Meus amigos mortos".

Donaldo Schüler, segundo se diz, é um dos papas no estruturalismo no Brasil. É meu amigo. Esses artigos sempre ajudam a vender o livro.

Não me informaste sobre a prestação de contas da Francisco Alves. Eu gostaria de saber quantos exemplares foram vendidos até o momento do último acerto.

Mencionei na carta anterior que desconfiava das seqüelas do *alfonsinazo* no Uruguai. Agora me contas sobre os comentários argentinos e eu os endosso. De qualquer forma, a tal energia do desespero não pode sustentar o regime por muito tempo. Pode, sim, provocar um confronto, e se isso acontecer tomara que não seja violento.

Do projeto do novo livro fiz um breve esquema na carta anterior, e aguardo tua opinião. O conto ainda não escrito seria aquele que faltava para deixar a segunda parte mais equilibrada com a primeira. Se já acertaste "Os tigres da fúria", o problema está superado.

Estou peleando novamente com o editor, que coisa. Não veio o contrato nem o dinheiro no prazo que combinamos verbalmente. E como ele não responde às minhas cartas, pedi a um amigo que o procurasse no Rio. Já houve esse encontro. Ele quer lançar o livro em maio, mas com a condição de que eu abra mão do adiantamento. A que ponto chegamos. Como eu viveria, se dependesse só da literatura? Um livro que escrevi há bastante tempo, que entreguei ao editor há cinco meses, e cujos rendimentos só receberei dentro de um ano... Estou tão indignado que achei melhor não responder nada agora, vou deixar passar uns dias e depois ver o que faço.

Recuerdos do
Faraco

---

* Carta suprimida na edição uruguaia.

Sem data*
Caro Faraco:

Há dias recebi tua carta de 28 de dezembro, que me deixou pensando. Ficou aqui na minha mesa e pretendia responder a qualquer momento. Hoje chegou a carta de 4 de janeiro e agora são duas que devo responder. Talvez esta minha carta seja muito longa.

Continuo sozinho em Trinidad, ainda que Dorita me reclame em Montevidéu. Mas faz tanto calor! Além disso, retomei um de meus velhos amores, Lucrécio, um tipo que, se eu pudesse ler em latim, talvez o sentisse como o maior poeta de todos os tempos. Li também outro livro admirável, *Meu último suspiro*, memórias de Luis Buñuel, do qual te falarei depois.

Sim, a morte de Ángel Rama é para todos uma perda capital. Era uma autoridade e uma excelente pessoa. A uma inteligência e uma lucidez extraordinárias, unia uma enorme erudição e uma grande simpatia, além de uma capacidade de trabalho que alguém qualificou, com razão, de neurótica ou quase neurótica. Ángel era algo como um poderoso alcalóide cultural, esgotava e prostrava quem trabalhava com ele. Foi muito amigo meu, na medida em que se pode ser amigo de alguém que não tem tempo a perder, que nunca se permite uma simples conversa amistosa, que logo vai escapulindo rumo às coisas importantes que tem nas mãos. Nisto, eu diria que ele foi pouco rio-platense – entendendo como símbolo do rio-platense essa linda ociosidade do mate compartilhado e da conversação errática. Te envio de presente um belo livrinho que ele publicou há muitos anos.

A morte dele me calou fundo, mas, como já te disse, não quis evocá-la em "Abejas" porque ocorreu depois do fim do inverno. Também me calou fundo a morte, em Buenos Aires, de uma mulher com a qual, há 16 anos, tive um romance apaixonado. Dorita não soube nada na ocasião, mas anos depois lhe fiz uma confissão completa. Nos últimos anos, costumávamos nos escrever duas ou três cartas anuais, trocar livros, fotografias. Tenho numa caixa uma foto dela com os dois filhos, que não são meus, mas do homem com quem depois se casou. Não sei de que morreu, aos quarenta e poucos anos. Tenho de me esforçar para não pensar nela.

De fato, o *alfonsinazo* repercutiu negativamente entre nós. Hoje mesmo se comentam umas declarações de Linares Brum, Ministro do

---

* Recebida em 17 de janeiro de 1984. Carta suprimida na edição uruguaia.

Interior, no sentido de que não se sabe se as Forças Armadas entregarão o governo em 85. Há entre elas, sem dúvida, susto e aquela energia do desespero de que falas, citando Plekhanov. As pessoas, em geral, continuam otimistas. Prosseguem os estrondosos concertos de panelas que, dizem, fazem tremer Montevidéu, e que provocam a já não disfarçada fúria dos milicos. Não falta quem diga que vai correr sangue. Veremos.

Meu filho Alejandro esteve dois dias em Buenos Aires. Voltou falando de uma Argentina alegre e otimista, e também desejosa de vingança. Taxistas, porteiros de hotel, garçons de cafés, restaurantes etc. dizem em voz alta que é preciso fuzilar um bom número de militares. Os contínuos descobrimentos de cemitérios clandestinos são motivos de extrema raiva e de horror. Alfonsín parece estar se movimentando com energia e cuidado.

Bem, chegou o momento de falar de literatura. O projeto do novo livro me parece ótimo, claro. Mas não será um tanto prematuro? Pergunto-me se não seria aconselhável esperar o lançamento de *Ramos generales* e ouvir os comentários e reações que sem dúvida provocará. Terá 11 contos, dos quais alguns são teus conhecidos e outros não. Passo a detalhá-los.

"Criolleda" e "El caballo piadoso" integram o ensaio "Literatura y bota de potro", no início do livro. "Criolleda" é uma pilhéria, uma vinheta humorística para me divertir com o *criollismo* falso e damaístico dos estancieirinhos. Vale pouco. "El caballo piadoso" é um *cuento de fogón* – gênero lindo e menor, digo eu –, parecido com "Un cuento de fogón" que está no livro *La sede y el agua*, e com "Un cuento de un tordillo", continuação de "Contaba don Claudio", que está no livro *El narrador*. Depois seguem, todos juntos:

"El diablo no duerme"
"Historias de suicidas"
"Los amigos"
"El sitio de la higuera"
"La compañera"
"El autorretrato"
"El canto de las sirenas"
"Los tigres de la furia"
"Abejas"

Desses nove, há três que não conheces, "Historias de suicidas", "Los amigos" e "La compañera". O primeiro são três páginas de pouca ambição que têm alguma coisa, mas não muita. O segundo é apenas *divertissement*, foi escrito na prisão, em certa medida como fuga: acontece na África, a África dos velhos filmes de Tarzan, está bem-escrito e tem algum gracejo literário que pode provocar um meio sorriso e nada mais. "La compañera" (o que mandei para o México, mas não soube nada a respeito, do que se conclui que não foi levado em conta) me parece um conto muito bom. Ocorre em 1939, em Madrid, num cárcere franquista. De certo modo é uma hipérbole ou um levar até limites imaginários, mas virtuais, alguns aspectos de minha experiência carcerária. Um amigo que esteve preso e para o qual li o conto ficou alterado, trêmulo, e eu, o filho-da-puta, fiquei contente. Ou seja, dos 11 contos, apenas cinco têm peso, ou 6, se incluirmos "Abejas", que me parece preferível a "Mis amigos muertos".

Sobre os outros que colocas na lista da carta anterior, vejo-me obrigado a declarar minhas sérias discordâncias. Não gosto de "El viento del sur", "El gato" e "El autorretrato" (este já descartado no parágrafo anterior). Tenho dúvidas (grandes) sobre a inclusão de "La sed y el agua", conto que poderia ter um valor crítico e histórico, mas, literariamente, hoje pouco importa. O mesmo para "Mis amigos muertos", por outras razões. "Un cuento de coraje" é um conto bem-feito e que muita gente lembra, é preciso dar uma boa olhada antes de descartá-lo. "Crónica policial" não está mal, Lindoro Martínez deixando-se esmurrar pelo macho da filha para poder cumprir o dever de surrá-la (ou algo assim) pode ser um atrativo que o justifique. "Un cuento con el diablo" é inferior, um tanto artificial. "Unos versos que no dije" é uma coisa linda, acho, mas pobretona.

De "La casa de piedras" há duas versões. Uma, a que está no livro *La sed y el agua* e que traduziste (guardo o suplemento cultural de *ZH* que publicou tua tradução), e a outra, a que publiquei em *La escoba de la bruja*, feita depois de uns dias estaqueado no Centro de Tratamento Intensivo e da leitura de algumas páginas de Sartre. Na tua opinião e na de Martín, na segunda versão cometi o erro de estragar a primeira (tanto Martín como tu, individualmente, merecem de mim muitíssima confiança, e quando as opiniões de ambos se somam, não me resta recurso senão a rendição incondicional). Contudo, algumas (muito poucas) coisas que acrescentei na segunda versão (com toda a sinceridade e honestidade literária, te juro) talvez pudessem permanecer. Verei o que posso fazer.

Outra peça que selecionaste, "La mujer dormida", é incontestável, mas sempre vou revisá-la. O mesmo digo de "Las formas del humo". Há outra peça que não relacionas, "El hombre viejo". Ela se baseia na morte de meu tio Luis Arregui, que aos 89 anos se queixou: "Como a morte demora". Diz Gómez de la Serna que Valle Inclán* também se queixou assim. Não é desprezível, acho. Quanto à outra peça selecionada, "El regreso de Ranulfo (Odiseo) González", assim como está em tua tradução, abreviada, amputada, não me convence. Mas haverá tempo para falarmos de todas essas coisas.

Minha contraproposta (sujeita a variantes de todos os tipos) é esta:

1
"La casa de piedras"
"La mujer dormida"
"Las formas del humo"
"El canto de las sirenas"
"El hombre viejo" (poderá ser suprimido)
"Abejas"
2
"El diablo no duerme"
"El sitio de las higueras"
"Un cuento de coraje"
"La compañera"
"Los tigres de la furia"
(um possível acréscimo: "Crónica policial")

É provável que tenhas razão sobre a frase final de "El diablo no duerme". A punhalada tem de existir, clara, explícita, mas talvez haja um modo de dizê-la sem "um burocrático boletim de autópsia". Essa quase grosseria final me agrada, de acordo com minha teoria de terminar os contos com um traço corpulento, mas vou repensar e consultar Martín.

Te dizia que *Mi último suspiro*, livro escrito por Buñuel com o auxílio do amigo Jean-Claude Carrière, roteirista de seus últimos filmes – e publicado originariamente em francês, mas do qual há tradução em espanhol –, é excelente. Livro valente e sincero, sem nenhuma pedantaria, sem adornos literários, riquíssimo de informação, com um tom *comme il faut*. Altamente recomendável. Espero que já exista ou não demore a tradução portuguesa. Ainda não há tradução de *Bajo el volcán*? Outro livro muito recomendável é *La ceremonia del adiós*,

---

* Ramón María del Valle Inclán, pseudônimo de Ramón Valle Peña (1869-1936), escritor, poeta e dramaturgo espanhol.

de Simone de Beauvoir: últimos tempos e morte de Sartre, e os derradeiros diálogos entre eles.

Teus problemas com os editores são endêmicos. O subdesenvolvimento, querido Faraco. Teu país é enorme, mas o subdesenvolvimento da indústria editorial deve ser muito parecido com o do meu minúsculo país. Não há solução imediata, que eu saiba.

De *Cavalos do amanhecer* foram vendidos mil e poucos exemplares e recebi uma quantia irrisória, 90.073 cruzeiros que significaram 143 dólares. Agora teria de receber outro pagamento, que deve ser pequeno e do qual, acho, é melhor esquecer.

Um forte abraço,
Arregui

19 jan. 1984
Meu caro Arregui:

Recebida a tua última e o livro de Ángel Rama, obrigado. E agora estamos numa situação parecida. Acabo de retornar da Estação Rodoviária, onde fui levar Cybele e as crianças. Viajaram para Alegrete, onde ficarão até março. Nossa despedida foi uma grande cena. Em 15 anos de casamento, é apenas a segunda vez que não as acompanho em viagem. Me senti um miserável, e ainda me sinto, sozinho nesta casa enorme.

Também tenho lido bastante e, como tu, repassando autores que sempre estão presentes. Shakespeare! Nos últimos três dias reli as três últimas peças que escreveu (1610-12), *Conto do inverno, A tempestade e Henrique VIII*. As duas últimas são ótimas, mas *Conto do inverno* é esplêndida, apesar (ou por causa) de todas as loucuras do último ato. Parece mentira que seja um descarado plágio de Robert Greene – e talvez 50 vezes melhor do que o original, que não conheço. Teu coração é de Lucrécio, o meu é de Shakespeare, e ambos estamos bem servidos.

Já me falaram do livro de Buñuel, que está traduzido no Brasil. Gostaria de lê-lo, mas não me entusiasmo: seria imprescindível conhecer seus filmes e não vi nenhum. Não gosto muito de cinema. Acho que a última vez que entrei numa sala de projeção foi para assistir à primeira versão do *King Kong*.*

---

* Expressei-me mal. O que realmente não gosto é de "ir ao cinema". Prefiro ver os filmes em casa, onde tenho uma sala montada especialmente para isso.

Não creio que a organização do novo livro seja tão prematura. Poderemos, é claro, esperar *Ramos generales*, e até devemos, por causa dos contos novos que não conheço. Não me ocorreu antes esta idéia porque pensava conhecer todos os contos que o compõem. Aguardaremos, então, e depois estudaremos o sumário do livro, partindo do esboço que enviaste. Desde já, contudo, tenho uma objeção: "Abejas" não é um conto, e o livro ficaria melhor só com contos.

Em princípio, estamos inteiramente de acordo com a inclusão dos seguintes contos:

"A casa de pedras"
"A mulher adormecida"
"As formas da fumaça"
"O diabo não dorme"
"Os tigres da fúria"

Por certo, acharemos mais uns quatro ou cinco, ou menos, já que poderemos incluir "Um conto de coragem" e "A companheira". Estou de acordo em descartar "O regresso de Ranfulfo González", não pelo conto, que é excelente, mas pela amputação que sofreu – uma coisa com a qual não concordas. Vou tentar publicá-lo em jornal ou revista, para ver que reação provoca (se estiveres de acordo). Também estou de acordo com a exclusão de "A sede e a água" e "O gato". Conheço tua resistência a "Vento do Sul", mas a mim sempre me pareceu um conto bonito, trágico. Excluiremos também.

"O diabo não dorme": tens razão. Andei relendo a tradução e me convenci de que não pode terminar no "anúncio" da punhalada, é preciso mais. O boletim da autópsia, no entanto, não me parece adequado, inclusive porque repetes o final de "Lua de outubro". Veremos o que podes fazer.

Abraço,
Faraco

Sem data*
Caro Faraco:

Quando chegou tua carta, Dorita estava aqui (tinha vindo, digamos, para me visitar por uns dias...) e, com o carinho com que sempre

---

* Recebida em 6 de fevereiro de 1984. Carta suprimida na edição uruguaia.

te evoca, dizia, a propósito de te sentires um miserável e sozinho numa casa enorme: "Pobre Faraco, é capaz que se ponha a chorar dia e noite". E te manda um beijo. Eu, de minha parte, opino que férias matrimoniais jamais caem mal, e aconselho um adultério suave, coisa que é rejuvenescedora e contribui para o equilíbrio psicossomático. Bem, por certo não pretendo fazer isso e na próxima semana vou a Montevidéu passar uns dias. Já faz mais de mês que não vejo meus netos *capitalinos*, que estão veraneando em Rocha e voltam no dia 1º de fevereiro.

Aqui o panorama político segue mais ou menos igual. Houve uma grande paralisação, grandes protestos etc., mas não há mudanças. Os semanários continuam censurados. Se algum passa pela censura, é ao custo de não dizer grande coisa. O panorama econômico tende a melhorar para os produtores rurais e se agrava dia a dia para as massas populares. O novo ministro da Economia – que em realidade é um vice-rei do Império – faz o de sempre: atira a crise sobre os ombros do *populo minuto*.

Falaremos adiante sobre o próximo livro em português. Concordo em que "Abejas" não é um conto, mas... os gêneros... bem, falaremos. Vai uma página à parte sobre o final de "El diablo no duerme".

Sandra passou uns dias aqui (está trabalhando em Montevidéu e veio passar o fim de semana) e se foi sem que tivéssemos tempo de revisar a tradução de teu conto. Faremos quando ela voltar. Enfim, não há pressa, não há onde publicar coisa alguma.

Martín vai e vem, mas basicamente está aqui e trabalha uma enormidade. Vive com seus pincéis e nem fala. Não sou capaz de julgar o que faz, mas tenho a impressão de que são coisas muito boas. Dinheiro ao menos lhe rendem.

Em Montevidéu, verei o que está acontecendo com *Ramos generales*. Não tenho nenhuma notícia e o mais provável é que não esteja acontecendo nada, pois os rapazes do editorial andam às voltas com *Don Juan el Zorro*, o livro póstumo de Paco Espínola. Ainda que tenha de esperar um ano, não vou perder a elegância. Não é em vão que sou 23 anos mais velho do que tu. E também conta certa resignação (de remota, inexplicável filiação estóica, penso) que sempre me acompanha, diante de quase tudo.

Estou imaginando um belo conto de amor, muito breve (três ou quatro páginas). Na minha volta de Montevidéu, vou começá-lo.

Vai também uma página sobre Buñuel.

Um abraço,
M.A.

Sobre o final de "El diabo no duerme":

Da frase final dos contos há muito que falar. No prólogo de *Noche de San Juan*, escrito há quase 30 anos, comentei as características de um bom conto: "...e se encerra como se repicasse sobre a frase final". Ainda penso a mesma coisa. Tal prólogo está hoje na p.6 de *Tres libros de cuentos*. Não surpresa final, mas uma expectativa que se culmina, que se *realiza* no sentido inglês, e mostra tudo e dissipa toda dúvida etc. Creio que, em geral, consegui encerrar meus contos de acordo com esses propósitos.

A punhalada final de "El diabo no duerme" tem de ser explícita, como te dizia e agora aceitas. Mas estou muito de acordo contigo em que a frase final, além de ser demasiado sonante, repete o final de "Lua de outubro", e também, em certa medida, de "La puerta abierta" e "Crónica policial". Proponho que, na última frase, mudemos a vírgula para ponto e vírgula, e eliminemos o *y*. Uma nova última frase. Ficaria assim: "...*cintura; el niño tendió la mano... Y nadie oyó la carcajada del Diablo cuando la puñalada, que fue mortal, penetró oblicuamente por debajo del omóplato izquierdo*". O que achas? Te agradeço a observação. Muito.

Buñuel:

Ainda que muito conveniente, não é imprescindível ter visto vários de seus grandes filmes para saborear um livro extraordinário de um homem admirável. Desde as memórias de Neruda eu não tinha lido algo parecido, e inclusive te diria – a comparação, antipática como toda comparação desse tipo, é inevitável – que prefiro o acento humano de Dom Luis ao de Dom Pablo. O cinema não cumpriu suas grandes promessas (lembra-te do primeiro cinema soviético, o de Eisenstein, sobretudo), porque de todas as artes é a mais emputecida pelo capitalismo. Mas sempre deu coisas importantes, de Chaplin a Orson Welles. E Buñuel, claro, que parte do surrealismo e faz a mais multifacetada indagação da condição humana em imagens de uma magia especialíssima, que não oculta sua cumplicidade com o Mundo dos Sonhos. É preciso vê-lo – ou, pelo menos, é preciso ler o livro que escreveu em colaboração com Carrière, que deve ser um grande tipo.

06 fev. 1984
Caro Arregui:

Boas notícias sobre meu livro. Ênio Silveira me escreveu na semana passada, explicando o atraso e prometendo para esta primeira quinzena de fevereiro o contrato e o dinheiro. O livro sai em maio. Vou esperar o contrato para depois lhe falar nos possíveis desenhos de Martín.*

Na última carta que enviei a Ênio, mencionei teu segundo livro brasileiro e remeti uma cópia da tradução de "As formas da fumaça". Nesta que recebo agora, diz ele, textualmente: "Muito bom o conto de Arregui. Já está totalmente traduzido o livro? Quem terá poderes legais para as possíveis negociações contratuais?" Em minha resposta, disse-lhe que podia garantir, em teu nome, que o livro poderia ser dele (se gostar, é claro), e que o contrato, oportunamente, deveria ser remetido diretamente para ti – uma vez que desconheço as condições em que editas na Arca. Fiz bem?

A propósito: acho que seria interessante me enviares logo a versão final de "Os tigres da fúria" e uma cópia de "A companheira", já que teu livro pela Arca pode demorar. E seria bom conversares com Alfredo Oreggioni, saber o que diz sobre teu segundo livro no Brasil. Te peço isto, como acima referi, por desconhecer as condições em que contratas a edição uruguaia.

Terminei a tradução do venezuelano. O livro se chama *Viagem de volta* e já está montado, pronto, inclusive com um longo ensaio introdutório, feito por um crítico aqui do Sul. Agora só me falta o editor, coisa que, reconheço, não há de ser fácil.

Dorita nao se enganava. Nos primeiros dias em que fiquei só, andei fraquejando, digamos uns 300 gramas de lágrimas. Mas não dia e noite, como ela pensa. Apenas de noite! E covarde como sou para a solidão (que, paradoxamente, às vezes reivindico), telefonei para Cybele e pedi que voltasse. Chegou no dia 2 de fevereiro, com as crianças, estas muito zangadas com o súbito retorno. Creio que ficarão uns 15 dias comigo e depois vão passar outros 15 em Alegrete.

Dá notícias do que ficou resolvido sobre o marca-passo e de quando pensas vir a Porto Alegre.

Acabam de me enviar de Buenos Aires o nº 1 da revista *Presencias*. Traz um conto meu, traduzido. A revista, contudo, é muito ruim.

Recuerdos do
Faraco

---
* Mas não se falou mais nas ilustrações.

Sem data*
Caro Faraco:

Recebi tua carta de 6 do corrente. Estive em Montevidéu e voltei há três ou quatro dias. Dorita ficou lá e virá na semana que vem. Suponho (e me alegro) que a carta do sr. Silveira te afastará do perigo de perder a elegância. O livro em maio é, digamos, depois de amanhã.

Surpreendeu-me que já estejas empenhado em conseguir editor para meu segundo livro brasileiro, e ainda mais que esse sr. Silveira se mostre interessado em editá-lo, verdadeiramente *avant la lettre*. Claro que fizeste bem em dizer que o contrato deve ser enviado diretamente para mim. Não creio que seja necessário (mas o farei) falar com Oreggioni (que não é Alfredo e sim Alberto, e como todos os Albertos uruguaios, Beto). Com ele, seguramente editarei sem contrato e com pagamentos inexistentes, ou quem sabe quando der, se der. Apesar de se defender como gato de barriga para cima e estar editando mais do que seria de esperar, sua situação econômica, nessa altura, deve ser apertadíssima. Veremos como se sai com *Don Juan el Zorro*, de Espínola, livro volumoso com o qual ele está dando uma cartada. Não quis lhe perguntar quando sai *Ramos generales*.

Sobre o livro brasileiro conversei uns minutos com Wilfredo Penco (leitor e algo como o secretário-geral da Arca), que deve ser o melhor crítico entre os que estão em atividade no país e conhece muito bem meus contos. Ele acha que tens razão em querer incluir "El gato", que tenho razão eu em não querer a inclusão de "El viento del sur" e "El autorretrato", e que não se pode deixar "Abejas" de fora por uma questão de gêneros. Dorita já havia opinado que um livro para brasileiro teria de trazer "El gato".

"Las formas del humo" é um conto que tem mais de 30 anos e eu esquecera um tanto. Ontem o reli, quase como se fosse de outro autor, e não me pareceu ruim. Não conheço tua tradução. É de supor que seja boa.

Conforme teu pedido, envio "Los tigres de la furia" e "La compañera". São dois contos que me agradam muito, embora, como sempre, persista alguma dúvida. Antes, nos tempos de *Marcha*, eu publicava um conto, provando-o, apresentava-o em sociedade, diria, recolhia um monte de opiniões e não me era difícil calibrá-lo. Agora a coisa funciona

---
* Carta suprimida na edição uruguaia.

mais ou menos às escuras. Quero saber tua opinião sobre esses dois. "La compañera", como perceberás, é resultado de minha experiência na prisão: uma espécie de autobiografia virtual ou putativa... Veremos o que achas.

Nada comentaste sobre a alteração do final de "El diablo no duerme". Serve assim?

Em carta anterior te disse que os médicos concluíram que, por enquanto, não vale a pena trocar o marca-passo. Estou cada vez melhor, até assustado de andar tão bem, como se costuma dizer. Mas não tenho vontade de escrever. Tenho preferido ler.

Em Montevidéu, vi o filme argentino *La república perdida*, documentário sobre 30 anos de golpes militares. Excelente.

O PCB expulsou Prestes? É o que dizem. O que acontece por aí? Aqui a situação política começa a clarear.

A viagem a Porto Alegre será feita, mas não sei quando.

Abraço,
Arregui

Suplemento:
A carta acima foi escrita há vários dias, e não a enviei porque me faltava a cópia de "La compañera".

Nos últimos dias morreram Andropov e Cortázar. A morte do primeiro, suponho, não significa muito. Na URSS, a substituição de um homem por outro não altera uma direção adulta e firme. Em troca, a morte de Cortázar é algo verdadeiramente entristecedor. Sua obra – vasta, variada, irregular, com páginas excelentíssimas e outras que... – estava feita, acho eu. Mas sua atitude valente e combativa, sua defesa de Cuba, de Nicarágua etc., foi um exemplo, uma lição. Que pena sua morte! Que tipo amável! Senti muito no fundo. Eu o conheci em certa manhã, em Cuba, e estive conversando com ele durante algum tempo. A verdade é que me deixou quase deslumbrado. Penso que *Rayuela* é uma obra-prima e que "El perseguidor", conto longo ou novela curta, está entre os melhores contos latino-americanos. Que pena, que entristecedora essa morte!

27 fev. 1984*
Caro Arregui:

Recebo tua última, com os contos.

Andropov: vou te enviar uma revista que analisa as derivações de sua morte e os então candidatos à sucessão. Acho que ele teria sido um excelente governante. Enquanto teve saúde, combateu energicamente a corrupção em certas áreas da administração. Isso ainda existe lá, e é uma pouca-vergonha que exista, depois de seis décadas de socialismo.

De Cortázar nem falo. No último ano o Diabo andou à solta (e não dormiu!): Ángel Rama, Scorza, Cortázar... e agora Cholokhov!

Ênio Silveira é o titular da Civilização Brasileira, nome importante na história da cultura brasileira contemporânea. Há muitos anos vem mantendo a editora numa linha progressista, o que já lhe custou alguns desastres financeiros. A Civilização Brasileira já foi maior do que é hoje (inclusive editava uma volumosa revista mensal), mas poderá recuperar sua área de atuação, pois associou-se a outra editora, Difel, e a uma portuguesa, Bertrand, que é mais do que centenária. Ênio se interessou pelo teu livro por motivos justificados: tens uma obra excelente editada pela Francisco Alves, leu um conto teu e gostou muito, és apresentado por mim e ele é meu amigo. E, convenhamos, tens um bom tradutor...

Pensando melhor, e com o passar dos dias, me convenci de que poderemos incluir "Abelhas", apesar de não ser propriamente um conto, donde se conclui que te dou razão e a Penco. A questão é que me preocupo muito com a unidade do livro (temática e de gêneros). Não gosto de misturar contos, ensaios, crônicas, como acho que fizeste em *Ramos generales*. No caso de "Abelhas", contudo, se não é um conto, tem a recomendá-lo o tema, que é uma antecipação das demais peças do livro. Sendo assim, poderíamos colocá-lo no início. Concordas?

Não comentei o novo final de "O diabo não dorme" porque fiquei satisfeito com ele. Já o traduzi (te envio), tendo substituído a palavra "omoplata" por "ombro", que senta melhor na frase (ao menos em português). O conto está muito bom, e a tradução, segundo entendo, acabada.

Não menos excelente me pareceu "A companheira", que hoje comecei a traduzir (o outro conto ainda não li). Além de bom, enquadra-se perfeitamente no tipo de livro que penso organizar, no qual a

---
* Carta suprimida na edição uruguaia.

morte é o grande personagem. Nosso livro, do início ao fim, precisa ser "mortal", e oportunamente encontraremos uma forma de incluir a palavra "morte" no título. Não te agrada assim?

Na próxima semana remeto cópia de dois ou três contos traduzidos. Vou publicar em nossos suplementos literários os outros que já traduzi e não serão aproveitados.

Precisamos terminar o livro até abril.

Recuerdos do
Faraco

03 mar. 1984*
Caro Faraco:

Devolvo as traduções de "Las formas del humo" e "El diablo no duerme" com observações que podem servir ou não. Parece que o livro está tomando forma. Estou de acordo, ele precisa ser "mortal". Por isso, no projeto que vai ao final incluo "Mis amigos muertos" e elimino "Un cuento de coraje" e "Crónica policial", peças nas quais havia pensado. Acho que o projeto consegue bela unidade em torno da morte. O único conto não-mortal que subsiste é "Los tigres de la furia", mas não seria conveniente suprimi-lo, é uma das peças fortes do volume. O título *El zumbido de la muerte* não me agrada muito (em espanhol não fica bem, como soa em português?), mas tem, como queres, a palavra *morte* e ficaria facilmente justificado com um breve prólogo, onde eu falaria da inclusão do único não-conto, "Abejas" (do qual, em segunda instância, o título geral derivaria), e da morte como bicho zumbidor desde o inicial "La casa de piedras" ao último (e com algo de rubrica), justamente "Abejas". De acordo? Parece um bom título? Aprovas o projeto? Responde a estas perguntas e faz as objeções que julgares pertinentes. Se aprovares, grande parte da peças já estariam traduzidas e não seria necessário correr muito para terminar o livro em abril, como queres.

Envia-me o que já traduziste e ainda não vi. Enquanto isso, vou te mandar as variantes que podem ter "La casa de piedras", "Abejas" e, talvez, a última página de "Los tigres de la furia".

Amanhã (hoje é sábado, 3) vou a Montevidéu ver Dorita etc., mas voltarei terça ou quarta e seguirei trabalhando nas variantes do

---
* Carta suprimida na edição uruguaia.

livro, no pequeno prólogo etc. Espero tua carta. E agora vou dormir porque estou caindo de sono. Abraço.

Arregui

>Projeto:
>*EL ZUMBIDO DE LA MUERTE*
>Prólogo (muito breve)
>I
>"La casa de piedras"
>"Las formas del humo"
>"Mis amigos muertos"
>"La mujer dormida"
>"El canto de las sirenas"
>"El hombre viejo"
>II
>"El gato"
>"El diablo no duerme"
>"Os ojos de la higuera"
>"La compañera"
>"Los tigres de la furia"
>"Abejas"

13 mar. 1984
Caro Faraco:

Voltei de Montevidéu (que está em polvorosa esperando a libertação de Seregni*) e não encontrei tua resposta à minha última carta, como esperava. Enquanto continuo esperando, envio esta.

Consegui, por fim, o outro livro editado em Cuba. Chegou com a primeira e a última página arrancadas, e portanto sem a indicação da data da edição. Deduzo, contudo, que se trata de um livro de 77. Contém 20 contos. Dos melhores, naturalmente faltam "Luna de octubre" e "La escoba de la bruja", publicados em livro apenas em 79. Tem um prólogo que me parece correto. Mando em fotocópia.

---

* Líber Seregni (1916-2004), militar e político uruguaio de destacada trajetória como líder da Frente Ampla, que fundou em 1971. Em 1969, como general, passara à reserva, por divergências com o presidente Jorge Pacheco Areco. Em 9 de julho de 1973, foi preso pela ditadura e libertado tão-só em 1984.

Do livro na Nicarágua ou no México (ou no México desde Nicarágua, acho que era o plano), nada. O homem que ia levar meus papéis (pai de meu amigo que está trablhando na administração sandinista – grande sujeito, um tipo admirável) suspendeu a viagem, pois acha, com razão, que seu filho não vai demorar para voltar.

Embora seja provável que o belíssimo artigo de García Márquez sobre Cortázar tenha sido publicado no Brasil, envio fotocópia.

Segue também fotocópia do último artigo de meu amigo Flores Mora. Este, em seus 60 e tantos anos, está causando sensação com os artigos na contracapa de *Jaque*, o semanário da esquerda colorada que é dirigido por seu filho. Há alguns anos, venho dizendo que Flores Mora teria sido um grande escritor e o perdemos por enredar-se em suas atividades políticas (que foram sinceras, sim, mas desnorteadas e de comitê, que lhe deram de comer, sim, mas que o roubaram da literatura) e outras resultantes de sua generosidade vital... e ainda um sem-número de *affaires* com mulheres.

Sandra terminou a tradução de teu conto, mas ainda não me entregou. Vamos publicá-lo, talvez, em *Dignidad*, um novo semanário (ainda não o vi) que está na linha da Frente Ampla. Também se fala no iminente aparecimento de um jornal na mesma linha, que se chamará *5 Días*.

Relê "Unos versos que no dijo", um conto breve, uma historieta, mas que tem seu valor e é, como queremos, "mortal". Talvez possa servir para engordar um pouco o livro, que de acordo com o plano está composto de peças quase todas muito curtas e ficaria muito magro.

Escrevi ontem esta carta. Hoje, meia manhã de março, 13, ainda não chegou tua carta. Sigo esperando.

Estou escrevendo o prólogo.

Um abraço,
Arregui

21 mar. 1984*
Caro Faraco:

A última carta tua é de 27 de fevereiro. Respondi em seguida, a 3 ou 4 de março, e fui para Montevidéu. Ao retornar, a 10 ou 12, escrevi

---
* Carta suprimida na edição uruguaia.

outra. Ontem, 20, ainda não havia chegado resposta alguma, e por isso te telefonei à noite. Hoje chegou uma, datada de 29 de fevereiro.*

Estás de acordo com o título?
Estás de acordo com a seleção?
Estás de acordo com a ordenação?
Estou escrevendo o prólogo, que terá quatro ou cinco páginas. A coisa seria assim, na minha opinião:

EL ZUMBIDO DE LA MUERTE
Prólogo
I
"La casa de piedras"
"Las formas del humo"
"Mis amigos muertos"
"La mujer dormida"
"El canto de las sirenas"
"El hombre viejo"
II
"El gato"
"Unos versos que no dijo"
"El diablo no duerme"
"Los ojos de la higuera"
"La compañera"
"Los tigres de la furia"
III
"Abejas"

Ouço toda classe de objeções.

Só me faltaria terminar o prólogo, refazer a última página de "Los tigres de la furia" e a versão final, com variantes, de "Abejas".

Montevidéu está em suspenso com a libertação de Seregni. Há muitas discussões políticas. A coisa está lindíssima.

Abraço,
Arregui

---

* Carta extraviada ou escrita sem cópia.

21 mar. 1984
Meu caro Arregui:

Obrigado pelo telefonema e por teu interesse. Estamos todos bem e o atraso nas respostas se deve a pequenos transtornos. Nos últimos dias estive ocupado com a declaração do imposto de renda, que é feroz, e com o reinício escolar de Bianca e Angélica – Bruno permanecerá mais um ano em sua feliz e maravilhosa ignorância. Precisei sair para tratar de livros, cadernos, roupas – a divisão do trabalho, aqui em casa, não tem sido muito justa... De mais a mais, estou num processo de reciclagem. Com o reinício das aulas, preciso levantar às 6:30 para levar as meninas, o que é uma tragédia para quem só se sente capacitado para enfrentar o mundo a partir das dez ou onze da manhã.*
Enfim, pouco a pouco vou retomando a "normalidade"... e também o cansaço habitual de pai extremoso. Também me ocupa a colaboração semanal no *Correio do Povo*. Escrevo devagar, porque é assim que escrevo melhor, e desovar um artigo por semana, para mim, é quase um despropósito.

Recebo tua última, acompanhada de "Abelhas" e "O diabo não dorme", além do projeto para o livro.

O título geral, que em português seria *O zumbido da morte*, não me agrada. Minha sugestão é deixar esse assunto para ser resolvido adiante, quando tivermos os contos já definidos. É claro que devemos ir trocando idéias a respeito, mas essa tua primeira não me parece nada boa.

Sobre o projeto tenho algumas ponderações. Não penso que devamos incluir "Meus amigos mortos". É um bom conto, mas não é um excelente conto, e só se fosse realmente muito bom ficaria justificada sua inclusão, isto por causa de "Abelhas". Ou vai um ou vai outro, os dois juntos dariam a impressão de que estás te repetindo.

"A companheira" poderia ir na primeira parte, com "A casa de pedras", "As formas da fumaça", "A mulher adormecida", "O velho homem" e "O canto das sereias" (deste, quando o li – já faz tempo –, gostei pouco). Na segunda parte iriam os contos que, na maioria, não são *sobre* a morte, mas a tem, por assim dizer, como personagem, e se passam, com exceção de "Os tigres da fúria", em zonas rurais: "O gato", "O diabo não dorme", "Os olhos da figueira". Depois destes, iria "Os tigres da fúria", até porque não temos outro lugar para colocá-lo. E "Abelhas"? Não sei. Talvez deva ir no início, talvez no fim, veremos.

---
* Costumo trabalhar à noite.

Ainda não pude ler todos contos juntos e ter uma visão global do livro. E acho que, antes da ordenação, temos de definir a seleção.

E teremos um problema: o livro poderá ficar muito pequeno, umas 70 ou 80 páginas. Dificilmente a Civilização Brasileira o aceitará nessas condições. Digo isto e fico pensando em "Ranulfo", pergunto-me se não estás sendo preconceituoso em relação às eliminações que fiz nesse conto. Ele não trata da morte, mas de uma "ressurreição" e poderia entrar, talvez, na segunda parte, porque também se desenvolve em zona rural, e seria outra exceção ao tema, junto com "Os tigres".

Vou revisar as traduções que me devolveste. Já aprontei "Os olhos da figueira", melhorando muito e corrigindo algumas coisas que anotaste.

Recuerdos a todos. Grande abraço do
Faraco

26 mar. 1984
Caro Faraco:

Hoje, segunda-feira, recebo a tua de 21. Trato de responder, pois à tarde vou para Montevidéu. Amanhã tenho controle do marca-passo, rotineiro, sem importância. Permanecerei lá, como sempre, três ou quatro dias.

Como te enviei duas ou três cartas seguidas, não lembro bem o que ia com uma e com outra. Numa delas foi "La casa de piedras" anotada, fotocópia de um artigo de Flores Mora e outra fotocópia do prólogo da edição cubana de 20 contos meus. Recebeste tudo?

Entendo bem tuas tarefas escolares de "pai extremoso". Como avô, claro que estou livre disso.

Estou de acordo contigo em que *El zumbido de la muerte* não é um bom título, embora contenha a desejada palavra *morte*, facilmente justificável em três linhas do prólogo – que, aliás, já escrevi, muito curto – não te envio porque terei de modificá-lo de acordo com o que finalmente resolvermos. Também concordo em que "Mis amigos muertos" não é importante. Seria algo assim como uma glosa literária do *estar só* da morte, grande tema de Líber Falco, como bem observou Angel Rama, mas "velho". No entanto, discordo do que comentas sobre "El canto de las sirenas". Continuo acreditando, como Dorita, Alejandro, Alicia Migdal (que em nota de *La Semana* o qualificou de excelente), Penco e outros, que é realmente bom.

Releste "Unos versos que no dije"? Não é muito bom, mas serviria. Se surge o problema do livro muito fino, podemos lançar mão, como sugeres, de "Ranulfo", também de "Crónica policial" e, sobretudo, de "Un cuento de coraje", que muita gente gostou quando apareceu em *Marcha* – claro que num momento muito especial, as pessoas viram na cobrinha uma espécie de metáfora dos milicos recém-instalados. A publicação ocorreu num dos dois ou três últimos números, antes do fechamento definitivo de *Marcha*. Enfim, resolverás, e eu estou disposto a concordar contigo.

A viagem a Porto Alegre continua um projeto não renunciado. O problema, como sempre, é o dinheiro. O campo está rendendo (grande produção de leite, bons preços das vacas, grande produção iminente de sorgo etc.), mas os insumos e os gastos normais são tão ferozes como teu imposto de renda. E o pior: os bancos credores seguem com a bocarra aberta.

Em Montevidéu, verei o que acontece com *Ramos generales*. Vou escrever duas ou três páginas sobre o gênero conto para incluir nele.

"Abejas", na minha opinião, deveria ir no final.

Não te escreverei até receber carta tua.

A situação política continua complicada, mas linda.

Abraço,
Arregui

04 abr. 1984*
Meu caro Arregui:

Recebo tua carta, junto com outra do Rio de Janeiro que traz má notícia. A Civilização Brasileira me comunica que a programação deste ano foi modificada. A editora, que não está em boa situação, fará apenas reedições. Livros novos só no ano que vem (talvez). Isto significa que nosso projeto e o meu particular, *Manilha de espadas*, momentaneamente, estão sem editora. O lado positivo é que agora poderemos trabalhar com mais vagar e acertar teu livro, que está muito confuso. E não me agrada nem um pouco trabalhar dessa maneira. Estou indeciso quanto à inclusão de certos contos, tu também, e tenho a impressão de que, neste momento, será difícil conciliar nossos gostos e preferências. Vou traduzir os poucos contos que faltam, em seguida te envio um projeto e só então o discutiremos.

---
* Carta suprimida na edição uruguaia.

A questão da editora não assusta. Consigo outra com relativa facilidade, mas é quase certo que todas estão com a programação de 84 fechada. Existiria uma possibilidade de publicar ainda neste ano, se terminássemos o livro até maio. Mas, já que houve esse problema com a Civilização Brasileira, não quero marcar data.

É excelente a idéia de um prólogo, inclusive porque engorda o livro, mas fazes bem em permanecer com ele. É preciso ver até que ponto será necessário alterá-lo, em função dos contos que escolhermos.

Dias atrás esteve aqui em casa um cineasta, Henrique de Freitas Lima. Disse ter lido *Cavalos do amanhecer* com grande encantamento e me procurou porque planeja fazer um filme baseado em "Três homens", que considera o mais filmável de teus contos. Estou ocupado demais com outras tarefas (inclusive teu livro) e, além disso, não entendo do assunto. Sugeri que conversasse contigo, pois sei de teu apreço pelo cinema. É possível que ele te telefone e, eventualmente, apareça em Trinidad. É um homem jovem, creio que 24 ou 25 anos, também advogado, e já fez dois filmes. Não o conhecia antes, e não sei se seu trabalho é bom ou menos bom.

Dá notícias de teus exames em Montevidéu.

Abraços a todos e o recuerdo do
Faraco

Sem data*
Caro Faraco:

Há dias, recebi tua carta e as versões de "La compañera" e "La mujer dormida", que devolvo anotadas. A mudança de planos da Civilização Brasileira é um aborrecimento na medida que atrasa o teu *Manilha de espadas*, e muito menos aborrecimento, quase um favor, com relação ao atraso de meu segundo livro brasileiro. Como disseste, podemos trabalhar com menos pressa e fazer melhor as coisas. Além disso, agora já se considera muito próximo o lançamento de *Ramos generales*, e vai ser interessante ouvir as opiniões que provocarão os contos, especialmente dois ou três que não estão provados.

Alegrou-me o aparecimento desse cineasta Freitas Lima, pois muito me agradaria ver um de meus contos filmados. Meu apreço pelo cinema, como lembraste, é velho e real. Morar longe de Montevidéu

---

* Recebida em 30 de abril de 1984. Carta suprimida na edição uruguaia.

me impediu de ver todos os filmes que eu gostaria, mas vi quase todo John Ford, quase todo Chaplin, quase todo Buñuel, o grande cinema soviético dos primeiros tempos, o realismo poético francês dos anos 30... Acredito que o cinema, embora emputecido pelo capitalismo, é a grande arte de massa de nosso tempo. Freitas Lima, sem dúvida, escolheu bem: "Tres hombres" é um conto muito filmável. Tem, como digo no prólogo de *Hombres y caballos*, uma evidente influência do *western*, de John Ford, de John Huston. Com ele se pode fazer um bom filme sem maiores dificuldades de adaptação. Escrevi umas linhas a Freitas Lima, dizendo que estou muito de acordo e que estou às suas ordens. Não tenho idéia de como se faz um roteiro, mas me parece que, com um conto como esse, a tarefa deve ser bastante fácil. Acho, inclusive, que pode ser um filme de baixo custo: três ou quatro bons atores, uma dúzia de cavalos e pouca coisa mais.

    Estive em Montevidéu. O marca-passo vai bem e igualmente o coração, de modo que os dois juntos, aparentemente, me prometem mais alguns anos "na parte de cima da terra".* Não é certo, mas provável que faça uma curta viagem à Argentina. Em Rosário de Santa Fé há um grupo de exilados uruguaios que querem ouvir palestras literárias e políticas e me escreveram, convidando-me. Ainda não sei se irei. Veremos na próxima semana. Não tenho muita vontade.

    A situação política segue confusa, a ditadura esperneando e os políticos em discussões tolas, a pelear como as putas. O homem que tem uma atitude refletida e séria, firme, de princípios etc., é Seregni. O generalzinho saiu da prisão inteiro e lúcido, e atua com grande prestância moral. A direita (a pouquíssima que se mostra) já começou a tremer, como em 71.

    Em volumosa correspondência de tempos atrás te enviei fotocópia com as supressões e últimas variantes de "La casa de piedras" (as definitivas, fatalmente). Suponho que a recebeste, embora eu não tenha nenhuma certeza. Agora te envio também a versão que será a final de "Abejas", com duas ou três variantes, e uma nova versão que também será a final da p.9 e última de "Los tigres de la furia".

    Manda-me notícias pessoais tuas.

Abraço,
Arregui

---

* Arregui cita uma fala de Ranulfo, em "O regresso de Ranulfo González".

P.S. Esta carta estava escrita antes da Semana Santa (que aqui é de turismo) e não enviada por causa dos feriados.

02 maio 1984
Meu caro Arregui:

Recebi a carta com os dois contos que faltavam. Estou animado com a próxima conclusão de nosso livro e só parei de trabalhar nos últimos dias porque dependia da devolução desses dois e ainda dependo de informações tuas em outros três contos. Não temos pressa, claro, mas a proximidade do fim me estimula bastante. Já estou "vendo" o livro.

A questão do título geral, se concordares, pode estar resolvida: *A cidade silenciosa* (trocando-se o título de "Meus amigos mortos"). Cheguei a pensar também em *Cabeças cortadas* (trocando o título de "O canto das sereias"), que também soa magnífico em português, mas *A cidade silenciosa* me parece mais de acordo com o conteúdo.

Semana passada, no *Correio das Artes* da Paraíba, publiquei "O vento do sul". O editorial, que dá um resumo das matérias incluídas, classifica-o de "excelente". Envio um exemplar.

O cineasta Freitas Lima, embora muito jovem, parece ser bom. Depois que te noticiei o interesse dele, realizou-se o Festival de Cinema de Gramado, que é o mais importante do Brasil. Li no jornal que ele recebeu uma premiação. Fizeste bem em lhe escrever.

Hoje de manhã falei com Carlos Jorge Appel, da Editora Movimento, de Porto Alegre. Oferci teu livro e ele aceitou prontamente, mesmo sem ler. Leu *Cavalos do amanhecer* e te admira muito. O único senão é que só poderá publicar o livro no início de 85. Tive o atrevimento de fechar o negócio em teu nome, verbalmente, de sorte que esse assunto, se estiveres conforme, está encerrado e não nos preocupa mais. No momento de entregar o livro posso insistir um pouco na antecipação do lançamento. Do contrato falaremos adiante, depois da entrega dos originais. Assim está bem?

No novo plano não há lugar para "Abelhas".

"A casa de pedras": recebi, sim, a nova e definitiva versão, que para mim não é definitiva, não posso, não consigo aceitá-la, penso que o conto perde força com aqueles acréscimos. Uma da poucas alterações aceitáveis é aquela das "bandarilhas negras no lombo dos dias", que ficou muito bem. As demais apenas tornam prolixo um conto bonito, bem escrito, compacto e fácil. Sossega, Dom Arregui, em time que ganha não se mexe.

Tenho uma dificuldade no final de "O diabo não dorme". O texto está assim: "Sua campeira marrom deslizou para os ombros, apareceu uma nesga da camisa clara e, sobre essa nesga, na penumbra, destacou-se com certa nitidez o cabo negro do punhal que usava na cintura. O menino estendeu a mão... e ninguém ouviu a gargalhada do Diabo quando a punhalada *o* feriu, oblíqua e mortal, debaixo da omoplata esquerda". Este *o* em itálico: o leitor menos avisado ou distraído poderá pensar que o ferido é o menino e não o tio, já que a tendência desse pronome é relacionar-se com o sujeito que está mais próximo, o menino. É preciso encontrar uma solução que deixe claro que o ferido é o tio (o homem, o outro etc.).

Notícias pessoais: estou sem tempo para dá-las, ficam para a próxima carta. Mas tudo vai bem.

Abraço do
Faraco

Novo plano:
A CIDADE SILENCIOSA
Prólogo
Primeira parte
"O regresso de Ranulfo González"
"O gato"
"Os olhos da figueira"
"O diabo não dorme"
"Os tigres da fúria"
Segunda parte
"Vento do sul"
"A casa de pedras"
"As formas da fumaça"
"A mulher adormecida"
"A companheira"
"Um velho homem"
"O canto das sereias"
"A cidade silenciosa"

Sem data*
Caro Faraco:

Fui a Montevidéu participar da concentração do Primeiro de Maio (a maior de nossa história, talvez com cerca de 300.000 pessoas) e permaneci três dias. Ontem à noite, ao voltar, encontrei tua carta.

Como compreenderás, eu ainda poderia discordar de teu novo plano. Surpreendeu-me que "Mis amigos muertos" venha a chamar-se "A cidade silenciosa", e também a eliminação de "Abejas" e a inclusão do fraco "El vento del sur"... Mas não contesto nada e penso que tens razão e aceito plenamente. E me digo que sabes melhor do que eu o que estás fazendo e que o livro ficará bom. De todos os modos, pergunto: não seria melhor iniciar, por exemplo, com "Os olhos da figueira", que me parece muito superior ao "O regresso de Ranulfo González"?

Hoje me acordei com o título *A cidade silenciosa* dando voltas em minha cabeça: é lindo.

Em seguida à Semana Santa te enviei "La compañera" e "La mujer dormida", de modo que, como pensava, já recebeste. Em folha à parte vão as anotações sobre as palavras que consultaste.

Envio a tradução de "A touca de bolinha". Sandra a fez, ficou excessivamente literal e eu a refiz. Não creio que tenha ficado muito bem. Embora entenda ou decifre o sentido das palavras, falta-me completamente o sabor ou o espírito do português. Não precisas me devolver, tenho cópia. Verei se o publico em algum semanário, mas não será fácil, os semanários só oferecem um página e o conto é longo. Verei quanto espaço oferece um novo semanário que aparecerá na semana que vem, dirigido por Wilfredo Penco, muito meu amigo.

Segue "El diablo no duerme" publicado em *Jaque*. O conto foi bem recebido, assim como o desenho de Martín. As opiniões de alguns amigos (Flores Mora, Oreggioni, Alicia Migdal) foram francamente favoráveis. As de outros (J.P. Díaz, Invernizzi, J.J. Flo) não sei, não os vi. Eu teria preferido atender o pedido de *Jaque* com "Los ojos de la higuera", mas preferi o outro por sua menor extensão.

Ramos generales já está composto em sua primeira instância, uma fita com signos que logo irá para um computador, que os traduzirá em letras etc., de acordo com um procedimento que não entendo. Seu aparecimento, dizem, será em mais ou menos dois meses.

---

* Recebida em 17 de maio de 1984.

Agora talvez eu passe a trabalhar no meu livrinho sobre Paco Espínola. Não sei bem o que vou fazer. De todos os modos, é preciso esperar para poder falar livremente do ingresso final de Paco no PC. O primeiro tomo de *Don Juan el Zorro* agradou muito e teve sua primeira edição esgotada. A mim não me convence inteiramente.

Não recebi notícias de Freitas Lima.

Vamos ver se poderei ler *Manilha de espadas* sem me confundir.

Os milicos continuam recuando. Os *blancos* seguem firme. Os *colorados* tendem a contemporizar. A Frente Ampla espera. Em geral, tudo melhora. Houve alguns episódios isolados de violência fascista.

Abraço,
Arregui

Segunda carta:

A carta anterior e as folhas em que respondo às tuas perguntas sobre algumas palavras foram escritas há dois dias. Ontem não as postei porque me faltava fazer a fotocópia de "A touca de bolinha" e também porque fui a Tacuarembó com Alejandro, para um remate onde se vendiam vacas e cápsulas de sémen importado. Ontem à noite, no meu regresso a Trinidad, encontrei outra carta tua. Passo a respondê-la.

La ciudad silenciosa soa bem em espanhol. Se em português soa magnífico, como dizes, deixa-o. Com pouca (muito pouca) convicção sugeriria trocar o título de "Los tigres de la furia" por "El hemisferio de sombra" (ver a versão atual da última página) e usar este como título geral. Mas, repito, não me convence. Outra possibilidade seria incluir no volume "La sed y el agua" e usar seu título, coisa que já fiz. Mas deixo tudo ao teu cuidado.

Sobre "El viento del sur" estou de acordo com Rama quando diz (p.220 de *Tres libros de cuentos*) que é o mais fraco dos textos. Mas sempre me alegra que alguém o tenha classificado de excelente. Talvez em português se note menos o excesso de influência de Neruda.

Fizeste bem ao fechar em meu nome o negócio com o sr. Appel. O adiamento para o ano que vem não tem maior importância.

Penso que a viagem à Argentina não vai acontecer.

Penso também que é uma lástima prescindir de "Abejas", mas deixo a coisa, absolutamente, ao teu critério, de acordo com a fórmula "o que fizeres bem-feito estará". Essa mesma fórmula vale para "La casa de piedras": faz o que achares melhor.

Sim, pode haver certo perigo que o final de "El diablo no duerme" fique um pouco confuso e algum leitor não muito atento possa acreditar que o ferido é o menino. Corre por tua conta encontrar a fórmula portuguesa que elimine esse perigo. Acho que não será difícil.

Termino aqui esta carta. Agora vou à casa das fotocópias e à tarde ponho tudo no correio.

Abraço,
Arregui

P.S. Farei o prólogo. Vou ver se consigo fazer um bom prólogo.

18 maio 1984*
Caro Arregui:

Recebi a carta com os contos que faltavam, mais *Jaque* e a versão de "A touca de bolinha". Sobre esta, nada a discutir, fico muito grato à Sandra pelo tempo que perdeu comigo e certamente não mereço. O conto pertence a Martín e eu, por assim dizer, fui apenas o intérprete. Não te preocupa com a publicação, é uma questão menor. Devemos lembrar também que é um conto longo demais para publicação em jornal.

Bem sei que discordas de muitas coisas de nosso novo livro, mas acho que a maior parte das discordâncias não procede, como no caso das pretendidas mudanças em "A casa de pedras". Alguma razão poderia te dar, quem sabe, quanto a "Vento do Sul", que parece ser inferior aos demais contos. Mas o fato de ser inferior não quer dizer que seja ruim. Para mim, é um bom conto, cheio de uma atmosfera como milagrosa ou mágica. De resto, está muito ligado às outras histórias da segunda parte.

A abertura do livro com "O regreso de Ranulfo González" não é casual, mas deliberada. Percebe que, de todos os contos, ele é o único que faz rir, que tem passagens pitorescas. Depois dele, o "tom" se agrava e vai até o fim com a mesma sobriedade. Seria um mau passo começar com "Os tigres da fúria" ou "Os olhos da figueira", levar o leitor, digamos, a uma certa tensão, depois soltar a corda para fazê-lo rir com as aventuras do ressuscitado e logo tornar a esticar a corda...

A primeira parte do livro foi ordenada segundo uma idéia, e na segunda o sistema foi o mesmo: um ordenamento que, digamos, subjaz,

---
* Carta suprimida na edição uruguaia.

e que talvez não seja conscientemente registrado pelo leitor. No seu íntimo, contudo, ele terá a sensação de unidade, de harmonia. Começamos a segunda parte com "Vento do Sul", onde um homem se defronta com a morte e de certa maneira vê-se fascinado por ela, tão fascinado que, a seguir, fantasia sua própria morte ("A casa de pedras") ou tenta compreendê-la em si mesmo ("As formas da fumaça") ou nos outros ("A mulher adormecida"), havendo de permeio um instante em que busca explicações racionais para sua fascinação ("A companheira"). O crepúsculo desse homem está em "Um velho homem". Sua aproximação final à morte é descrita em "O canto das sereias", e a morte propriamente dita, ou talvez a definitiva compreensão da morte ("agora sei bem o que é estar morto"), em "A cidade silenciosa". Pergunto: onde vou colocar "Abelhas" nessa seqüência? É evidente que não cabe.

"Hemisfério de sombra" é um título belíssimo para "Os tigres da fúria", estou de acordo e já fiz a troca. Para o livro, não sei. Ele dá uma idéia geral do conteúdo, é apropriado, mas por alguma razão que todavia não compreendo, continuo preferindo *A cidade silenciosa*. Vou falar com o editor, o título de um livro também envolve questões de mercado.

Em tua carta, não há menção aos desenhos de Martín e à capa do livro. Gostaria que me dissesses algo a respeito. Penso que uns cinco ou seis contos poderiam ser ilustrados. Gostei muito do desenho dele para "O diabo não dorme", embora deva frisar que pouco entendo do assunto.

Manilha de espadas sai em junho por uma nova editora do Rio, Philobiblion Livros de Arte, que pertence ao mesmo titular da Civilização Brasileira. Os trabalhos gráficos já vão bem adiantados. Quanto ao poeta venezuelano, acho que conseguirei publicá-lo pela Editora Movimento, em co-edição com a Embaixada da Venezuela. Os entendimentos estão num nível que me dá boas esperanças.

No segundo semestre, começo os trabalhos da terceira edição revista e aumentada daquele pequeno dicionário de autores, cuja segunda edição se esgotou em quatro meses e a primeira em dois. Estou trabalhando também em três contos novos, um bom e dois apenas razoáveis.

Recuerdos do
Faraco

Sem data*
Caro Faraco:

Devolvo "El viento del sur" com três ou quatro anotações. A tradução deve ser justíssima e as anotações não têm importância. Faço-as nem tanto para que corrijas o que talvez não precise ser corrigido, antes como uma contribuição aos teus conhecimentos do espanhol.

Estive outra vez em Montevidéu, dois dias, aproveitando a viagem de Alejandro na caminhonete. A situação política está complicada e linda! Os milicos se cagam por quantos cus possam ter, e os políticos não se entendem, apesar dos bons ofícios de Seregni, que tenta unificar a oposição. Supõe-se que nesta semana voltará Ferreira Aldunate**. Novo aumento de preços, tarifas etc., teledigitado pelo FMI, aprofunda a crise econômica. Uma senhora confusão. Seria o momento de reler *Que fazer?*, de Lênin...

Tenho sobre a mesa, enviada de Rivera, carta de Freitas Lima. Está em Livramento, contente, mostrando seu primeiro longa-metragem, *Tempo sem glória*, ganhador do prêmio de melhor filme de ficção no recente Festival de Gramado. Escreve num espanhol quase correto, apesar de uma evidente anarquia na colocação do til e dos acentos. Tem 24 anos, ou seja, é um pentelho, como dizemos aqui. Tem, como é natural, grandes projetos. Diz que virá a Trinidad dentro de uns dias. Amanhã vou responder.

Martín alugou em Montevidéu uma belíssima casa, onde pensa instalar uma galeria de arte. Espero que se dê bem. Está cada vez mais lúcido e engenhoso e continua em boas relações com Sandra. Talvez já tenha te falado na casa em carta anterior, não me lembro bem.

---

* Recebida em 29 de maio de 1984. Carta suprimida na edição uruguaia.

** Wilson Ferreira Aldunate (1919-1988) foi eleito deputado pelo Partido Nacional em 1958, senador em 1962 e, no mesmo ano, nomeado Ministro da Pecuária e da Agricultura. Em 1966, reeleito senador, destacou-se como defensor dos direitos do cidadão e crítico implacável do governo de Jorge Pacheco Areco. Em 1971, foi candidato à Presidência da República e vencido pelo *colorado* Juan María Bordaberry por escassos 12.000 votos, em eleição que, segundo se comenta, foi fraudulenta. Com o golpe de estado de 27 de junho de 1973, exilou-se na Argentina, onde escapou do atentado que matou o senador Zelmar Michelini e o deputado Héctor Gutiérrez Ruiz, e teve de refugiar-se na Embaixada da Áustria. Foi o grande nome da campanha internacional contra a ditadura, e uma conferência que fez no senado norte-americano levou os Estados Unidos a suspender a assistência militar ao Uruguai.

Dorita foi comigo a Montevidéu e ficou lá, mas volta amanhã. Sua neta, uma simpatia. Parece mentira, mas meu neto maior (o primeiro da minha filha) já fala de política e futebol. É torcedor do Nacional, embora anos passados eu lhe tenha dado uma camisa amarela e preta.*

Fico esperando carta tua e te mando um abraço.

Arregui

P.S. Tentei ler outras coisas no *Correio das Artes*, mas o português me derrota.

29 maio 1984**
Meu caro Arregui:

Continuo aguardando o prólogo de *A cidade silenciosa*.

Recebi hoje tua última, com as anotações sobre "O vento do sul", mas não convém modificar a versão portuguesa, que consegue captar, tanto quanto possível, a magia do conto. De resto, o livro já não está comigo, mas com a editora. Entreguei-o há dois ou três dias. E é por isso que insisto no prólogo que prometeste.

Dentro de alguns dias vou procurar novamente o editor para falarmos sobre o data do lançamento e o contrato. A propósito: gostaria que me enviasses uma fotocópia do contrato que assinaste com a Francisco Alves, para que eu possa comparar com o daqui e ver se é preciso alterar alguma coisa. Uma outra alteração, já certa e em teu prejuízo, é aquela que mencionei anteriormente – se é que a mencionei. É sobre o pagamento em dólar, que a Editora Movimento não aceita. Ela paga em cruzeiros e isto há de constar no contrato.

Para meu gosto, o livro ficou excelente. Envio o texto das abas e por ele verás como a escolha dos contos (e a exclusão de outros), assim como ordenação, está justificada. O volume é harmônico, coerente, tem uma unidade, que é a visão trágica das criaturas no mundo. O próprio "Ranulfo", relato quase alegre, desempenha um papel. Enfim, essa unidade que procurei dar só foi possível porque preexiste no autor, na sua cosmovisão. E se me demorei um pouco para descobrir o tom

---

* Camiseta do Penharol.
** Carta suprimida na edição uruguaia.

do livro, foi porque estava muito impregnado de tua outra vertente literária, a "campeira". No fundo, claro, a vertente é a mesma, apenas cruzando por distinta paisagem. Espero que o texto te satisfaça, mas estou pronto para modificar ou suprimir o que não te agrade – desde que justifiques tal desagrado. Optei por um texto sóbrio, que quer inteligir a obra ao invés de julgá-la ou lhe fazer a apologia.

Também espero informações sobre os desenhos de Martín, se vêm ou não vêm. Não me havias dito que ele alugara casa em Montevidéu. E a casa de São Paulo? Acabaram-se seus planos brasileiros? Essas mudanças constantes, certamente, farão bem à sua arte, mas temo que não tragam o mesmo benefício à sua carreira. É preciso parar um pouco, ao menos para vender os quadros. Enfim, ele sabe o que faz. Fico feliz por saber que tudo anda bem entre ele e Sandra, que aparenta ser ótima companheira.

Em matéria de movimentação, Dorita nos bate a todos. Como caminha! Está caprichando em sua carreira de avó. E qualquer dia o velho Arregui, numa das ausências dela, arrebanha uma guria de 18! Se é verdade o que se conta em "Hemisfério de sombra" – escrito há bem pouco tempo –, o autor ainda mantém seu fascínio sobre as *percantas*...

Segue uma prova da capa de *Manilha de espadas*, que recebi ontem do Rio de Janeiro. Minha primeira impressão foi de desagrado, esperava algo mais "emocional", mas depois passei a considerá-la, digamos, eficiente. A mim me parece que o capista (o mesmo de *Hombre*, Eugenio Hirsch, considerado um dos melhores do Brasil) optou por uma linguagem mais industrial, que talvez se destaque entre o neobarroco que prolifera nas capas brasileiras. Gostaria de saber tua opinião.

Neste segundo semestre (bah, tive de interromper a carta e correr à lavanderia, Cybele, em desespero e aos gritos, avisava que o aquecedor a gás da água estava incendiando – e estava mesmo) ...neste segundo semestre, dizia, farei a terceira edição do dicionário de autores, cujas edições anteriores se esgotaram mais rapidamente do que se imaginava. O lançamento da obrinha, atualizada e aumentada, está previsto para o próximo ano, mas como é um trabalho demorado, começarei em agosto*.

Se quiseres, depois de julho poderemos tratar da edição de *Cavalos do amanhecer* na Venezuela. Há grandes possibilidades. Recebi

---

* Com o fim da gestão do escritor Luiz Antonio de Assis Brasil na Divisão do Livro da Secretaria Municipal de Cultura, a terceira edição do dicionário de autores não foi publicada.

um convite formal para organizar um volume de *meus* contos, através do assistente editorial de Monte Ávila, casa de Caracas que tem sucursais em Londres e em Buenos Aires. No entanto, preferi esperar. O assistente é Eugenio Montejo, o poeta que traduzi, e seria constrangedor aceitar convite dele, ao menos por enquanto: pareceria que estamos trocando favores. Mas tu não precisas esperar e, depois de julho, se concordares, faremos nossos planos.

Envia-me fotocópia de "Os olhos da figueira". Quero enviá-lo à *Revista Nacional de Cultura*, de Caracas, cujo diretor, Vicente Gerbasi, escreveu-me solicitando colaborações (não aproveito a minha cópia porque está muito rabiscada). Ele pretende internacionalizar mais a revista. Conheço bem essa publicação, inclusive já publiquei um conto nela, em 1978. É ótima. Envia-me também o número de tua cédula de identidade e o nome completo: se aprovado o texto, eles mandam um cheque em dólares antes mesmo da publicação. Em 1978, recebi, se bem me lembro, 20 dólares. Ao menos dá para comprar o papel que usamos nas cartas...

Fico feliz com a notícia de que já fizeste contato com Freitas Lima. Imagino que "Três homens" possa dar um bom filme. Não vou te ajudar nessa parte, mas gostaria de ter informações sobre o andamento do projeto.

Por causa do trabalho, não tenho lido jornais nem acompanhado o noticiário da televisão, por isso pouco sei sobre a conjuntura uruguaia, exceto o que me contas. No Brasil, tudo igual. O mandato presidencial está terminando e os políticos se lançam sobre a carniça com um apetite de abutre. Os dois candidatos mais cotados, Paulo Maluf (ex-governador de São Paulo) e Mário Andreazza (atual Ministro do Interior), muito malfalados na imprensa, lutam ferozmente pelos votos dos convencionais do partido do governo, e corre dinheiro à larga. Os jornais falam abertamente no que está acontecendo nos bastidores, mas ninguém faz nada. Acabo de escrever um pequeno artigo para o *Correio do Povo* desta semana, comparando a atual corrida para a presidência com o leilão do trono de Roma que a Guarda Pretoriana fez entre Sulpiciano e Dídio Juliano, em 193, depois de matar Pertinax, que fora eleito pelo Senado.

Fico por aqui. Abraços a todos e o recuerdo do
Faraco

04 jun. 1984*
Caro Faraco:

Recebi tua carta de 29 de maio, que provavelmente cruzou com outra minha. As observações sobre a versão de "O vento do sul" não eram propriamente observações, antes comentários para o teu espanhol.

Não sei onde guardei o contrato com a Francisco Alves e não vale a pena procurá-lo. Faz o que achares melhor, de acordo com o editor. Quanto ao pagamento, serve-me tanto em cruzeiros como em qualquer moeda do mundo, inclusive aqueles vinténs de quando eu era pequeno.

Se dizes que o livro ficou "excelente", terás razão. E me alegro.

Não pude achar no dicionário a palavra *abas*, mas é de supor que se trata daquilo que chamamos *solapas*. Sobre o texto que escreveste, farei o comentário depois de lê-lo mais uma vez e numa pagininha à parte.

Martín continua em Montevidéu, mas anunciou sua volta para os próximos dias. Suponho que, com muito gosto, fará a capa e os desenhos. Quando ele vier, te escrevo. Ou ele te escreve.

Costumas escrever "Vento do Sul" e "Hemisfério de sombra". Eu diria que ambos os títulos teriam de levar o artigo antes, não achas?

Disseste que enviarias a prova da capa de *Manilha de espadas*, mas esqueceste de colocá-la no envelope. Enfim, não tem importância, porque minha opinião sobre essas coisas não é nem pouco abalizada.

Não pensa que não considerei a idéia de aproveitar as ausências de Dorita (inevitáveis, porque quando a filha tem exames ou aulas práticas, não tem com quem deixar a guriazinha, já que o pai trabalha o dia todo) para recair nos simpaticíssimos adultérios de outros tempos, mas acontece que o velho Arregui está velho demais e com algum receio das complicações com mulheres (meu casamento com a mãe de meus filhos terminou em grandíssimas tormentas). Mas se as circunstâncias favorecerem...

Por certo, não é má idéia publicar na Venezuela. Envio a cópia que pediste de "Los ojos de la higuera". Tampouco é má idéia receber em dólares. Meu nome completo é Mario Alberto Arregui Vago, com cédula de identidade 356.974-0. A Monte Ávila tem algo a ver com Benito Milla? É um espanhol que esteve em Montevidéu com Editorial Alfa, a editora de *Hombres y caballos* e *La sed y el agua*. Não posso dizer que sejamos amigos, mas sim que nos conhecemos bem e temos relações muito cordiais.

---

* Carta suprimida na edição uruguaia.

Como tu, penso que "Tres hombres" pode dar um bom filme, se Freitas Lima souber fazê-lo, como é de se esperar. No prólogo (hoje p.60 de *Tres libros de cuentos*), falo sobre a influência dos *westerns* sobre o conto. Acho que vamos nos entender com Freitas Lima, já o adverti que desconheço totalmente a cozinha da cinematografia. Meu filho Alejandro está muito entusiasmado com o projeto.

Os milicos chamaram os políticos para conversar. Sem dúvida, enerva-os o retorno de Ferreira. Todos estamos esperando os acontecimentos com grande curiosidade. Meu amigo Flores Mora se converteu no jornalista mais lido e comentado de nossos semanários.

Penharol continua jogando bem, acaba de ganhar invicto o primeiro turno do campeonato, mas, economicamente asfixiado, vendeu Venancio Ramos e Diogo.

Más notícias não há.

Abraço,
Arregui

P.S. O prólogo irá em breve.

Sobre o texto das abas:

O mais provável é que teu texto seja muito bom. Li com cuidado e várias consultas ao dicionário (é claro que ler algo assim é muito mais fácil do que ler uma carta), mas há entrelinhas e ênfases que fatalmente me escapam. A verdade é que me assustou um pouco! As coisas que viste! Ou adivinhaste! Não estarás um tanto visionário? Serei tão bom assim? E isso que disseste não querer fazer uma apologia... Se todos virem as coisas que viste, o livro será excelente. E se as coisas são assim, que boa ordenação! Se eu fosse um tipo com inclinações para a presunção, estaria a ponto de levantar vôo... Claro está que o leitor comum só registrará um percentual do que dizes (e que a mim me surpreende), mas confiemos nos registros subliminares... Se as coisas são assim, repito, grande acerto o título do texto, "O fascínio da esfinge". Vou ver se consigo traduzi-lo para meus amigos montevideanos. Não será fácil.

Notícias de última hora, meio-dia de segunda-feira, 4. Ontem houve distúrbios antigovernamentais em Montevidéu. Esta tarde haverá importantes reuniões político-militares.

Falei por telefone com Martín. Ele vai fazer os desenhos e a capa. Disse também que estão prontas as provas de *Ramos generales*. Estou trabalhando no prólogo.

13 jun. 1984*
Meu caro Arregui:

Por que te assombras com o que escrevi sobre *A cidade silenciosa*? Se não te considerasse um grande escritor, não estaria, há tantos anos, convivendo quase diariamente com teus contos. Admiro-os muito quando te limitas a narrar. Admiro-os menos quando te desvias da narrativa em momentos impróprios ou quando solucionas o drama com um chiste ou uma brincadeira. Como vês, uma opinião firme e bem definida. E se faço a seleção, é óbvio que nela apareçam peças que me encantam e considero exemplares. Daí o texto para as abas, que não é laudatório, antes procura demonstrar, sim, como o livro é substantivo. Não vem ao caso se o autor, ao escrever, teve ou não consciência de que montava um painel trágico da existência humana. O que interessa é o resultado, e essa coerência que há no livro é uma coerência que está dentro do autor, independe de sua consciência e muito menos de sua vontade. Em *Cavalos do amanhecer*, fiz uma apresentação destacando outro aspecto, o regional, mas era outra espécie de leitura. Os temas do novo livro estão todos presentes no livro anterior. Posso te dar, nesse sentido, um depoimento insuspeito, o de teu novo editor, Carlos Jorge Appel. Outro dia o procurei para saber se já lera os originais. Disse-me que sim e lhe perguntei, deliberadamente, se o achava diferente de *Cavalos do amanhecer*. Appel, que além de editor é crítico literário e professor de literatura, teve uma pronta resposta: não, não era diferente, era um livro que reincidia nos mesmos temas trágicos, trocando apenas de ambiente. É o que penso. E essa tua coerência, essa harmonia, só comparece na obra dos grandes escritores.

Não falemos mais nisso. Só acrescento que temos tempo bastante para recuperar aquele que perdeste**, te isolando em Trinidad ou sendo isolado por circunstâncias que, agora, não nos interessam. Tão logo me veja livre das atrapalhações do lançamento de *Manilha de espadas*, trataremos da edição venezuelana. E logo rumaremos para a Europa. Como diz meu editor, Ênio Silveira: para a frente e para o alto. Com o passar do tempo verás se sou visionário ou se tenho os pés bem plantados no chão.

Voltando ao Brasil: Appel, como acabo de dizer, leu *A cidade silenciosa* e achou que é um livro admirável, tanto que pensa mudar

---

* Carta suprimida na edição uruguaia.
** Infortunadamente, menos de um ano...

seus planos. Sua intenção era publicar em março do ano que vem, mas está tentando remanejar sua programação para lançar na feira deste ano (outubro/novembro). Não cheguei a sugerir a antecipação, a iniciativa foi dele. Mas não ficou nada resolvido, pois a antecipação determinaria o adiamento de outra edição já contratada. Ele está estudando essa possibilidade com muito interesse e me dará uma resposta até dia 30. Não quero acreditar muito, mas... talvez possamos autografar juntos na feira deste ano.

Continuo à espera dos desenhos de Martín e do prólogo, do qual, misteriosamente, não fizeste menção na última carta*.

Obrigado pelas notícias do Uruguai, mas te recomendo algum cuidado. Teus envelopes, sistematicamente, chegam abertos, visivelmente rasgados, o que obriga o correio brasileiro a pôr uma etiqueta de fechamento – como neste que te envio. De início não me importei muito, atribuí à qualidade do papel, mas já estou intrigado com o rompimento sistemático. Tuas cartas *sempre* chegam com a etiqueta de fechamento ou então com um envoltório plástico aplicado pela Empresa Brasileira de Correios. Enfim, pode ser mera coincidência. Mas também pode não ser.

Outras notícias na carta seguinte.

Abraço do
Faraco

Sem data**
Caro Faraco:

Há três ou quatro dias postei uma carta para ti e, na manhã seguinte, ao me levantar, encontrei uma tua no saguão.

Como não guardo cópia das minhas, nunca sei se já te falei sobre algo e então, eventualmente, posso me repetir. De acordo contigo em tudo ou quase tudo. Eu não dizia que era preciso incluir "Abejas" e sim que era uma pena não poder incluí-lo. Certamente tens razão no que argumentas para abrir o volume com "El regreso de Ranulfo González". Com "La casa de piedras", faz o que achares melhor. Enfim, o que fizeres

---

* Ele fala no prólogo na carta anterior. Ou me esqueci ou então perdeu-se alguma carta dele.
** Recebida em 15 de junho de 1984. Carta suprimida na edição uruguaia.

estará bem-feito. "El hemisferio de sombra" é um lindo título, embora muito abstrato, e por isso talvez não encaixe como título geral. Como título particular para "Los tigres de la furia" ficaria bem, ainda que devêssemos pensar um pouco mais. Vou consultar Penco, Martín, Oreggioni... Com o resto não há problemas. Se me ocorrer algo, te escrevo.

Martín está em Montevidéu, arrumando sua galeria, mas, pelo que sei, voltará por esses dias. Penso que poderá fazer alguns desenhos para os contos e a ilustração da capa. Falarei com ele. Por agora, ele ficou encarregado de fazer a capa de *Ramos generales*, com o S ao contrário.

Ferreira Aldunate anunciou desde Entre Ríos* que, no dia 16 de junho, chegará a Montevidéu de navio, acompanhado de 600 pessoas, entre elas mais de 100 jornalistas estrangeiros. Ele é procurado pela justiça militar e há ordem de prisão. Que vai acontecer? O país inteiro está na expectativa. Alguns falam num novo Dezessete de Outubro (data em que as massas bonaerenses reconduziram Perón). Outros, de um Dezenove de Abril (data do desembarque dos 33 que terminaram por derrotar a Cisplatina). Outros ainda opinam que não vai acontecer coisa alguma. Não se sabe qual será a atitude da Frente Ampla. A coisa então está assim: para esperar com curiosidade e impaciência.

Não tenho escrito nada. Me dei férias e estou relendo alguns livros de história uruguaia, a ler os numerosos semanários, a vagabundear etc. Vagabundear é uma coisa muito linda, embora possa aborrecer. "Aborrecer-se é beijar a morte", diz uma *greguería* de Gómez de la Serna. Tem razão. Ele não disse, mas poderia ter dito que, às vezes, uns beijinhos suaves na morte são necessários, ou ao menos podem ter um sentido que faz bem.

Abraço,
Arregui

Sem data**
Caro Faraco:

Quatro linhas apressadas antes que feche o correio, amanhã é sábado, vou para Montevidéu e quero postar esta carta hoje.

---

* Província argentina, ao norte de Buenos Aires e ao sul de Corrientes, entre os rios Uruguai e Paraná.
** Recebida em 15 de junho de 1984. Carta suprimida na edição uruguaia.

O prólogo poderia ter sido melhor, mas acho que serve.*
A situação política está complicadíssima. Há um duríssimo enfrentamento entre *blancos* e milicos. Aguarda-se com grande tensão a vinda de Ferreira. Os milicos dizem que, se puser os pés em terra uruguaia, será detido e processado. Que acontecerá?
Ouvi no rádio que há grandes inundações em Porto Alegre. Quero supor que tua casa esteja em terreno suficientemente alto.

Abraço,
Arregui

18 jun. 1984
Meu caro Arregui:

Recebidas de uma só vez duas cartas, uma delas com o prólogo. Já o traduzi (a título precário, por enquanto) e te devolvo para que me auxilies em pontos obscuros. As palavras assinaladas eu não sei o que significam e apenas desconfio do sentido, outras sei traduzir, mas não compreendo o sentido. Notarás que uso o termo "romance" em vez de "novela". É como chamamos em português as narrativas mais alentadas. *Adeus às armas* é um romance, *Cem anos de solidão* também, ao passo que chamamos de novelas as narrativas de fôlego mais curto, com reduzidas células dramáticas, como *O velho e o mar* ou *Ninguém escreve ao coronel*.

O prólogo está muito bom, gostei e acho que será apreciado, sobretudo entre escritores e críticos. O leitor comum se interessará menos, estará mais propenso a deliciar-se com os contos do que a discutir definições. Enfim, é oportuno, bem escrito, com substância, e de algum modo ele te mostra àqueles que, certamente, escreverão sobre o livro. Devolve o texto com a urgência possível. No correr da semana, vou falar novamente com o editor sobre outros assuntos e perguntarei se já temos uma data para o lançamento (na verdade, ele prometeu essa resposta para o dia 30).

A enchente persiste em Porto Alegre, mas as águas do Guaíba começam a baixar, felizmente. O número de flagelados é muito grande

---

* Em anexo o prólogo, que apareceria em "A cidade silenciosa" (Porto Alegre: Movimento, 1985).

e as doenças proliferam nas vilas miseráveis da periferia. A praia de Ipanema, perto da minha outra casa (a que conheces), foi destruída. Na casa nova não há perigo. Estamos no alto de um morro e para que a água nos alcance é preciso que chovam quarenta dias e quarenta noites. Bem, não estamos livres disso, se continuarem os testes atômicos franceses, que foram, segundo os entendidos, os causadores dessas anomalias climáticas.

Escrevo com data de segunda-feira, mas hoje é sábado, 16, e ainda não sei o que ocorreu pela manhã em Montevidéu. Na imprensa há muita expectativa com relação ao que acontecerá na chegada de Ferreira.

Abraço do
Faraco

Sem data*
Caro Faraco:

Tinha aqui na mesa, para responder, tua carta de 13, que encontrei em minha volta de Montevidéu (estive lá por três dias, coincidentes com a chegada de Ferreira, embora eu tenha ido por outra razão, que te contarei), e hoje chegou outra, com o prólogo. Respondo a ambas.

Justamente ontem à noite eu ouvia o rádio com Dorita e nos perguntávamos "Por onde andará Faraco?", ainda que lembrássemos que tua casa em construção está num lugar alto. Aqui também chove, mas a situação é menos grave do que aquela que, segundo o rádio, anda por aí.

Dizia que estive em Montevidéu por três dias. Fui convidado para a estréia de uma obra teatral extraída de meu livro sobre Líber Falco. Segue o programa. Um espetáculo simpático que, parece, é exitoso de público e crítica. Divertiu-me ver meu amigo Capagorry (aliás, Capita, um tipo muito boa gente e pitoresco) representando o papel de Arregui. É assombrosa a popularidade de Falco, cujo único livro, *Tiempo y tiempo*, anda pela sétima edição e é comercializado com regularidade, há muitos anos, à razão de 500 exemplares por ano. A gurizada realmente o estima e diria que até o venera. Quando escrevi o livro, há 20 anos, ninguém podia esperar semelhante coisa. É quase um

---
* Recebida em 5 de julho de 1984.

mistério, cuja decifração poderia estar na p.114 da segunda edição de meu livro – lembro-me que te dei um exemplar.*

No dia seguinte estive presente à comoção que foi a chegada de Ferreira, mas te conto adiante.

Releio tua carta de 13.

É verdade que me assombrei com o teu texto para as abas. Dizes que não é laudatório, mas o é, e muito. Coisas como essas sempre me parecem excessivas e me desconfortam um tanto. Boa parte do que escrevo me agrada, mas... Talvez tenhas razão, e por certo muito me agradaria que tivesses. De todos os modos, não vamos discutir se és um visionário ou tens "os pés bem plantados no chão" (procurei "chão" no dicionário e não encontrei, mas seguramente é terra ou solo).

Terás visto que a letra hoje me sai desparelha. Acontece que nesta noite não dormi. Durante a noite, até de manhã, estive a trabalhar em certas páginas sobre Paco Espínola que me encomendaram em Montevidéu. Serão publicadas anonimamente, mas talvez sirvam para o livro sobre Paco que, há anos, estou planejando. Mais tarde te envio.

Estive com Martín. Diz que fará os desenhos etc. e que virá em seguida. Mas continua ocupado com a instalação de sua galeria. Ontem à noite, pelo telefone, Sandra me disse que ainda não sabem quando poderão vir.

Ferreira chegou no dia 16 e está preso aqui em Trinidad. Os milicos fizeram o possível para que as pessoas se assustassem e se mantivessem em suas casas, mas elas foram para a rua. Dormi na casa de minha cunhada, em Malvín (balneário um pouco distante), e cheguei um pouco tarde ao lugar onde se reuniam os frentistas, perto dos *blancos*. Éramos milhares. Também participaram *batllistas* da corrente independente e esquerdista encabeçada por Flores Silva, o rapaz que é filho de meu amigo Flores Mora (não são muitos, acho, mas publicam o melhor semanário, *Jaque*). Os milicos, dando a única demonstração de inteligência que pode ser registrada, não reprimiram, e então fomos os donos das ruas. No porto, os moços dançavam, cantavam e insultavam os tanques estacionados. Parecia que a ditadura tinha caído. As ruas palpitavam de alegria e fraternidade. Não se sabia o que tinha acontecido com Ferreira. Às duas da tarde, fui almoçar no apartamento da minha enteada, onde me esperava Dorita, bebi um litro

---

* Na dita página, Arregui conta o que ouviu de uma menina sobre o livro de Falco: "Que livro bom o que me deste. Tem poemas tão lindos que às vezes parece que já os li antes".

de vinho para festejar e me deitei para dormir. Pouco depois, Martín e Sandra vieram me buscar. Eles tinham tirado a capota e as portas do Índio (que é uma espécie de jipe) e saímos para continuar a festa, levando uma bandeira nacional, essa que me tanto humilhara enquanto estive preso. Protestei, quis conseguir uma bandeira da Frente Ampla (que é a de Otorgués, gaúcho lugar-tenente de Artigas, que ocupou e governou Montevidéu*) e até declarei que preferia uma do Penharol, mas Martín, que estava feliz e patriota, não me deu atenção. Fazia um frio de merda, nem um pouco apropriado para andar num carrinho descoberto. Recorremos a cidade toda, agitando a bandeira e cumprimentando todo mundo. As manifestações se prolongaram até a noite. Depois soubemos pelo rádio e pela tevê que Ferreira estava preso e não tinha acontecido nada.** E depois ainda voltamos a Trinidad na caminhonete de Alejandro, que também fora a Montevidéu.

Ferreira está preso (nunca gostei muito dele, conheço-o desde 35, quando ingressei nos preparatórios do Direito) e o assunto continua enredado. Os *blancos* não afrouxam, os *colorados* procedem com inteligência, a Frente com serenidade e firmeza. A coisa vai ficando cada vez mais linda. O embretamento dos milicos é asfixiante. No dia 27 haverá uma grande paralisação. É intenso o protesto mundial contra a prisão de Ferreira etc.

Estou muito afastado da literatura. Dedico-me às páginas sobre Paco, ao noticiário político, à leitura dos semanários. Mas já voltarei.

Recebi uma linda carta de Freitas Lima. Sem dúvida, é um guri inteligente e inquieto. Diz que virá em fins de julho, porque está com problemas em Porto Alegre para exibir seu filme *Tempo sem glória*. Também tem problemas, que expõe sinteticamente e muito bem, com sua criação, sobretudo nas relações entre arte e política, essas que eu, com 40 anos mais, confesso não ver claramente e não poder resolver.

---

* Fernando Otorgués (1774-1831), chefe militar uruguaio na luta contra os espanhóis, foi governador de Montevidéu em 1815, por delegação do general José Gervásio Artigas. No mesmo ano, por causa de supostos desmandos, Artigas o afastou do cargo, nomeando governador o coronel Fructuoso Rivera.

** Ferreira Aldunate retornava como virtual candidato presidencial dos *blancos* no pleito de novembro daquele ano, se de fato fosse realizado. Um dispositivo de guerra instalado no porto de Montevidéu impediu seu contato com o povo que o esperava. Detido pelos militares, foi levado de helicóptero para um quartel de Trinidad, no departamento de Flores, onde permaneceria durante toda a campanha eleitoral.

Diz que leu teu livro *Hombre*, onde encontrou muitas coisas que lhe agradaram. Destaca especialmente "Travessia". Gosto do guri.

Se há um imbecil *boludo* que se dedica à abertura de minhas cartas, francamente, nada posso fazer senão sentir por ele desprezo e pena.

Saberás que, no México, morreu Carlos Quijano. Eu nutria por ele um enorme respeito, uma quase veneração. Estava com 84 anos, mas dizem que mantinha a mesma lucidez de toda a sua vida. Foi um exemplo, um superior exemplo em muitíssimas coisas. W. Penco me pediu um texto para seu semanário, mas não vou escrever, não encontraria o tom necessário e não quero escrever nada ocasional sobre um homem como ele*.

Nunca me enviaste o livro de teu sogro.** Eu o leria com muito gosto, mas temo que minha falta de antenas para grande parte da poesia e minha incapacidade de saborear o português me atrapalhem a leitura.

Li a cópia da carta que enviaste a Gerbasi. Veremos o que diz.

São quatro horas da manhã. Tenho aqui um fogareiro Primus aceso e um guisado com lentilhas (obra-prima de Dorita) e quase um litro de vinho. Faz um frio de cagar. Vou esquentar o guisado, comer e dormir.

Termino esta carta que me saiu quilométrica.

Abraço do
Arregui

06 jul. 1984
Meu caro Arregui:

Recebo tua bela carta de... (?), em que comentas as últimas ocorrências políticas. Tenho inveja dessa empolgação cívica. Ando tão distante dessas coisas que, lendo-te, é como se lesse um relato fantástico.

---

* Carlos Quijano (1900-1984), advogado, jornalista e político uruguaio, que cursou Ciências Políticas e Economia na Sorbonne, desde jovem militou no Partido Nacional. Eleito deputado em 1928, fundou, no ano seguinte, o jornal *El Nacional*, cujos editoriais analisavam do ponto de vista econômico o fenômeno do imperialismo. Entre seus colaboradores, estavam escritores do quilate de Paco Espínola e Juan José Morosoli. Fundou igualmente os semanários *Acción* e *Marcha*. Também editou a *Revista de Economía* e foi professor da mesma matéria na Faculdade de Direito. Estava exilado no México desde o fechamento de *Marcha*, em 1974.
** MILANO, Antônio. *Passageiro do tempo breve*. Curitiba: Criar, 1982.

Um jipe de capota aberta, bandeiras, gritos, correrias pela cidade, há muitos e muitos anos não participo desses eventos tão saudáveis para a mente e para o corpo, sobretudo para o país. Que coisa bonita.

Ultimamente tenho fugido dos jornais, mas acompanhei os acontecimentos uruguaios, fartamente noticiados. Os principais jornais enviaram correspondentes para cobrir a chegada de Ferreira, e tua pequena Trinidad foi manchete em nossas capitais. Tenho a esperança de que o Uruguai dos militares não resista à vizinhança da Argentina de Alfonsín, mas receio que a mudança demore um pouco, justamente por causa da repercussão local dos processos iniciados no outro lado do rio. Tomara que me engane.

No Brasil, hoje, luta-se pelas eleições diretas para a Presidência da República em 1986, mas, segundo os analistas, sem chance. Houve meia dúzia de grandes comícios e nada mais. O esfriamento foi provocado pela própria oposição, temerosa de que o movimento levasse os militares a uma nova radicalização. O que falta na política brasileira, acho eu, são partidos ideologicamente definidos. Encontras socialistas no partido do governo e fascistas na oposição. E enquanto isso, os partidos de esquerda, clandestinos, além de divididos, estão brigando uns com os outros, como há vinte anos. Me diz se não é uma situação que leve ao desinteresse...

Freitas Lima telefonou, falou com Cybele, eu não estava em casa. Disse que conversara contigo e que, no momento, está envolvido com o lançamento de seu filme em circuito comercial. Eu já tivera, antes, uma boa impressão dele, de sua inquietude, de seu desejo de realizar grandes coisas. Esperemos que essas impressões se confirmem quando ele começar a trabalhar com "Três homens".

Estive com Appel na semana passada e perguntei sobre a data da publicação de *A cidade silenciosa*. Estava esperançoso de que o lançamento fosse antecipado para outubro deste ano, e as esperanças eram justificadas: de fato, é para outubro. Martín deve apressar-se com as ilustrações.

Agora à noite vou trabalhar no prólogo e amanhã o levo ao editor. Dá notícias.

Recuerdos do
Faraco

P.S. O tempo anda louco. Após as grandes enchentes, entramos na fase dos grandes vendavais. Nos últimos dois dias tivemos ventos de 115/120 km/h, e muitos mortos em conseqüência de desabamentos.

Interessante o que contas da encenação que se fez em Montevidéu, sobre Líber Falco. Ainda não li o teu livro sobre ele, mas terei de fazê-lo.

Sem data*
Caro Faraco:

Suponho que terás recebido minha última carta, com o prólogo anotado. Por aqui, nada de novo. Terminei e entreguei meu pequeno texto sobre Paco. Agora estou desunhando outro parecido.
O panorama político continua enredado.
O rádio segue falando de furacões e chuvas no sul do Brasil. Aqui choveu uma enormidade, mas sem grandes desastres. Perigam, sim, as semeaduras de inverno (a possibilidade de semear, quero dizer).
Cumpro a promessa de enviar fotocópia de "El ídolo de las Cícladas".

Abraço,
Arregui

Carta de Martín Arregui:
Montevidéu 23 jul. 1984**
Estimadíssimo Faraco:

Junto seguem duas das possíveis ilustrações para *A cidade silenciosa*. Correspondem a "El gato" e a "El diablo no duerme". Afastei-me um pouco de meu modo habitual de desenhar – geralmente à tinta e mais linear e descarnado –, buscando coincidir o mais possível com o espírito do velho. Creio que essas coisas a lápis se relacionam bastante com esse espírito.
Pode haver – e por isso envio este adiantamento – problemas técnicos na reprodução das sombras sutis e figuras vaporosas. Se forem perder muito na impressão, eu trataria de fazê-las à tinta e com menor sutileza. A perda de parte da atmosfera que elas têm me faz preferir que sejam aproveitadas assim. Deverias consultar o editor, ou o impressor, e me comunicar.

---

* Carta suprimida na edição uruguaia.
** Não consta na edição uruguaia.

Sigo trabalhando e em poucos dias mais terei os oito ou dez desenhos necessários.

Espero tua carta. Estou residindo em Montevidéu, no endereço que te envio. Escreve para cá.

Um grande abraço meu e outro de Sandra, para ti e os teus.

Saúde (e vontade de vê-los).

Martín

Sem data*
Caro Faraco:

Tua última carta é de 6 de julho. Houve alguma que se perdeu? Há uns 20 dias, te enviei carta e um conto de Cortázar. Recebeste?

Fui a Montevidéu participar de uma homenagem evocatória de L.P. Bonavita, presidente do FIDEL desde sua fundação até o dia em que morreu.** Falei durante uns 20 minutos, lendo páginas que havia escrito com algum cuidado, mesclando política com um pouco de revisionismo histórico, e penso que a coisa saiu bem. Depois, fato insólito, permaneci dez dias em Montevidéu. Fazia muito frio, mas a cidade estava politicamente tão linda e aquecida que não dava vontade de retornar.

No dia 18 de julho a Frente Ampla ganhou as ruas. Foi o fim, de fato, de sua proscrição, e logo veio o fim de verdade para mais ou menos 50% dos grupos que a integram. O FIDEL e o PCU continuam proscritos, mas, de fato, funcionam sem problemas. Wilson Ferreira continua preso e os *blancos* não participam das negociações, o que sem dúvida é um erro. Parece que o delegado da Frente Ampla, Cardoso (um velho médico socialista com uma vida política exemplar), e o contador Young, delegado do PDC, estão atuando muito bem, e as negociações avançam por um bom caminho. Seregni segue dando uma imagem de bom senso e segurança. Aqui em Trinidad estamos em meio à tarefa de constituir o comitê local. Estamos recebendo boas adesões.

---

* Carta suprimida na edição uruguaia.
** Frente Izquierda de Liberación, fundada em 1962, coligando com o Partido Comunista (PCU) setores de pequena influência desligados dos partidos tradicionais. A sigla, por certo, aludia a Fidel Castro.

Ontem falei por telefone com Martín. Disse-me que te enviara três dos desenhos que está fazendo para *A cidade silenciosa*.

Há vários dias iniciei uma carta para ti, mas a deixei sem terminar à espera de novos fatos políticos. Acabo de rasgá-la, pois perdeu a atualidade. É iminente a libertação de grande número de presos políticos.

Freitas Lima está em Montevidéu com seu filme, fazendo gestões junto à Cinemateca Uruguaya. Esteve em Trinidad por umas horas, conversamos longamente sobre suas inquietudes e projetos. Disse que não te viu.

Há um movimento em escala nacional pela reintegração dos destituídos da ditadura. Dorita está entre eles, atuando no comitê de Flores. Não é improvável que seja reintegrada em seu cargo de juiz, ou algo parecido. Mas esse assunto vai longe.

De literatura, nada. Minhas preocupações, no momento, são apenas políticas, que são também, como sabes, demasiado excludentes.

Outro dia, com mais tempo e mais notícias políticas, volto a te escrever. Termino porque quero pôr esta carta no correio ainda hoje e já está caindo a tarde.

Abraço,
Arregui

Sem data*
Caro Faraco:

Recebi a tua de 8.** Sem dúvida, perdeu-se uma carta minha. Talvez duas. Há mais de mês, nos primeiros dias de julho, te enviei carta junto com uma fotocópia de "El ídolo de las Cícladas", de Cortázar. Nos primeiros de agosto, outra. Na de julho incluí uma frase insultuosa para o imbecil que abre os envelopes. Vai ver que o homem não gosta que o insultem...

As notícias importantes são as políticas. A ditadura cai dia a dia. Estive três vezes em Montevidéu, onde a Frente Ampla avança com um impulso irrefreável. Até aqui em Trinidad, esta pequena cidade onde geralmente nada acontece, há um comitê atuando bem. Políticos e milicos chegaram a um acordo bastante satisfatório. O tironeio

---

* Recebida em 24 de agosto de 1984. Carta suprimida na edição uruguaia.
** Perdida, ou escrita sem cópia.

continua. Há muitas discussões com os *blancos*, que não cedem, numa posição "ultra"*.

Na sexta-feira, 10, um dia meio chuvoso e tremendamente frio, Seregni falou para uma multidão que lotou uma grande esplanada e várias quadras. Dorita e eu chegamos a ter câimbras. Amanhã irei novamente a Montevidéu para participar de uma reunião.

De literatura, nada. *Ramos generales* está composto, mas sem paginar e sem as provas. W. Penco, que é o encarregado da edição, anda ocupadíssimo, é um dos cabeças do MPF (Movimento Popular Frente-Amplista). Na verdade, todos nós, em maior ou menor grau, estamos envolvidos na política, depois de tantos anos...

Vejo que aí as coisas andam: *Manilha de espadas* por sair, *A cidade silenciosa* em composição. Outra boa notícia é a publicação de "Los ojos de la higuera" na Venezuela.

Talvez já tenhas te encontrado com Freitas Lima. Esteve aqui e em Montevidéu com Martín. Disse-me que na volta a Porto Alegre te procuraria. Nós nos entendemos muito bem. Veremos o que acontece.

Martín continua trabalhando nos desenhos. Parece que são muito bonitos. Ele comentou que um dia desses vai te escrever e te presentear com algo do que tem feito.**

Ir ao Brasil no fim de outubro é uma possibilidade sobre a qual oportunamente conversaremos.

Recordo que, há bastante tempo, quis te enviar uma autorização (com firma reconhecida em cartório) para que me representasses em qualquer ato relacionado com editoras. Creio que isto facilitaria muita coisa. Continuas achando que não é necessário?

Tua boa vontade não deve chegar ao ponto de assumires encargos que são meus. Refiro-me à idéia de montar com fotocópias (e por que não com pedaços de livros?) uma edição espanhola de *Cavalos do amanhecer*. Quando a hora chegar (se persistires nessa idéia e se ela for viável), eu mesmo faço – inclusive com algumas correções que talvez se mostrem apropriadas. Concordas?

---

* Tivera lugar o chamado Pacto del Club Naval, celebrado entre os militares e o Partido Colorado, a Frente Ampla e a União Cívica, que assentava as regras para o retorno à democracia e impedia vários políticos de candidatar-se à eleição de novembro, entre eles Ferreira Aldunate. Os *blancos* não participaram das negociações e rejeitaram o pacto.

** O presente veio mais tarde, um belíssimo batique que ainda conservo.

Vou postar esta carta amanhã em Montevidéu, para evitar possíveis censuras, pois acho que a abertura dos envelopes ocorre aqui, embora eu não encontre de quem possa suspeitar. Na próxima vez que for ao correio daqui, vou protestar ou ao menos dizer que há cartas extraviadas. Tomara que esse problema não persista.

Recebe um abraço,
Arregui

25 ago. 1984
Meu caro Arregui:

Com certeza perdeu-se uma carta tua, mas não a que trazia o conto de Cortázar e sim a seguinte. Menos mal que isto não aconteceu enquanto trabalhávamos na tradução.

A cidade silenciosa deve sair no final de outubro. Já está na gráfica. Preocupam-me as ilustrações. Recebi de Martín apenas três (esplêndidas) e o ideal seria ilustrar todos os contos.

Disse-me Appel que o contrato está pronto. Como possui teu endereço, acho que vai te enviar diretamente. Não vejo necessidade de me remeteres uma autorização para tratar dessas questões. Contratos, direitos autorais, pagamentos, são coisas das quais não deves te omitir. De outra parte, para discutir termos de contratos ou mesmo oferecer teus livros às editoras, basta-me tua autorização verbal.

De fato, pensei em copiar os contos de *Cavalos do amanhecer* (em espanhol, claro) e remetê-los à Venezuela, mas é melhor que tu mesmo o faças, aproveitando a oportunidade para proceder a eventuais alterações. Podes começar a trabalhar nisso. Na semana passada escrevi ao assistente editorial da Monte Ávila, falando sobre teus contos e propondo a edição do livro. A resposta deverá vir em duas ou três semanas e de imediato te avisarei. Prepara os originais com o mesmo ordenamento do livro brasileiro, e por certo traduzindo para o espanhol os títulos que foram trocados na edição em português: "Cavalos do amanhecer" em lugar de "Un cuento con un pozo" e "Lua de outubro" em lugar de "Un cuento con insectos". Creio que concordas com a mudança definitiva dos títulos destes contos.

Oportunamente, repito, vou te avisar do resultado das tratativas venezuelanas. Só então remeterás os originais, aos cuidados de:

Eugenio Montejo
Edif. Michigan – Apto.13
Avda. La Salle
Caracas 1050

Há dias corrigi as provas já paginadas de *Manilha de espadas*. Os editores ainda me matam. Imagina que Ênio Silveira, depois de atrasar muitos meses a edição, enviou-me as provas do Rio por correio rápido, que recebi às 11:30h. Ao meio-dia telefonou, pedindo que lhe comunicasse o resultado da revisão, erro por erro, até 15:30h, por telefone! Pode-se conceber que alguém faça uma revisão decente por telefone? E havia 52 erros! Para não criar mais um caso, atendi o pedido, mas temo pelas conseqüências. O livro sai até 5 de setembro.

Freitas Lima me visitou. Quer incluir meu conto "Travessia" no filme em episódios que pretende fazer e inclui também "Três homens". Disse-lhe que a idéia não me entusiasma e ele retrucou que não há necessidade de meu entusiasmo, que ele se entusiasma sozinho...

Acompanho a agitação política no Uruguai e disto falaremos numa próxima carta.

Recuerdos do
Faraco

Carta de Martín Arregui:
Trinidad, 31 ago. 1984*
Estimado Faraco:

Vão dois desenhos. Com os últimos três que enviei, somam oito, e espero que, nessa altura, já os tenhas recebido. Correspondem a "El hombre viejo" e "Los tigres de la furia". Estou trabalhando a toda velocidade e espero te mandar amanhã dois mais: "La compañera" e "El viento del sur". Lamento não poder me deter mais em cada tema, ou fazer mais de uma versão, o mês passou voando e meus outros trabalhos mal me permitem respirar.

Em carta anterior, com a qual seguiram as ilustrações para "La casa de piedras", "Los ojos de la higuera" e "La ciudad silenciosa" (deste último, gostaria de fazer outra versão, porque não terminou de me convencer – ainda que me importe muito tua opinião), não te falei de pagamento por meu trabalho, como pedias que eu falasse. Para mim, é

---
* Não consta na edição uruguaia.

suficiente a alegria de poder colaborar com o velho e contigo nas aventuras editoriais de vocês, de modo que o dinheiro não importa. Essas coisas todas ficam ao teu critério e, se tiveres de pensar nelas, pensa sem qualquer preocupação. Nada, para mim, já é o bastante.

Eu gostaria, isto sim, que imprimissem da melhor maneira possível. Alguns desenhos, como o de "El hombre viejo", dependem de pequenas sutilezas, como aquele olho desolado e uma luz um pouco artificial no rosto apagado, como se fosse parte dele. Perdidas essas nuanças, ou esses efeitos, o desenho perderia parte do sentido. Fiz fotocópias de todos os que mandei, e apesar de ser um modo rústico de reprodução, não sofreram uma grande perda. Até percebi que, algo escurecidos, ficam bem. Como quase todos estão muito soltos no espaço, penso que seria necessário uma fina linha cercando-os na página, como um *passe-partout*, do jeito que te envio estes.

De todos os modos, nós nos escreveremos novamente. Segura aí outro abraço meu.

Martín

P.S. Concordo com tua impressão de Freitas Lima. Não me esqueci de como eu era quando tinha sua idade e isto me ajudou um pouco enquanto o tivemos por aqui.

Tem cuidado ao manusear os desenhos. O lápis borra, suja-se, até no roçar de um dedo.

Amanhã ou depois seguirá carta minha.
*O pai**

Sem data**
Caro Faraco:

Recebi tua carta de 25 de agosto. E também o *Correio das Artes*, com a tradução de "El hombre viejo".

Se teu amigo Eugenio Montejo responde aceitando a proposta, com pouco trabalho desmonto dois exemplares de meus livros e monto *Cavalos do amanhecer*, conservando a ordem do livro brasileiro e

---

* Anotação de Arregui.
** Recebida em 10 de setembro de 1984. Carta suprimida na edição uruguaia.

também os dois títulos que são da tua colheita. Também vou cotejar os textos com tua tradução, pois esta pode me ajudar a simplificar alguma frase ou atenuar algum adjetivo excessivo que subsista de meu estilo dos anos passados.

Martín, que está em Trinidad, após ter passado quase todo este duríssimo inverno em Montevidéu, te enviou dois desenhos. Está fazendo outros que, segundo diz, vai te enviar nos próximos dias. Realmente são muito bons. O velho que desenhou para "El hombre viejo" é impactante.

Teus problemas com os editores parecem endêmicos e te procuram. Que te mandem provas para que depois tenhas de passar 52 correções pelo telefone é quase uma piada, dessas que incomodam.

Não escrevo nada e quase não leio senão os semanários. Passo muitas horas por dia no comitê da Frente Ampla. Nós o inauguramos no dia 25 de agosto (o Dia da Pátria) com um ato ao qual compareceram 300 pessoas, que são muitas para Trinidad neste momento. Foi um ato com bons discursos, com muita alegria depois de 11 anos de silêncio, e com uma festa posterior ao lado dos mais íntimos que aderiram, terminada tão-só às seis da manhã, com cantos e danças e o desaparecimento de 50 litros de vinho.

W. Ferreira continua preso aqui e os *blancos* se apresentarão às eleições com uma fórmula alternativa e um descabelado, impraticável projeto de governo provisório. Estão radicalizados, com um radicalismo virulento e sem dúvida epidérmico, e atacam a Frente em função do acordo que esta fez com os *colorados* para facilitar o afastamento dos milicos. Penso que, nesse acordo, abrimos mão de muitas coisas, mas também penso que era necessário fazê-lo. Esse acordo e outras atitudes avultam a imagem de Seregni, convertido hoje numa figura de grandíssima influência. Não sei o que publicam os jornais brasileiros. Digo eu que a coisa vai bem, apesar dos reparos que se podem fazer ao acordo que os *blancos* chamam "pacto político-militar". O FIDEL trocou de nome e agora se chama Democracia Avanzada*. O PCU continua proscrito. Também Seregni – nas conversações, a Frente leva em seu lugar J.J. Crottogini, um velho médico de muito prestígio. Eu continuo proscrito para ser eleito, falar etc., mas poderei votar. Em função do acordo, os milicos estão soltando presos políticos, embora com excessiva lentidão.

---

* Por imposição dos militares.

Espero poder ler *Manilha de espadas* sem muitas dificuldades. Segue folha à parte sobre tua versão de "El hombre viejo".*

Abraço,
Arregui

11 set. 1984
Meu caro Arregui:

Recebo tua última. Sem data, como sempre. Admiram-me as notícias políticas. É claro que, às vezes, é preciso conciliar, a radicalização é típica da tão conhecida pressa pequeno-burguesa. Em *Esquerdismo: doença infantil do comunismo*, recomenda Lênin que os políticos progressistas participem de todos os parlamentos, mesmo os mais reacionários, e conciliem sempre que necessário para alcançar um fim justo. Só não se concilia, diz ele, em prejuízo do povo. No caso uruguaio, a questão primordial é afastar os militares do poder, mesmo que seja preciso fazer um acordo com eles. Depois... bem, depois é outra história.

Recebi dois desenhos de Martín. Excelentes, como os três anteriores, mas temos um impasse. O prazo que a Editora Movimento me deu para entregar *todos* os desenhos já terminou. Isto não quer dizer que os desenhos tardios serão descartados, certamente estarão no livro, mas que este terá de ser retardado para novembro. Appel é um editor sério, cuidadoso, e argumenta que, se mantiver o lançamento para outubro, terá de acelerar os trabalhos gráficos, arriscando publicar um livro com problemas. A rigor, tal retardamento não tem maiores conseqüências. A principal é que o livro sairá depois da Feira do Livro e em época de férias.

Disse-me Appel que já te escreveu, enviando o contrato.

Tens razão ao desconfiar de que os problemas com os editores me procuram. Te conto o último, que é risível. O lançamento de *Manilha de espadas* será no dia 25 de setembro, no Centro Municipal de Cultura. O editor mandou fazer os convites, que chegam amanhã. Hoje, contudo, ele resolveu trocar de distribuidor no Rio Grande do Sul, isto é, trocar o distribuidor cujo nome está no convite. O novo distribuidor, por sua vez, não aceita fazer o lançamento se no convite constar o nome de outro e não o seu. Resultado: não haverá convites.

---

* Extraviada.

Nessa discussão, porém, não me envolvi, estou só admirando. Diverte-me também a idéia de que o lançamento será no dia 25 e o livro ainda não está pronto. Decerto vão entregar no dia 24 à noite e pedir que eu mesmo o costure e cole a capa...

Bem, não quero te aborrecer com minhas paranóias editoriais.

Recuerdos do
Faraco

Carta de Martín Arregui:
Montevidéu, 21 set. 1984*
Sergio:

Acabam de telefonar de Trinidad para dizer que chegou carta tua. Esta noite a receberei em Montevidéu e saberei quais foram os desenhos que se perderam. Farei de novo e os levarei pessoalmente a Porto Alegre.

Estarei aí nos primeiros dias de outubro, antes do dia 5. Quase com segurança, irei no domingo, 30 (ou 31, não tenho calendário à mão). De todos os modos, antes do dia 5 o material estará terminado e posto na mão do editor. Lamento muito as complicações resultantes desse extravio. Peço desculpas a ti e ao editor por este parto que não termina, mas terminará.

Vai um abraço – e espero que não se perca – e quero que tu, o editor e a gráfica saibam que, com absoluta certeza, na data indicada vocês terão minha visita e os desenhos.

Saúde.
Martín

24 set. 1984**
Caro Faraco:

Recebi tua carta de 11. Martín foi para Montevidéu há dias, depois foi Sandra, de modo que não sei como ficou o problema dos desenhos talvez perdidos. Espero que Martín tenha te escrito ou telefonado e que

---

* Não consta na edição uruguaia.

** Suprimida na edição uruguaia.

tenham se entendido. Eu diria que o livro pode ser publicado, sem maiores prejuízos, com apenas parte dos desenhos. Enfim, vocês resolvem*.

Dias passados estive em Montevidéu. Visitei a sede da Frente Ampla, a sede da Democracia Avanzada (o novo nome do proscrito FIDEL) e comitês de base. A Frente é dona da ruas e possivelmente será vitoriosa na capital. No país inteiro a coisa continua duvidosa, se bem que os *blancos* parecem ter grandes possibilidades. Wilson Ferreira continua preso em Trinidad e os *blancos* estão embarcados numa radicalização demagógica.

Faço votos de que tenhas um bom lançamento amanhã, mas é incrível o caso dos convites. A verdade é que teus problemas editoriais acabam sendo *de biógrafo*, como dizemos aqui das coisas insólitas.

Um conto meu, "Las cuevas de Nápoles", o chamado "conto da merda" (está, como lembrarás, em *La escoba de la bruja*), foi objeto de um estudo por parte de um respeitado psicanalista. O texto foi publicado numa nova revista cultural feita ou apadrinhada pelo PCU. São surpreendentes (e não muito convincentes) as coisas que o homem viu ou acreditou ver. Os psicanalistas são bichos estranhos... mas sempre há a possibilidade de que tenham razão. Não tive oportunidade de falar com ele, que é meu amigo e uma belíssima pessoa, para que me explique melhor as virtudes que descobre em mim – e que considero um tanto casuais. Também o padre de Trinidad (um italiano mui macanudo), assombrosamente, anda dizendo que o "conto da merda" é extraordinário.**

O comitê local da Frente Ampla vai muito bem, embora estejamos faltos de militantes com experiência.

Não recebi nenhuma comunicação do senhor Appel.

Um grande abraço do
Arregui

---

* E resolvemos mal, não seguindo seu conselho. Martín, provavelmente em razão de suas atividades, não viria a Porto Alegre até 5 de outubro e tampouco entregaria os desenhos no prazo que estipulou.

** Neste conto, um andaluz preso em escuro calabouço napolitano, em vias de esquecer-se de si mesmo, socorre-se do odor familiar de seus próprios excrementos.

04 out. 1984
Caro Faraco:

Ontem recebi *Manilha de espadas*, hoje teu aerograma, a carta de Appel e o contrato, que hoje devolverei assinado.

Ontem à noite, por algumas horas, estive mordendo teu livro. Que trabalho me dá o português literário! Cem vezes mais trabalho do que ler uma carta. Numa das mãos, o livro, na outra o dicionário (que, reconheço, é muito pobre). Enfim, continuarei peleando. Depois de decifrar duas ou três páginas, fica mais fácil decifrar as outras e entender ao menos o que se passa. Já tinha visto as seis linhas truncadas na p.32. O livro terá todos os erros que apontas, mas é lindíssimo, a capa excelente, o sete de espadas (o sete bravo, nós dizemos) simpaticíssimo. E se o lançamento foi exitoso, como disseste, só nos resta o de sempre: putear os malditos erros.*

A mim também me agradaram os desenhos de Martín. Alegro-me por saber que tu e Appel pensam a mesma coisa, pois às vezes receio me deixar levar pelo meu amor de pai. Martín continua em Montevidéu, trabalhando na propaganda da Frente Ampla, mas agora há pouco telefonou para anunciar que amanhã ou depois vem para Trinidad.

A situação política segue mais ou menos igual.

Já sabia, por carta de Martín, que Freitas Lima pensa incluir "Lua de outubro" em seu filme, mas ele não me escreveu sobre este assunto.

Dentro de alguns dias volto a te escrever, e também a Appel.

Abraço,
Arregui

Suplemento do dia seguinte:
Ontem à noite Dorita me trouxe de Montevidéu uma carta de Cuba, chegada via Buenos Aires, já que entre Uruguai e Cuba não há modo de se estabelecer correspondência. É do cubano que, anos passados, organizou um volume de meus contos. Há uma grande possibilidade de que eu faça uma viagem a Cuba, coisa que eu gostaria muito, mas que, enfim, tenho de pensar (problemas de saúde e de dinheiro,

---

* Este período subentende uma carta minha, provavelmente acompanhando o livro, da qual não fiz cópia. Ênio Silveira veio a Porto Alegre para o lançamento e foi meu hóspede por três ou quatro dias.

entre outros). Pergunto: entre Brasil e Cuba é possível trocar cartas e livros? Em caso positivo, posso te usar como ponte para me entender com o homem? Penso que, com nosso novo governo, as coisas vão mudar, mas, enquanto não mudam...

13 out. 1984
Meu caro Arregui:

 Recebo a tua de 4 de outubro, que agradeço. Fico satisfeito por teres recebido tudo, o livro, a carta de Appel, o contrato. Não me espanta que tenhas encontrado dificuldades para ler *Manilha de espadas*. Tradicionalmente, os hispano-americanos se dão muito mal com o português. Acresce que o português literário, seguramente, é mais complexo. E acresce que a primeira parte do livro está crivada de expressões regionais de nossa campanha, e mesmo o leitor brasileiro citadino pouco as conhece.

 Comercialmente, até agora, o livro vai bem: 700 exemplares vendidos em 15 dias, apenas em Porto Alegre (desconheço os números do resto do país). Há também boas perspectivas, pois nos próximos dias começo a viajar para sessões de autógrafos em cidades do interior: Alegrete, Santa Maria, São Lourenço...*

 Imagino que eu possa, sim, fazer essa ponte com teu amigo cubano. Tentemos, e já veremos o resultado. O Brasil não mantém relações diplomáticas com Cuba, mas na área dos correios as coisas estão tranqüilas. Já recebi cartas de Cuba e as respondi sem problemas. De mais a mais, gostaria de fazer contato com esse cubano.

 Estive ontem com Appel. O livro continua aguardando os três últimos desenhos de Martín. No momento em que chegarem, os trabalhos gráficos serão retomados.

 Abraço a todos e o recuerdo de teu amigo, o
Faraco

---

* Fui apenas a Alegrete.

Sem data*
Caro Faraco:

Há vários dias tenho sobre a mesa tua carta de 13 de outubro, também o propósito de respondê-la e não menos a má consciência de que deixei passar muito tempo sem fazê-lo. Acontece (e isso sem falar em que, há mais de semana, quebrei meus óculos) que tenho andado ocupadíssimo com reuniões políticas, conversas no comitê etc. Também fui três ou quatro vezes a Montevidéu. Estive no ato em que festejamos o regresso de Arismendi**, que significou o fim, de fato, da proscrição do PC. Foi uma imponente caravana cheia de bandeiras com a foice e o martelo, algo muito emotivo, que em mais de um momento fez com que me acudissem aos olhos não lágrimas, mas certa umidade. Participei da caravana num carrinho de Martín (sem bandeiras, porque não conseguimos) e depois estive no palanque no ato final, que encerramos cantando, punhos no alto, a "Internacional". Essas velhas emoções políticas mexem com o sangue.

Quase diria que é certo o triunfo da Frente Ampla em Montevidéu. Alguns iludidos falam em triunfo nacional, mas é inegável que estão sonhando. Também é inegável que seremos bem votados. Seregni e Crottogini estiveram em Trinidad e dormiram aqui em casa. Wilson Ferreira continua preso no quartel. Houve um par de incidentes sem muita importância.

Alegra-me muito que *Manilha de espadas* esteja caminhando bem. Continuei a cheirá-lo e a mordê-lo e querendo gostar, embora sempre entendendo mal o teu "maldito" idioma. A culpa é do Tratado de Tordesilhas.

Por minha parte, não faço um caralho de literatura, se bem que certos projetos adiados estejam a me pressionar. Enfim, como sempre há a boa perspectiva de uma viagem a Cuba...

---

* Recebida em 24 de novembro de 1984.
** Rodney Arismendi (1913-1989) ingressou no PCU em 1930. Foi redator do *Diário Popular* e diretor do *Justicia*, órgão de seu partido. Em sua campanha antifascista, foi réu de 47 processos e teve de deixar o país. No exílio, tratou de propagar a idéia da revolução continental, derivada da essencial unidade da América Latina. Em 1946, foi eleito deputado. Reeleito para sete legislaturas, cumpriu 27 anos de atuação parlamentar ininterrupta. Em 1955, foi eleito Primeiro Secretário do PCU, e em 1971 foi um dos fundadores da Frente Ampla. Em 1973, com o golpe militar, tornou-se o principal dirigente do partido na clandestinidade, até ser preso em 1975 e expulso do país. Exilou-se na URSS até 1984.

Dias atrás escrevi uma carta ao amigo cubano, dando teu nome e endereço. Veremos se responde e é possível estabelecer correspondência regular. Se não, recorrerei novamente à intermediação do argentino que já me serviu de ponte. Por via das dúvidas, vou começar de novo a tramitação de meu passaporte, que agora, é de esperar, sairá sem problemas.

Martín está em Montevidéu e não sei se te enviou os desenhos que faltam, que coisa! Tudo faz supor que *Ramos generales* verá a luz em seguida às eleições. Na última vez que estive em Montevidéu, Beto Oreggioni me mostrou um exemplar de *Manilha de espadas*, que acabara de receber.

O conjunto teatral El Galpón voltou do exílio e está atuando num teatro de Montevidéu. Outra noite vi o espetáculo *Puro cuento*, baseado em contos latino-americanos e representado com muito êxito, dizem, no México e em outros lugares. É um belíssimo espetáculo. Inclui uns pedacinhos de "Contaba don Claudio", que está em *El narrador*.

Há minutos chegou de Montevidéu meu filho Alejandro com as últimas notícias. Diz que o empuxo da Frente é irreprimível e que dentro dela a Democracia Avanzada cresce como leite fervido. Parece que também cresce a Lista 99 (*colorados* frentistas, setor fundado pelo assassinado Michelini*), na qual militam Dorita e Gabriela (mulher de Alejandro). Martín e Sandra são Democracia Avanzada, como também minha filha e o marido. Este é o panorama político no microcosmo familiar.

Esquecia de dizer que, por ocasião de um ato em Trinidad, motivado pela vinda de José Germán Araújo, primeiro candidato a senador da Democracia Avanzada (não é comunista, os candidatos naturais do PC estão proscritos), falei na praça. Li um discursinho de cinco minutos, sumamente preciso e duro, disse que Uruguai fora ocupado pelo seu próprio exército como a França fora ocupada pelas tropas nazistas. Não é nenhuma originalidade, mas é algo que salta à vista, sobretudo quando se repassam as notas de Sartre em *La república del silencio* e *París bajo la ocupación*.

---

* Em junho de 1976 o senador uruguaio Zelmar Michelini e o ex-presidente da Câmara dos Deputados Héctor Gutiérrez foram fuzilados numa via pública em Buenos Aires, no marco da Operação Condor. Ferreira Aldunate era o próximo, mas conseguiu salvar-se, fugindo para o Peru.

Se receberes notícia do cubano, não é demais pedir que me notifiques em seguida. O homem se chama Virgilio López Lemus e reside na Calle 112 número 4514, entre 45 e 47, Marianao 15 – La Habana.

Com a maior cordialidade, te abraça
Arregui

24 nov. 1984*
Meu caro Arregui:

Recebo tua última e demorada carta. Não te escrevi antes, cobrando resposta, porque te imaginava de corpo e alma na campanha eleitoral.

Os jornais brasileiros noticiam com destaque as eleições uruguaias e fazem uma previsão cautelosa: vitória *colorada*, talvez, e com pequena margem, embora a Frente Ampla possa vencer em Montevidéu. O jornalista Danilo Ucha, que te apresentei em Porto Alegre, está em Montevidéu, e calculou que nos comícios de ontem a Frente Ampla reuniu 150/200 mil pessoas, os *colorados* 50/80 mil e os *blancos* mais ou menos o mesmo número. Diz ainda que os eleitores mais idosos, num primeiro momento empolgados com a Frente, na hora de votar podem ceder às solicitações de seu conservantismo e deixar de sufragar o candidato frentista, receando o fantasma do comunismo. Enfim, torço pela vitória da Frente e me obrigo a pensar que a maioria dos uruguaios já não quer saber de *blancos* ou *colorados*, do mesmo modo que a Argentina, elegendo Alfonsín, parece não acreditar mais no velho peronismo**. É só torcida, claro. Não tenho elementos para julgar melhor. Os processos políticos diferem muito de país para país, e o Uruguai não teve as suas Malvinas.

Martín não enviou os desenhos que faltam e o livro está parado, aguardando. Appel, no entanto, não está preocupado, conhece a política uruguaia, compreende o momento que o país vive, entusiasma-se com o noticiário e estará encarando a demora até com simpatia. Quem não a encara com bons olhos é teu tradutor, ansioso por ver o livro na rua.

Recebendo notícias de Virgilio, te aviso.

---

* Carta suprimida na edição uruguaia.
** O peronismo, na Argentina, continua atuante.

Manilha de espadas continua indo bem. Foram escritos alguns artigos sobre ele, todos muito simpáticos, no Rio, em Belo Horizonte e em Porto Alegre, e as vendas correspondem, ao menos aqui no Sul: em 30 dias foram vendidos 1.100 exemplares apenas em Porto Alegre. Dá para esperar uma segunda edição em futuro próximo. O editor, no Rio, está satisfeito, e espero que essa satisfação não arrefeça nas próximas semanas, quando irei cobrar o que já me deve.

Acabo de traduzir, para a editora L&PM, um livro muito interessante, *Luna caliente*, do argentino Mempo Giardinelli, que mora no México, onde é colunista do *Excelsior* (que publica a revista *Plural*). É uma leitura que te recomendo. A edição argentina é da Bruguera, e como a mexicana tem uma apresentação de Rulfo. É uma novela com alguns elementos do teu conto "O diabo não dorme", acrescidos de paixão, sexo e alguma política. Tem um ritmo alucinante.

Segue uma foto. À minha direita, Bruno. À esquerda, o avô dele. Já enviaste o livro para a Venezuela? Montejo está aguardando.

Recuerdos a todos e o afetuoso abraço do
Faraco

Sem data*
Caro Faraco:

Ontem à noite retornei à minha casa com a intenção de começar uma carta para ti, mas me doía um pouco a cabeça e deixei para depois. Hoje, ao despertar, encontrei a tua no saguão.

Não fizemos a votação que esperávamos, mas não se pode falar de um grande fracasso. Muito lamentamos, claro, não ganhar a intendência de Montevidéu, que parecia ser nossa, mas fizemos seis senadores e 23 deputados, o correspondente a mais de 400.000 votos, ou seja, 21% do eleitorado (antes, tínhamos 18%). O triunfo *colorado* foi aplastante. As pessoas votaram no centro e no centro-direita. Votaram cautela, não mudanças bruscas. Recordo-me bem de Danilo Ucha, um gordinho muito simpático e sem dúvida muito lúcido, ele não se enganou ao pensar que, na hora de votar, muitos poderiam dar um passo atrás. É muito provável que o regresso de Arismendi tenha sido um grave equívoco, uma imperdoável falha. A grande mobilização, o grande ato etc., inclusive o tom

---
* Recebida em 7 de dezembro de 1984.

um tanto vaidoso do discurso (coisas que os "contras" exploraram muito bem), devem ter acovardado muita gente.

Os *blancos* se lançaram numa demagogia que ninguém acreditou e fracassaram. Enfim, a coisa não saiu de todo mal. Sanguinetti e seu partido, embora aparentemente mais à direita do que esteve José Batlle em seu tempo, são *batllistas*, e isto serve ou pode servir. Ninguém duvida de que haverá as liberdades de antes etc. A Frente Ampla seguirá na luta, e os milicos – que merda! – continuam ativos...*

Martín veio, ficou uns dias e se foi. Falei nos desenhos e ele disse que ia te escrever e brevemente os faria. Esperemos que cumpra.

Minutos atrás falei com Dorita por telefone (foi a Montevidéu votar e volta amanhã), que militou na Lista 99, de grande, surpreendente votação (passou à frente da Democracia Avanzada e de todos os outros grupos). Diz ela que Montevidéu se entristeceu, que é uma cidade silenciosa e cabisbaixa. Não é para tanto!

Muito me alegra que *Manilha de espadas* caminhe tão bem. Se tiveres tempo e disposição, envia-me fotocópia da crítica que te pareça mais acertada. Martín me fez notar, no conto "Café Paris", a pressão secreta da história subjacente – coisa que ele e eu admiramos em Hemingway.

Não tinha a menor idéia de quem fosse Mempo Giardinelli. Tratarei de conseguir o livro.

Espero que a viagem a Cuba se torne realidade. Seguiremos esperando notícias de Dom Virgilio.

Vejo na foto que Bruno cresceu como corresponde e que tu tens apenas uns poucos cabelos brancos, mais na barba do queixo – como os cachorros! Eu encaneço velozmente, mas minha saúde é boa.

Vai página à parte sobre a possível edição venezuelana.

Abraço,
Arregui

Livro venezuelano:
Não enviei nada a Montejo pela simples razão de que não sabia que precisava enviar. Segundo me lembro, tínhamos combinado que o

---

* Arregui, que vinha comentando em detalhes o processo político que sacudia o Uruguai, esqueceu-se de mencionar a libertação de Ferreira Aldunate, em 30 de novembro. O grande líder do Partido Nacional e da luta pela democracia foi recepcionado em Montevidéu por uma multidão que congregava simpatizantes de todos os partidos políticos, e seu sensato pronunciamento foi de apoio ao presidente eleito, Julio José Sanguinetti, em nome da governabilidade do país.

trabalho seria meu e não teu, e que me avisarias quando Montejo respondesse*. Como não tive mais notícias, os exemplares de *Tres libros de cuentos* e *La escoba de la bruja* que serão destripados continuam aqui na minha mesa, intactos. Hoje à noite começarei a trabalhar. O livro será, como também combinamos, uma réplica de *Cavalos do amanhecer*, com a mesma ordenação, os títulos que mudaste etc. O trabalho é fácil, mas quero fazê-lo bem (inclusive, cotejando linha a linha com a versão portuguesa) e me custará dois ou três dias. Talvez faça falta uma apresentação, prólogo ou coisa parecida, e isto poderia ficar a teu cargo. Talvez seja conveniente dizer que o livro não existe originalmente em espanhol e que o considero meu melhor livro. Dentro de poucos dias receberás os papéis. Revisa antes de enviar para Montejo. Combinado? Aceito de antemão qualquer alteração.

08 dez. 1984**
Meu caro Arregui:

    Recebo tua última, sem data.
    Bem, já sabemos o resultado das eleições, confirmou-se o favoritismo dos *colorados*. Não imaginava que a diferença seria tão grande, e muito menos que a Frente Ampla perderia em Montevidéu. O fato de ter crescido 3% não é muito expressivo. Após tantos anos de ditadura e sem eleições, era de se esperar que os eleitores desconfiassem dos velhos partidos e optassem por novas experiências, como na Argentina. Enfim, a maioria uruguaia parece abominar a ditadura, mas não o conservantismo.
    O jornalista de *Zero Hora*, Danilo Ucha, tendo retornado de Montevidéu, publicou um livro sobre as eleições. Chama-se *Diretas lá*, uma alusão à campanha das "diretas já", que não deu certo no Brasil. Vou te enviar um exemplar. Será no mínimo curioso ver como um jornalista estrangeiro interpretou o processo político uruguaio.
    Continuo esperando os últimos três desenhos de Martín e já estou a desconfiar de que ele não sabe exatamente quais estão faltando. Nessa altura, penso que será mais apropriado lançarmos *A cidade silenciosa* em março ou abril, pois em janeiro e fevereiro, com as férias escolares

---

* Ele tinha razão.
** Carta suprimida na edição uruguaia.

e o carnaval, o Brasil pára. De qualquer forma, é bom que Martín faça logo sua parte. Sem os desenhos pode-se proceder à composição, mas não à paginação.

Vou te enviar os comentários que têm aparecido nos jornais sobre *Manilha de espadas*.

Tão logo possas deves preparar a edição venezuelana de *Cavalos do amanhecer* (que também considero teu melhor livro). Montejo, do Editorial Monte Ávila, já está avisado e à espera. Deves remeter diretamente para ele, e não para mim. O endereço é o seguinte: Edif. Michigan – Apto. 13 – Avda. La Salle – Caracas 1050.

Abraço forte do
Faraco

Sem data*
Caro Faraco:

Como dizia na carta de dias passados, nada remeti à Venezuela porque não sabia que Montejo estava à espera. Aqui vão os papéis. Corrigi alguns velhos erros e fiz algumas (poucas) correções novas. A frase final de "Três homens" vai com uma nota, pois suponho que o leitor venezuelano não a entenderá (nas edições cubanas está sem nota, e nem posso imaginar o que o leitor terá entendido). Como ignoro as diferenças entre a fala venezuelana e a rio-platense, acrescento as explicações de algumas palavras. O editor julgará se são necessárias.

A introdução ou apresentação (se necessária, ou ao menos útil) tu mesmo poderias fazer. Se, no entanto, achares que eu devo fazer, eu faço. Não tenho dúvidas de que será meu melhor livro em espanhol.

Outro dia me esqueci de te dizer que Martín está com um dedo quebrado na mão direita. Diz que já está quase bom. Falei com ele por telefone e me prometeu enviar brevemente os desenhos.

Recebi carta de Freitas Lima. Está trabalhando no roteiro. Diz que leu *Manilha de espadas* e gostou muito.

Pedi a Martín que me consiga o *Luna caliente*.

Abraço,
Arregui

---

* Recebida em 14 de dezembro de 1984. Carta suprimida na edição uruguaia.

11 dez. 1984
Caro Faraco:

Hoje recebi tua carta e me apresso a respondê-la. Dois ou três ou quatro dias depois da carta cujo recebimento acusas, enviei outra, mais pacote do que carta, contendo pedaços dos livros que reconstroem *Cavalos do amanhecer*, com umas quantas correções, uma ou duas chamadas, um vocabulário. Suponho que terás recebido. Se não, reclama dos correios. Se nem assim receberes, me avisa que faço de novo. Enviei para ti porque assim me pareceu melhor e mesmo porque não me lembrava de ter o endereço de Montejo, que depois encontrei numa das tuas cartas.

A Frente Ampla perdeu em Montevidéu porque grande parte da direita *blanca* (facção que, no fundo, é da direita radical) votou nos *colorados*, como reação contra a demagogia esquerdizante que os dirigentes *blancos* ensaiaram, por pura estupidez. O fantasma do comunismo também fez sua parte. E também erros nossos, sectarismos setoriais, a estrepitosa volta de Arismendi e um discurso pouco feliz, umas frases inábeis de Seregni numa entrevista de tevê etc. Se bem que o crescimento é pobre, como achas, a Frente Ampla se saiu bem em vários aspectos que seria fastidioso analisar. O fundamental: a Frente ganhou uma presença que não tinha, um respeito que não tinha, um lugar *seu* como frente. A excelente votação da Lista 99 foi uma lição de bom frentismo. A medíocre votação da Democracia Avanzada e a péssima da Democracia Cristã foram também uma lição. Enfim, a coisa não saiu mal e não se justificam as tristezas e os denânimos e as lágrimas de nossos militantes.

Hoje telefonei para Martín. Disse que está trabalhando nos desenhos. Acho que sabe muito bem os que estão faltando. De todos os modos, se achas que é melhor adiar o lançamento para depois do verão, sem dúvida estou de acordo.

Em Montevidéu, ninguém tem notícias de *Luna caliente*, mas num jornal argentino vi uma referência a outro livro do mesmo Mempo, *La revolución en bicicletas**.

Abraço,
Arregui

---

* Obra que também traduzi: *A revolução de bicicleta*. Porto Alegre: L&PM, 1987.

15 dez. 1984*
Caro Arregui:

Recebo tua última, com *Cavalos do amanhecer* em espanhol. Fizeste um bom trabalho. Era para enviar a Eugenio Montejo, mas como houve desencontro de cartas... Já fiz a remessa para a Venezuela.

Nós próximos dias também enviarei a Montejo um exemplar da edição brasileira. É possível que a editora queira aproveitar o texto das orelhas, ou ao menos a parte que traz teus dados biográficos. Independentemente de qualquer outro texto, poderias escrever o prólogo. Não creio, porém, que devas escrevê-lo já. Vamos esperar a resposta do editor. Nunca se sabe ao certo o que os editores pensam. Acredito que Montejo fará o que estiver ao seu alcance, mas não tenho certeza de que a resolução dependa dele. Imagino que o livro sairá, mas aguardemos.

O livro dele, *El poeta sin río/O poeta sem rio* (ed. bilíngüe) – título ruim, mantido a pedido do autor –, está quase pronto. Na semana passada remeti para Caracas as provas da parte espanhola.

Falei com Freitas Lima em minha sessão de autógrafos na XXX Feira do Livro de Porto Alegre. Disse-me alguma coisa a respeito do filme, mas não consigo me lembrar exatamente o que foi. Se não me engano, são quatro episódios: três contos teus e um meu. Gostaria de estar entusiasmado com o que ele está fazendo, é um rapaz inteligente, criativo, trabalhador. Mas de cinema, música e artes plásticas não entendo nada e, talvez por isso, a idéia não me ganha. Preferia até que ele não incluísse nada meu, pois, imagina, quando o filme estiver pronto terei de ir vê-lo.

A desculpa do dedo quebrado de Martín não me convence, ele deveria ter feito os desenhos *antes* de quebrar o dedo. Enfim, o livro já não sai agora, só em março ou abril. Ainda temos tempo, mas não muito.

Da carta anterior para cá não fui ao centro da cidade, por isso não comprei o livro de Danilo Ucha.

Recuerdos do
Faraco

---

* Carta suprimida na edição uruguaia.

21 dez. 1984
Meu caro Arregui:

Recebo a tua de 11 de dezembro. Carta datada, que milagre! Recebi também, anteriormente, *Cavalos do amanhecer* reconstituído em espanhol. No mesmo dia, remeti para Montejo em Caracas e espero notícias para breve. Se nossos planos derem certo, tomo-me de entusiasmo e levaremos o livro para a Europa e Estados Unidos, onde tenho alguns amigos. Idem para *A cidade silenciosa*.

A escolha de março ou abril para o lançamento (se os desenhos vierem logo) é o procedimento mais acertado, porque em janeiro e fevereiro o Brasil pára, com a temporada de praia e o maldito carnaval. De resto, a editora precisa de tempo para concluir os trabalhos gráficos. Para te dar uma informação mais correta, interrompi a carta e telefonei para Appel. Ele confirma que, de janeiro a março, nem pensar. Comentou que as escolas e universidades recomeçam em meados de março e que o melhor para lançamento de livros é o mês de abril. Deixamos acertado, então, abril, mas é importante que os desenhos de Martín venham logo. Appel disse-me também que gostaria que viesses para o lançamento. Organizaríamos no Centro Municipal de Cultura a sessão de autógrafos, que seria seguida de um encontro sobre literatura latino-americana. Ou seja, faríamos de tua vinda a Porto Alegre um acontecimento.

Esta carta está um tanto maluca. Acabo de interrompê-la novamente. Telefonei para a diretora do Centro Municipal de Cultura, Zoleva Felizardo, para conversar sobre essas idéias. Ficou encantada e garantiu que, no mês de abril, o Centro estará à nossa disposição.

Virias com Dorita, como na outra visita, e ficarias hospedado em minha casa. O que falta ver é quem pagará as passagens. O Centro tem um ótimo prédio, mas não tem dinheiro. A Editora Movimento eu não sei, não falei com Appel sobre isto. Falarei. Certo é que vou te embriagar de vinho chileno. Martín e Sandra poderiam vir também e então a festa seria completa. Aliás, é bom que digas a Martín que esses planos estão dependendo apenas dele e de seu dedo quebrado em hora imprópria.

Acho que teus comentários sobre a Frente Ampla são adequados, corretos, mas não desfizeram minha impressão de que um crescimento de 3%, depois de tantos anos de ditadura e feroz repressão, é quase insignificante. É factível, sim, que a esquerda uruguaia tenha cometido equívocos durante a campanha eleitoral, mas nessa altura não adianta muito saber o que houve. Acaba-se num rateio de culpas que gera ressentimentos e logo divisões etc. O melhor é ir trabalhando para as próximas eleições.

O livro de Montejo está na reta da chegada. Já paginado, está com ele em Caracas, para revisão da parte espanhola. Penso que em meados de janeiro estará pronto, mas não haverá lançamento algum.

Desejo-te e aos teus um feliz ano-novo, com saúde e esperança. Dá notícias.

Recuerdos do
Faraco

Sem data*
Caro Faraco:

Recebi a tua de 15. Fica entendido que não enviei os papéis para Caracas porque não sabia que os esperavam, e enviei para ti e não a Montejo porque tampouco sabia que remeter ao último seria preferível. Boa idéia a de enviar também um exemplar da edição brasileira, não apenas pelo texto das abas e os dados biográficos, mas para que vejam o lindo papel, a linda impressão, a belíssima capa... Outra boa idéia: não escrever o prólogo até saber se de fato o livro sai. De outra parte, esse prólogo seria brevíssimo: só uma página (ou menos), para dizer que são oito contos de diferentes épocas, muito bem escolhidos de um conjunto de 40, e que o livro não existe em espanhol e é, na minha opinião (e também na tua), meu melhor livro. Como tu, penso que o trabalho de reconstrução que fiz ficou bem-feito: os contos bem corrigidos, as palavras regionais bem esclarecidas etc.

Dei uma risada quando li que preferirias que o rapaz não incluísse um conto teu no filme, para não ficares obrigado a ir ao cinema. Acho que deverias revisar essa postura frente ao cinema, mas me digo que seria melhor, sim, que te excluísse. Não pelo que dizes, mas para te poupar da irritação e das puteadas que vais proferir. São clássicos os desentendimentos entre escritores e diretores de cinema. O velho Hemingway, por exemplo – à parte de cobrar bons dólares –, costumava dirigir palavras muito duras e sarcásticas a propósito dos diretores e produtores das

---

* Recebida em 5 de janeiro de 1985.

versões ciematográficas de seus romances. Alguns, como *Por quem os sinos dobram*, visivelmente escritos com um olho posto em Hollywood. Enfim, vai ser divertido. Gostaria de ouvir tuas discussões com o rapaz, que vão deixar minúsculas as que tens com os editores.

Passadas as tormentas políticas, estou pensando em voltar à literatura. Contudo, estou um pouco no ar por causa da perspectiva de ir a Cuba. Estou começando a me impacientar e me preocupar com a falta de resposta de López Lemus. Será que se perderam algumas cartas?

Diz Martín que os desenhos irão em breve e que talvez os leve pessoalmente. Tens razão ao dizer que ele deveria tê-los feito antes de quebrar o dedo. Acaba de fazer uma exposição de *collages*. Não a vi. Diz ele, e também diz que dizem, que são trabalhos muito bons. É de acreditar.

Comenta-se que os problemas políticos se atenuam e Sanguinetti vai fazer um governo correto e sério e talvez um pouco menos de centro-direita do que se presumia. O problema imediato é a libertação dos presos políticos, em vias de começar. Parece se confirmar minha tese de que uma vitória *colorada* era preferível a uma vitória dos *blancos*.

Não te preocupa demais com o livro de Ucha. Se Martín for a Porto Alegre, manda por ele.

Abraço,
Arregui

18 jan. 1985
Meu caro Arregui:

Recebi tua última e não respondi antes por estar ocupado com diversas coisas, inclusive a matrícula da gurizada no colégio. Agora estou mais tranqüilo, como quem convalesce, pois esses afazeres de pai me deixam louco. Na verdade, nasci para ser filho, jamais um pai.*

Manilha de espadas continua vendendo bem. O editor me sonega informações completas, mas na semana passada telefonei para o Rio e, por sorte, ele não estava, apenas uma secretária. Disse-me que *Manilha de espadas* é o livro mais vendido da Philobiblion (é uma editora pequena) e que a edição de 3.000 exemplares está quase no fim. Veremos se aparece uma segunda edição.

---

* Exagero, por certo, mas naquele tempo era preciso passar a noite na Escola Mãe de Deus, na Tristeza, para obter a senha da matrícula, a ser feita pela manhã.

Continuo aguardando os desenhos de Martín. Hoje conversei com Appel e ele confirmou o lançamento de *A cidade silenciosa* em abril, se os últimos três desenhos chegarem logo. O Centro Municipal de Cultura também já foi assegurado. Prepara uma palestra sobre literatura hispano-americana, para ler na ocasião. A propósito: se o livro sair mesmo em abril e vieres a Porto Alegre, ficas intimado a me trazer um presente: um dicionário de espanhol, aquele que em regra é utilizado pelos uruguaios.

Antes de ir ao Uruguai, Henrique esteve aqui e me deixou o roteiro do filme. Que achaste do texto? Do "Travessia" não gostei. Penso que ele teria de fazer muitas modificações, supressões, acréscimos, e já lhe disse isto. Na verdade, acho eu, o erro está na inclusão desse conto, que a mim me parece que não é feito para cinema e muito menos para bom cinema.* Prevejo que a discussão se prolongará por alguns meses. Se ao menos eu me entusiasmasse... mas aí está uma coisa que não me anima e da qual não gosto e na qual penso como numa coisa desagradável, tipo uma conta que eu tivesse de pagar a contragosto. Num próximo encontro, vou sugerir a Henrique que inclua em seu filme um quarto conto teu, em lugar de "Travessia". Além de tudo, sou muito neurótico para trabalhar em equipe.

De resto, tudo bem. Manda notícias.

Recuerdos do
Faraco

Carta não enviada:**
06 fev. 1985

Meu caro Arregui:
Segue carta de Virgilio, que recebi hoje. Andei me informando no correio sobre a viabilidade da correspondência postal para Cuba, ida e volta, e não há problema algum, de sorte que posso continuar como intermediário, se julgares necessário. Por precaução, da carta que te envio

---

* Em 2002, numa realização da TVE, foi filmado por Diego de Godoy, com roteiro de Liliana Sulzbach, Diego de Godoy e Marcelo Carneiro da Cunha.

** Por algum motivo não postei de imediato esta carta, e três ou quatro dias depois, antes que o fizesse, Martín me telefonou de Montevidéu, avisando que seu pai havia falecido no dia 8.

suprimi o envelope cubano. Importante: se escreveres novamente para Virgilio, por meu intermédio, me dá o endereço dele, que perdi.*

Henrique me telefonou, dando notícias tuas. Sobre o roteiro, do qual não gostei, escrevi-lhe uma carta, insistindo na minha falta de entusiasmo com a idéia do filme e propondo que desista de fazer "Travessia", evitando assim que a gente se desentenda mais tarde. Ele ficou surpreso, mas me escreveu uma bonita carta, muito compreensiva, muito nobre, aceitando minhas ponderações. Fico satisfeito por ver que tudo acaba assim, sem brigas e eu quieto no meu canto.

Recuerdos do amigo
Faraco

---

* Eu não perdera, estava em outra carta de Arregui que eu guardava. O poeta cubano Virgilio López Lemus continuou a se corresponder comigo, veio muitas vezes ao Brasil e numa delas foi meu hóspede.

Sobre Mario Arregui

Mario Arregui nasceu em Trinidad (Flores), no Uruguai, em 1917, descendente de imigrantes vascos e lombardos. Passou a infância no campo e, em 1935, foi estudar em Montevidéu. Eram os anos da ditadura Gabriel Terra. Na Europa, estalava a Guerra Civil Espanhola. Nos anos 1937-1938, engajado no movimento de ajuda à República Espanhola, começou a exercer ativa militância política, que mais tarde o levaria à prisão, como milhares de outros uruguaios, e a escrever. Nessa época, esteve no Paraguai, mais tarde no Brasil, Chile, Peru e também na Europa. Em Cuba, em 1971, foi jurado do concurso anual de literatura da Casa das Américas. Seus contos foram publicados nos seguintes países: Brasil, União Soviética, Tchecoslováquia, Itália e Cuba. Faleceu em Montevidéu, a 8 de fevereiro de 1985. Obras publicadas no Uruguai:

> *Noche de San Juan*, 1956
> *Hombres e caballos*, 1960
> *La sed y el agua*, 1964
> *Líber Falco*, 1964. 2ª ed. ampliada: 1980
> *Tres libros de cuentos*, 1969
> *El narrador*, 1972
> *La escoba de la bruja*, 1979
> *Ramos generales*, 1985
> *Cuentos completos*. Tomo 1, 1992
> *Cuentos completos*. Tomo 2, 1992
> *Los mejores cuentos*, 1996

SOBRE SERGIO FARACO

SERGIO FARACO nasceu em Alegrete, no Rio Grande do Sul, em 1940. Nos anos 1963-1965 viveu na União Soviética, tendo cursado o Instituto Internacional de Ciências Sociais, em Moscou. Mais tarde, no Brasil, bacharelou-se em Direito. Em 1988, seu livro *A dama do Bar Nevada* obteve o Prêmio Galeão Coutinho, conferido pela União Brasileira de Escritores ao melhor volume de contos lançado no Brasil no ano anterior. Em 1994, com *A lua com sede*, recebeu o Prêmio Henrique Bertaso (Câmara Rio-Grandense do Livro, Clube dos Editores do R.G.S. e Associação Gaúcha de Escritores), atribuído ao melhor livro de crônicas do ano. No ano seguinte, como organizador da coletânea *A cidade de perfil*, fez jus ao Prêmio Açorianos de Literatura – Crônica, instituído pela Prefeitura Municipal de Porto Alegre. Em 1996, foi novamente distinguido com o Prêmio Açorianos de Literatura – Conto, pelo livro *Contos completos*. Em 1999, recebeu o Prêmio Nacional de Ficção, atribuído pela Academia Brasileira de Letras à coletânea *Dançar tango em Porto Alegre* como a melhor obra de ficção publicada no Brasil em 1998. Em 2000, a Rede Gaúcha SAT-RBS Rádio e Rádio CBN 1340 conferiram ao seu livro de contos *Rondas de escárnio e loucura* o troféu Destaque Literário (Obra de Ficção) da 46ª Feira do Livro de Porto Alegre (Júri Oficial). Em 2001, recebeu mais uma vez o Prêmio Açorianos de Literatura - Conto, por *Rondas de escárnio e loucura*. Em 2003, recebeu o Prêmio Erico Verissimo, outorgado pela Câmara Municipal de Porto Alegre pelo conjunto da obra, e o Prêmio Livro do Ano (Não-Ficção) da Associação Gaúcha de Escritores, por *Lágrimas na chuva*, que também foi indicado como Livro do Ano pelo jornal *Zero Hora*, em sua retrospectiva de 2002, e eleito pelos internautas, no site ClicRBS, como o melhor livro rio-grandense publicado no ano anterior. Em 2004, a reedição ampliada de *Contos completos* é distinguida com o Prêmio Livro do Ano no evento O Sul e os Livros, patrocinado pelo jornal *O Sul*, TV Pampa e Supermercados Nacional. No mesmo evento, é agraciada como o Destaque do Ano a coletânea bilíngüe *Dall'altra sponda/Da outra margem*, em que participa ao lado de Armindo Trevisan e José Clemente Pozenato. Ainda em 2004, seu conto "Idolatria" aparece na antologia *Os cem melhores contos brasileiros do século*, organizada por Ítalo Moriconi. Em 2007, assina contrato com a Rede Globo para a realização de uma microssérie baseada no conto "Dançar tango em Porto Alegre", com direção de Luiz Fernando Carvalho. No mesmo ano, recebe o prêmio de Livro do Ano – Categoria Não-Ficção, da Associação Gaúcha de Escritores, pelo livro *O crepúsculo da arrogância*, e o Prêmio Fato Literário – Categoria Personalidade, atribuído pelo Grupo RBS de Comunicações. Em 2008, recebe a Medalha Cidade de Porto Alegre, concedida pela Prefeitura Municipal, e tem seu conto "Majestic Hotel" incluído na antologia *Os melhores contos da América Latina*, organizada por Flávio Moreira da Costa. Em 2009, seu conto "Guerras greco-pérsicas" integra a antologia *Os melhores contos brasileiros de todos os tempos*, organizada por Flávio Moreira da Costa. Seus contos foram publicados nos seguintes países: Alemanha, Argentina, Bulgária, Chile, Colômbia, Cuba, Estados Unidos, Luxemburgo, Paraguai, Portugal, Uruguai e Venezuela. Reside em Porto Alegre.

IMPRESSÃO:

Gráfica Editora Pallotti
IMAGEM DE QUALIDADE

Santa Maria - RS - Fone/Fax: (55) 3220.4500
www.pallotti.com.br